W0342251

« Chronique de l'année 1996 »
a été conçu et réalisé sous la direction
de Jacques Legrand

Rédacteur en chef: Pierre-Yves Grasset,
assisté de René Thierry
Comité de rédaction: Philippe Dourcy (« La Voix du Nord »),
Roland Duclos (« La Montagne »), François Nida, Véronique Reynaert
Chronologies: Antoine Marquaire
Index: Achille Petit
Iconographie: Système « Online » (Editions Chronique)
et Xavier Rousseau (Sipa Press)
Secrétariat de rédaction: Raphaël Devoisins
Informatique: Sandrine Stefanelli
Cartes: Violaine Bariller
Fabrication: Marithé Chautard
Direction technique: Catherine Legrand

Photogravure: Image Photogravure, Toulouse
Impression: Maury Imprimeur, Malesherbes
Reliure: SIRC, Marigny le Châtel

© 1997 – Jacques Legrand SA

© Bertelsmann Lexikon Verlag GmbH,
pour le système Chronique

ISBN: 2-905 969-82-2

Dépôt légal: janvier 1997

Distribution en France
Hachette Distribution

Distribution en Belgique
Chronique Diffusion
Route de Strivay, 134
4122 Plainevaux
Tél.: (04) 380 07 59

Jacques Legrand sa
Editions Chronique
Aéroport de Périgueux
BP1 – 24330 – Bassillac
Tél.: 05 53 35 91 21

Chronique
de l'année 1996

JOL

Janvier

1996

Lu	Ma	Me	Je	Ve	Sa	Di
1	2	3	4	5	6	7
8	9	10	11	12	13	14
15	16	17	18	19	20	21
22	23	24	25	26	27	28
29	30	31				

France, lundi 1er
Entrée en vigueur pour les radios du nouveau quota de chansons francophones. Elles doivent occuper au moins 40 % du temps d'antenne entre 6 h 30 et 22 h 30.

Maroc, mercredi 3
Un camion participant au Paris-Dakar se renverse et prend feu. Deux des trois occupants s'en sortent, mais Laurent Gueguen est tué. Le camion a peut-être sauté sur une mine. (→ 14)

Pologne, mercredi 3
Un tribunal condamne l'ancien président Lech Walesa à une amende de 1 000 zlotys pour promesse électorale non tenue. Il s'était engagé en 1990 à offrir des bons de privatisation à chaque Polonais adulte. Un homme, qui attend toujours ses bons, a porté plainte et obtenu gain de cause. (→ 2.4)

New York, jeudi 4
La ville devient l'une des métropoles les plus sûres des Etats-Unis. Les crimes et délits y ont baissé en moyenne de 17 % en 1995. Les homicides accusent la baisse la plus spectaculaire : - 25 %.

Algérie, vendredi 5
Le nouveau Premier ministre, Ahmed Ouyahia, présente son gouvernement. Les principaux ministres ont été reconduits mais, gage d'une petite ouverture, deux portefeuilles mineurs ont été confiés à des islamistes modérés du Hamas. (→ 18.2)

Grande-Bretagne, samedi 6
Le tirage du loto a provoqué un engouement sans précédent. Près de 90 % des adultes britanniques ont validé un bulletin. L'Eglise anglicane dénonce une « surenchère obscène ». Les trois gagnants empochent chacun 14 millions de livres.

Paris, dimanche 7
Le retour de l'entrée gratuite au musée du Louvre, un dimanche par mois, provoque un record d'affluence.

DECES

Hongrie, dimanche 7
Karoly Grosz, le dernier dirigeant communiste du pays et premier réformateur (*1.8.1930).

Des dossiers chauds pour Alain Juppé

France, lundi 1er
Les conflits sociaux de novembre et décembre sont encore dans tous les esprits, en particulier dans celui du Premier ministre. Pour ceux qui, par hasard, auraient oublié l'état des comptes de la Sécurité sociale, le Remboursement de la dette sociale vient leur rappeler qu'ils sont dans le rouge. Le RDS est un prélèvement de 0,5 % sur tous les revenus. Parmi les autres dossiers chauds, il ne faut pas oublier le taux de chômage, la réforme de la fiscalité, la faiblesse de la consommation et la reconversion des industries d'armement. (→ 10)

Le « roi de l'opium » négocie sa retraite

Khun Sa dans sa base de Ho Mong.

Birmanie, lundi 1er
En échange d'une amnistie et de l'intégration des 6 000 soldats qu'il lui reste dans l'armée birmane, Khun Sa a accepté de se rallier au gouvernement de Rangoon. Alors qu'il y a dix ans il régnait sur le Triangle d'or avec 20 000 hommes et contrôlait plus de la moitié de l'héroïne qui y était produite, son pouvoir a été affaibli par plusieurs défections et par le harcèlement des armées thaïlandaise et birmane, épaulées par les services américains de lutte antinarcotique. Acculé, il ne lui restait plus qu'à déposer les armes et à déclarer sa capitale, Ho Mong, « ville ouverte ».

Nouveau trophée pour les footballeurs

Brest, mercredi 3
Le Paris-Saint-Germain remporte cette première édition du Trophée Gabriel-Hanot en battant Nantes après la séance des tirs au but (6 à 5), le score étant de 2 à 2 à l'issue du temps réglementaire. Le Trophée oppose le champion de France au vainqueur de la Coupe de France. Les deux formations ont offert un beau spectacle aux Brestois, sevrés de football de haut niveau. Pascal Nouma a ouvert le score pour le PSG. Les Nantais ont ensuite pris l'avantage pendant 6 minutes avec Nicolas Ouedec et Benoît Cauet. Youri Djorkaeff égalisait. (→ 19.2)

Un coq est accusé de tapage nocturne

Bordeaux, jeudi 4
La cour d'appel doit se prononcer sur les vocalises intempestives et nocturnes de Renato, 4 ans et toutes ses plumes. Un coq peut-il chanter plusieurs fois au milieu de la nuit, à 4 h et à 7 h du matin ? Son voisin, exaspéré, a fait constater la réalité du préjudice par les gendarmes puis il a porté plainte. Condamné lors du premier jugement à Sarlat, l'entêté propriétaire de Renato estimait, lui, que le comportement de son coq n'avait rien d'anormal. Les avocats ont argumenté sur les contraintes de la vie rurale. Renato a assisté aux débats, en cage et en silence.

Des antiatomes ont été produits au Cern

Genève, jeudi 4
L'expérience a eu lieu en septembre mais l'équipe de physiciens italiens et allemands a dû attendre pour la rendre publique. Dans l'immense accélérateur du Centre européen de recherche nucléaire, ils ont fabriqué pour la première fois au monde un antiatome. L'antimatière, ce grand mystère de la physique, obsède les chercheurs (et les écrivains de science-fiction). Les antiparticules élémentaires sont plutôt « faciles » à produire. Mais, là, ce sont neuf atomes d'antihydrogène, constitués d'un antiproton et d'un antiélectron, qui ont été observés.

Déficit budgétaire réduit en Belgique

Bruxelles, jeudi 4
Engagée comme tous les pays de l'Union européenne dans la course à la convergence, la Belgique a vu son déficit budgétaire passer de 5,3 à 4,5 % du PIB en 1995. Le traité de Maastricht impose pour ce critère le taux de 3 %. Ce sera l'objectif de 1996. L'endettement public a aussi légèrement diminué mais représente toujours 133,7 % du PIB. Alors que le traité exige 60 %. Pour Jean-Luc Dehaene, le Premier ministre, ces défis budgétaires s'ajoutent à ceux provoqués par les tensions entre les deux communautés et à la crise que traverse la Wallonie. (→ 18.4)

Le 4 aux Etats-Unis, le nouveau billet de 100 dollars (coupure favorite des faussaires) est soumis aux derniers tests avant fabrication. Il est toujours à l'effigie de Benjamin Franklin et doit empêcher la fraude par photocopie.

Accroc au processus de paix à Sarajevo

Bosnie, jeudi 4
Les seize civils bosniaques retenus depuis deux jours par les Serbes sont libérés. Ils avaient décidé de prendre à la lettre les accords de paix sur la libre circulation des personnes et s'étaient aventurés en secteur serbe. Aussitôt appréhendés, ils ont subi des interrogatoires et les Serbes ont menacé de les passer en jugement pour espionnage. Le gouvernement bosniaque a protesté en vain auprès de l'Ifor et il a fallu les injonctions directes de Washington pour que ces hommes soient libérés. Quatre autres sont portés disparus. (→ 9)

Dépôt de bilan du quotidien *InfoMatin*

Paris, vendredi 5
La presse quotidienne française ne connaît pas la santé florissante de ses consœurs étrangères. Après deux ans d'existence et un déficit cumulé de 150 millions de francs, les salariés d'*InfoMatin* ont appris que la société éditrice du quotidien a décidé de déposer le bilan. P-dg et principal actionnaire, André Rousselet ne veut plus financer le titre. Le dernier numéro paraîtra lundi 8. Parmi les raisons de cet échec, un lectorat fluctuant et qui n'a jamais atteint le seuil de rentabilité, la hausse du prix du papier et des coûts fixes. Trop jeune, et en dépit d'un bon concept, *InfoMatin* a manqué de temps.

Eltsine « lâche » son plus ancien ministre

Moscou, vendredi 5
En charge des Affaires étrangères, Andreï Kozyrev était le plus ancien ministre de Boris Eltsine. Celui-ci a accepté sa démission. C'est un gage offert aux ultranationalistes et aux communistes, arrivés en tête lors des élections législatives. Kozyrev était leur « bête noire ». Suspecté d'être pro-occidental et surtout de brader les intérêts russes, il est tenu pour unique responsable des errements de la politique étrangère. Or, depuis quatre ans, cet ancien homme de confiance d'Eltsine avait durci le ton à l'égard de l'Occident. (→ 9)

Téléphone piégé pour l'artificier du Hamas

Gaza, samedi 6
Plus de 100 000 personnes assistent aux funérailles de Yehia Ayache, tué la veille par un téléphone portable piégé. Surnommé « l'Ingénieur », il était le principal artificier du Hamas et, à ce titre, tenu pour responsable d'une cinquantaine de morts dans des attentats en Israël. Le Mossad s'était juré de l'avoir, mort ou vif. L'Etat hébreu n'a pas revendiqué cette neutralisation spectaculaire, mais la radio israélienne a été la première à annoncer sa mort. (→ 20)

Coupe d'Europe de rugby aux Toulousains

Cardiff, dimanche 7
Le Stade Toulousain est allé au bout de l'aventure européenne en battant Cardiff au cours des prolongations. Les coéquipiers d'Emile N'Tamack sont devenus, en terre galloise, les premiers vainqueurs de la Coupe d'Europe en s'imposant 21 à 18. Ce premier sacre a été obtenu à l'issue des prolongations. Emmenés par un Christophe Deylaud auteur de la pénalité décisive, les Toulousains ont répondu techniquement face au défi physique des Gallois. Ils avaient ouvert la marque par Thomas Castaignède et Jérôme Cazalbou. (→ 20)

Le cancer et les affaires

Paris, dimanche 7
Jacques Crozemarie est sorti de son silence pour menacer non pas de démissionner, mais de saborder l'Association pour la recherche contre le cancer (ARC). La publication d'un rapport accusateur de la Cour des comptes a mis le feu aux poudres le 2 janvier. Il y est établi que l'ARC ne consacrait qu'un tiers des sommes récoltées à l'aide à la recherche. Le rapport détaille les malversations, les détournements et les abus commis sous la présidence de Crozemarie. Un comité de sages a été mis en place. Quant au coup d'éclat du président, c'est celui d'un homme aux abois et acculé. (→ 18)

Le président J. Crozemarie en 1989.

Face à Cardiff, Thomas Castaignède marque un essai dès la 5ᵉ minute.

Le 7 à Singapour, la *Calypso*, navire légendaire du commandant Jacques-Yves Cousteau, est éperonnée par une barge alors qu'elle est au mouillage dans le port. Le bateau coule en moins d'une heure. **(→ 11.4)**

Janvier

1996

Lu	Ma	Me	Je	Ve	Sa	Di
1	2	3	4	5	6	7
8	9	10	11	12	13	14
15	16	17	18	19	20	21
22	23	24	25	26	27	28
29	30	31				

Washington, lundi 8
Selon l'Institut de la population, la planète compte 5,750 milliards d'habitants. L'an dernier, l'accroissement a été de 100 millions d'individus.

Sarajevo, mardi 9
Une roquette fait un mort et plusieurs blessés. Le tir est parti d'un faubourg serbe et l'Ifor a immédiatement riposté. C'est l'incident le plus grave depuis l'entrée en vigueur des accords de Dayton. (→11)

Turquie, mardi 9
Le président Suleyman Demirel charge le leader du Parti de la prospérité, Necmettin Erbakan, de former un gouvernement. Ce parti islamiste, le Refah, est arrivé en tête des dernières législatives. (→28.2)

Paris, mardi 9
Les travaux de percement des tunnels du futur métro Eole, construit par la SNCF, ont dû être interrompus. Ils ont provoqué de profondes lézardes dans certains immeubles et des affaissements de terrain.

Moscou, mardi 9
Boris Eltsine annonce la nomination d'Evgueni Primakov comme nouveau ministre des Affaires étrangères. Primakov est un ancien directeur des services de contre-espionnage. (→15.2)

France, jeudi 11
La loi Evin contre le tabac et l'alcool fête son cinquième anniversaire. En trois ans, le prix des cigarettes a augmenté de 65 %, et 60 000 personnes meurent chaque année d'une pathologie liée au tabac.

France, jeudi 11
Selon l'Insee, l'inflation a été de 1,7 % en 1995, un niveau qui reste bas malgré la hausse de deux points de la TVA. (→30)

Paris, vendredi 12
France Télécom annonce la création de son propre service d'accès à Internet.

Bosnie, samedi 13
Le président Bill Clinton visite la base militaire américaine de Tuzla, où les GI vivent en autarcie complète. Couverte par les télévisions, cette visite a un objectif intérieur : expliquer à l'opinion ce que les soldats font là-bas. (→4.2)

François Mitterrand meurt huit mois

Paris, lundi 8
L'ancien président de la République est mort à 8 h 30 ce matin à son domicile de l'avenue Frédéric-Le Play des suites d'un cancer de la prostate. Venu saluer sa dépouille, Jacques Chirac a rendu hommage à François Mitterrand (*26.10.1916), « qui a écrit une page importante de l'histoire de notre pays et a permis aux alternances démocratiques de se faire dans la sérénité ». Durant toute la journée, les messages d'affliction se sont succédé, venant aussi bien d'anonymes que des personnalités françaises et étrangères. C'est en 1992 que son cancer avait été rendu public. Il l'avait obligé à subir trois opérations, la dernière en mai 1995 après la fin de son second mandat. Très marqué par la maladie dans les dernières années de sa vie, la figure de François Mitterrand, sa vie et sa trajectoire politique sont des plus complexes mais nul doute qu'elles ont durablement marqué de leur empreinte la Ve République et se sont identifiées au destin du pays. Elu en 1981 à la présidence après deux tentatives manquées en 1965 et 1974, il est le seul à avoir obtenu deux mandats consécutifs. Sa très longue carrière politique commence en 1942. Il est élu député en 1946 et nommé ministre pour la première fois en 1947. Ministre de l'Intérieur puis de la Justice, il est en première ligne lorsqu'éclate l'insurrection en Algérie. Il entre dans l'opposition au général de Gaulle en 1958. Cette fausse traversée du désert va lui permettre de s'imposer comme le leader de la gauche non communiste et de transformer la vieille SFIO en Parti socialiste. Ses deux septennats sont marqués par l'abolition de la peine de mort, la libéralisation de l'audiovisuel, les grands travaux à Paris, mais aussi par les silences, suivis des révélations gênantes, sur son passé et ses amitiés vichyssoises. Un homme épris de culture et fidèle reflet des ambiguïtés de ce siècle.

En mai 1981, le nouveau président s'installait à l'Elysée... pour quatorze ans.

après la fin de son mandat, le plus long de la Ve

Deux « familles » qui sont rassemblées pour la première fois en public, à Jarnac : les petites-filles, Danielle, Jean-Christophe, Mazarine, Anne Pingeot et Gilbert.

Les Parisiens sur le parvis de Notre-Dame où sont réunis 61 chefs d'Etat.

France, jeudi 11

Le personnage ne pouvait laisser quiconque indifférent. Ses amis, ses ennemis, les thuriféraires comme les déçus du mitterrandisme, tous ont vécu à leur manière la journée de deuil national décidée lundi par son successeur, Jacques Chirac. Selon ses dernières volontés, c'est dans l'intimité que François Mitterrand a été inhumé à Jarnac, sa ville natale en Charente. Les caméras ont pu alors fixer l'image de Mazarine, la fille que lui a donnée Anne Pingeot, aux côtés de ses demi-frères et de Danielle Mitterrand. A Paris, une grande cérémonie a réuni à Notre-Dame les personnalités politiques, les chefs d'Etat invités et tous les représentants de la nation. C'est à la Bastille que les anonymes se sont retrouvés hier. (→ 16)

Baltic, le labrador de Mitterrand.

▷

Buscetta, repenti de la Mafia, témoigne

Padoue, mardi 9
Il collabore avec la justice depuis 1984 mais il a fallu attendre avril 1993 pour que le repenti Tommaso Buscetta pointe un doigt accusateur sur Giulio Andreotti. Le procès de celui-ci s'est ouvert dans un tribunal transformé en camp retranché. Cet homme qui symbolise un demi-siècle de pouvoir démocrate-chrétien est jugé pour ses connivences et ses liens avec la Mafia. Buscetta a choisi de témoigner à visage découvert. Comme l'affirment les défenseurs d'Andreotti, il pourrait s'agir d'une « intoxication », mais les révélations sont implacables. (→ 20.5)

Fin de la grève des traminots à Marseille

L'attente devant le dépôt d'Arenc.

Marseille, mardi 9
Ce conflit, qui paralysait depuis le 7 décembre les transports en commun marseillais, est enfin terminé grâce à l'accord obtenu entre le médiateur et l'intersyndicale. Les chauffeurs des autobus et trolleybus ont obtenu le retour au statut unique. En effet, les conducteurs les plus récemment embauchés par la société exploitante s'étaient vu imposer des conditions de travail bien plus contraignantes que leurs aînés. Ils vont bénéficier de l'ancien statut. A cela s'ajoutent une réduction du temps de travail hebdomadaire, l'abandon de toutes les poursuites et un rattrapage des salaires. Le département apportera une aide de 20 millions de F. (→ 4.4)

Botton incarcéré à Lyon après l'appel

Lyon, mercredi 10
Avec des attendus très sévères, la cour d'appel a alourdi ou confirmé les peines prononcées en première instance dans l'affaire Botton-Noir. Arrivé libre devant les juges, Pierre Botton a été, aussitôt après l'énoncé du verdict, conduit à Saint-Joseph, la prison de Lyon. Il écope de cinq ans dont dix-huit mois avec sursis et de 2 millions de francs d'amende. Michel Noir et Michel Mouillot ont vu leurs peines passer de quinze à dix-huit mois avec sursis. Ils sont par ailleurs inéligibles pour cinq ans. La condamnation de Patrick Poivre d'Arvor est confirmée. (→ 11.3)

Moral des ménages français au plus bas

France, mercredi 10
Jamais depuis 1987, année de sa création, cet indice n'avait atteint un chiffre aussi bas : - 38. Il représente le solde des réponses pessimistes et optimistes. Interrogés par l'Insee sur différents sujets, tels que leur confiance en l'avenir, leur niveau de vie, leurs projets d'épargne ou de consommation, les Français sont apparemment enclins à tout voir en noir. Le sondage a été réalisé du 1er au 18 décembre. Il a donc été affecté par les grèves. Continue depuis des mois, la baisse du moral est un très mauvais présage économique. (→ 11)

Première visite officielle du roi Hussein de Jordanie en Israël

Le Premier ministre Shimon Pérès accueille le monarque à l'aéroport Sde Dov.

Tel-Aviv, mercredi 10
Si tant est qu'il y en ait d'autres, le souverain hachémite est sûrement le dirigeant arabe le plus populaire en Israël. La foule qui s'était massée sur le trajet entre l'aéroport et le centre de la capitale l'a acclamé en agitant des drapeaux jordaniens. Le Premier ministre israélien a rendu un hommage appuyé à sa « noblesse d'esprit et son sens visionnaire ». Le roi Hussein s'est ensuite rendu en compagnie de Léa Rabin à l'hôpital où était mort son mari. Cette visite officielle, qui n'est pas motivée par un prétexte particulier, sert surtout à imposer l'idée que les relations entre les deux pays sont normalisées.

Les Serbes de Sarajevo fuient les futurs quartiers bosniaques

Bosnie, jeudi 11
Le quartier d'Ilidza, qui doit revenir aux musulmans le 20 mars selon les accords de Dayton, se vide de la majorité de ses habitants serbes. Les milices et les partis nationalistes leur ont tellement répété que la tutelle musulmane se traduirait par une vague de terribles représailles qu'ils préfèrent fuir en masse vers la zone serbe. Les appartements sont vidés et ce qui ne peut être emporté dans l'exode est systématiquement rendu inutilisable ou détruit. Une politique de la terre brûlée qui trouve un écho morbide dans le cimetière. En effet, les familles vont jusqu'à exhumer les défunts, car « un corps serbe ne peut reposer en terre étrangère ». (→ 13)

A Ilidza, même les morts sont exhumés pour être réenterrés en terre serbe.

Tensions et violences persistent en Corse

Corse, vendredi 12
Pour saluer l'arrivée du ministre de l'Intérieur, Jean-Louis Debré, le FLNC-Canal historique a rassemblé la nuit dernière dans le maquis près de 600 militants cagoulés et armés de fusils-mitrailleurs. Il s'agissait d'une conférence de presse qualifiée de « clandestine » pour annoncer une trêve. Cette démonstration de force illustre à merveille la situation insulaire. Les nationalistes jouent la surenchère – le 9 janvier, 37 bombes ont explosé pendant la nuit – et le gouvernement parle à la fois de dialogue et de répression sans réussir ni dans l'un ni dans l'autre. (→ 8.2)

Tiozzo conserve son titre des mi-lourds

Saint-Etienne, samedi 13
Fabrice Tiozzo ajoute une nouvelle ligne à son palmarès en conservant la ceinture de champion du monde WBC de la catégorie des mi-lourds. Le Français n'a pas eu de difficultés pour l'emporter aux points face à son challenger, le Canadien Eric Lucas. Disputé devant une faible galerie, le combat n'a jamais atteint les sommets du noble art, hormis au troisième round, quand Lucas fut expédié au tapis. Fabrice Tiozzo, dont c'était la rentrée après sept mois d'inactivité, a surtout manqué de puissance pour s'imposer avant la limite. Mais il a dû perdre douze kilos en un mois pour retrouver son poids de forme. (→ 16.3)

Face au Québécois Eric Lucas.

Coupe du monde de handball aux Suédois

Stockholm, dimanche 14
Pour les Vikings, l'air du pays a du bon. Comme en 1992, les Suédois remportent la Coupe du monde face aux Russes en s'imposant 23 à 21. Le gardien Magnus Olsson a réalisé des prouesses en arrêtant dix-sept tirs sur trente-six. L'équipe de Suède a pris sa revanche de la finale des Jeux olympiques, où elle avait été battue par la CEI à Barcelone. A six mois du rendez-vous d'Atlanta, la Coupe du monde sert de répétition générale. Les Français, champions du monde en titre, terminent à la troisième place en venant à bout de l'Egypte 30 à 21, malgré l'absence de pièces maîtresses comme Denis Lathoud et Stéphane Mahé.

Magnus Andersson à l'attaque.

Le 13, Denise Grey (*17.9.1896), doyenne des comédiens français, meurt à Paris (voir page 114).

Et encore un Dakar pour Lartigue-Périn

Dakar, dimanche 14
Au départ à Grenade, deux cent quatre-vingt-quinze équipages, et cent trente-huit à l'arrivée. Mais, à la première place, on retrouve encore Pierre Lartigue et Michel Périn qui sont décidément invincibles dans le désert. Ils remportent leur troisième Dakar d'affilée toujours au volant de leur Citroën ZX. Entre le pilote et son navigateur, la complicité est totale. Ils ont disputé une vingtaine de rallyes ensemble et signé pas moins de quatorze victoires. Chez les motards, Edie Orioli gagne son quatrième Dakar.

L'Allemagne reçoit le président d'Israël

Bonn, dimanche 14
Ezer Weizman n'est que le second président israélien à se rendre en Allemagne après Chaïm Herzog en 1987. Il arrive dans un pays où la communauté juive connaît un plein renouveau grâce aux immigrants juifs qui sont arrivés de l'ex-URSS. Ezer Weizman doit faire mardi un discours devant le Bundestag. Mais sa tournée est d'abord consacrée au souvenir. L'Allemagne a beau être le deuxième partenaire économique et politique d'Israël après les Etats-Unis, Weizman a donné la priorité aux mémoriaux et au passé.

« L'après-Soares » au Portugal... Sampaio

Portugal, dimanche 14
Après deux mandats consécutifs de cinq ans, Mario Soares, 71 ans, le leader socialiste de la Révolution des œillets, va devoir quitter le palais de Belem, le siège de la présidence portugaise. Il y sera remplacé par Jorge Sampaio, 56 ans, socialiste et ancien maire de Lisbonne, qui a remporté ce dimanche l'élection présidentielle avec 53,83 % des voix. Il devance le libéral Anibal Cavaco Silva, qui fut Premier ministre de 1985 à 1995. La campagne a été dominée par la réforme du système social et par le chômage. (→ 9.3)

Un commando tchétchène attaque au Daghestan

Daghestan, dimanche 14
S'il est une qualité difficilement contestable aux Tchétchènes, c'est bien l'audace. Un commando fort d'environ 500 combattants a lancé mardi un raid sur la ville de Kizliar, au Daghestan. Rééditant l'attaque sur Boudennovsk de juin 1995, ils se sont emparés de l'hôpital et ont pris plus d'un millier de civils en otages. Ils réclament le départ immédiat des troupes russes de Tchétchénie. Ils se sont ensuite repliés vers la frontière à bord d'autocars avec 150 otages et sont bloqués depuis le 10 dans le village frontalier de Pervomaïskaïa, encerclés par des troupes russes prêtes à donner l'assaut. (→ 19)

Janvier

1996

Lu	Ma	Me	Je	Ve	Sa	Di
1	2	3	4	5	6	7
8	9	10	11	12	13	14
15	16	17	18	19	20	21
22	23	24	25	26	27	28
29	30	31				

Francfort, lundi 15
Josef Jacobs fête ses 100 ans. Il est surtout le plus vieil étudiant du monde. Bibliothécaire à la retraite, il a recommencé des études à 83 ans. Il vient de présenter son mémoire de thèse sur l'histoire vinicole du Rheingau au Moyen Age.

Burundi, lundi 15
La capitale Bujumbura, vidée de sa population hutue par l'armée, est pratiquement encerclée par les rebelles hutus qui occupent les collines aux alentours. (→ 13.2)

Allemagne, mercredi 17
Greenpeace présente la Gringo, une voiture dérivée de la Twingo, qui consomme deux fois moins de carburant.

Strasbourg, mercredi 17
Les eurodéputés ne sont pas des partisans acharnés de la transparence. Ils rejettent le contrôle des « cadeaux » qu'ils reçoivent et refusent de rendre publics leurs revenus.

Paris, jeudi 18
A la demande de la famille Mitterrand, la justice décide d'interdire le livre de Claude Gubler, *le Grand Secret*. Les 40 000 exemplaires mis en place avant l'interdiction sont partis en quelques heures. (→ 23)

Paris, jeudi 18
L'écrivain français d'origine argentine Hector Bianciotti, 65 ans, est élu à l'Académie française au fauteuil d'André Frossard.

Grèce, jeudi 18
Costas Simitis est nommé Premier ministre. Chef de file du courant rénovateur du Pasok, il succède à Andréas Papandréou, malade, auquel il s'est souvent opposé. (→ 23.6)

France, jeudi 18
Pour la première fois, les ventes de micro-informatique (matériels et logiciels) dépassent celles de l'électronique grand public.

DECES

Etats-Unis, samedi 20
Gerry Mulligan, compositeur et pianiste de jazz (*6.4.1927).

Paris, dimanche 21
Roman Cieslewicz, graphiste et affichiste français d'origine polonaise (*30.1.1930).

Le secret médical sur Mitterrand est brisé

Paris, mardi 16
Le Grand Secret ne sera mis en vente que jeudi mais déjà de larges extraits ont envahi les rédactions. C'est par Claude Gubler, le propre médecin personnel de François Mitterrand, que le secret médical a été levé. Ce qu'il cachait s'apparentait en effet à un secret d'Etat : depuis novembre 1981, François Mitterrand savait qu'il était atteint d'un cancer de la prostate qui s'était disséminé dans les os. Quatorze ans durant, rien n'a filtré et les bulletins de santé publiés chaque année n'ont jamais laissé place au doute : le président était en parfaite santé ! Les proches, comme le milieu médical, sont choqués par ces révélations, moins de dix jours après sa mort. Sa famille a décidé d'engager des poursuites. (→ 18)

Découverte de deux nouvelles planètes

Californie, mercredi 17
Deux astronomes de l'université de San Francisco, Geoffrey Marcy et Paul Butler, ont découvert deux nouvelles planètes hors du système solaire. Une seule avait été repérée jusqu'ici, en octobre 1995. C'est en détectant des anomalies de champs magnétiques autour de certaines étoiles qu'ils ont détecté par le calcul la présence de masses qui doivent correspondre à des planètes. La plus proche est à 42 années-lumière de la Terre, l'autre à 70. Elles sont 3 fois et 6 fois plus massives que Jupiter, et leurs températures varient de - 50° Celsius à + 80°. Geoffrey Marcy n'a pas hésité à dire qu'elles pourraient abriter des formes de vie.

Des pertes records pour GIAT Industries

France, mercredi 17
La restructuration des industries de l'armement s'annonce « explosive ». GIAT, qui fabrique le char Leclerc, annonce des pertes cumulées de 12 milliards de francs. Ses recettes à l'exportation se sont effondrées tout comme les commandes de l'armée française. Les arsenaux de la marine vont être également touchés par des fermetures. Longtemps repoussée, cette refonte va avoir de lourdes conséquences sociales. (→ 22.2)

Silvio Berlusconi est accusé de corruption

Milan, mercredi 17
C'est le premier des quatre procès qui attendent Silvio Berlusconi. Lui et ses collaborateurs sont accusés d'avoir versé près de 1,3 million de francs à la brigade financière (la Guardia di finanza) pour qu'ils ne soient pas trop regardants lors de l'examen des comptes de plusieurs des sociétés de la Fininvest. Les faits ne sont pas niés mais l'ex-président du Conseil était-il au courant ? Ce dernier crie au complot. (→ 1.2)

Juppé veut créer des zones franches

Marseille, jeudi 18
Le Premier ministre dévoile son « pacte de relance pour la ville ». Il s'agit d'une soixantaine de mesures qui doivent bénéficier aux quartiers classés en « zones sensibles ». Ce pacte prévoit d'injecter pas moins de 15 milliards de francs sur trois ans à partir de 1997 et la création de 100 000 emplois. Il envisage aussi la création de zones franches dans une vingtaine de quartiers. Tous les commerçants et industriels qui s'y installeront et y resteront seront exonérés d'impôts et de cotisations patronales. (→ 27.3)

Leonor Fini était une artiste du fantastique

Paris, jeudi 18
Femme-féline ou femme-sphinge, Leonor Fini, née à Buenos Aires le 30 août 1908, part en emportant les énigmes d'une peinture aux subtiles saveurs douces-amères de scandale. Sa première exposition, à 17 ans, se déroule à Triestre où elle rejoint sa mère. Elle adopte alors la France et fréquente les surréalistes dont elle rejette les dogmes. Parisienne, elle entretient le mystère d'une existence en marge, au milieu de meubles-fleurs ou insectes, entourée de chats qu'elle promène dans une voiture américaine. La beauté sucrée-glacée de ses créatures androgynes lui a vite valu une large popularité – entre autres avec des *posters* – tout autant que le scepticisme de la critique.

Elle vivait entourée de chats (1948).

Crozemarie lâche la présidence de l'ARC

Paris, jeudi 18
A une semaine d'une réunion qui aurait dû prononcer sa destitution, Jacques Crozemarie a préféré éviter cette humiliation en présentant sa démission. C'est Crozemarie qui en trente ans a fait de l'ARC cette énorme et très efficace machine à collecter des dons. Mais il semble que son autoritarisme et les abus en tout genre aient eu raison de son inamovibilité. L'instruction en cours devra établir l'ampleur des fonds détournés et pourquoi le silence a régné si longtemps. (→ 26.6)

Des Tchétchènes s'emparent d'un bateau russe

Istanbul, vendredi 19
Le commando tchétchène qui s'était emparé d'un ferry russe dans le port turc de Trébizonde, le 16, a fini par se rendre avec les derniers otages qu'il détenait. La manière dont les autorités turques ont géré cette crise contraste avec la furie guerrière qui a prévalu au Daghestan. Lancé il y a quatre jours, l'assaut contre le bourg de Pervomaïskaïa ne s'est terminé qu'hier. Les bombardements russes ont quasiment détruit tout le village et il est clair que la vie des otages a pesé de peu de poids dans la volonté d'anéantir le commando. Le bilan fait état de 26 morts russes et de 153 morts parmi les rebelles et leurs otages. Mais il semble que le gros du commando ait pu fuir. (→ 24)

Au lendemain de l'assaut russe contre Pervomaïskaïa, un commando s'est emparé du ferry « Avrasya » en mer Noire.

Les Bleus ouvrent le Tournoi en beauté

Un placage sur Philippe Saint-André.

Paris, samedi 20
Il reste encore une minute à jouer et Thomas Castaignède, trois-quarts centre de l'équipe de France, inscrit un drop. Les Français s'imposent sur le fil 15 à 12 à l'issue d'une partie engagée et peu spectaculaire. Pour la première fois depuis huit ans, les Tricolores battent l'Angleterre. Dans une rencontre sans essai, les joueurs, entraînés par Jean-Claude Skrela, ont montré une grande solidarité dans la conquête du ballon. C'est la précision du coup de pied de Thierry Lacroix qui a fait le reste, en inscrivant douze points à lui seul. Dans l'autre rencontre, l'Ecosse s'impose en Irlande 16 à 10. (→ 3.2)

Arafat est élu président des Palestiniens

Boycott et... participation massive.

Palestine, samedi 20
En Cisjordanie et plus encore à Gaza, la participation aux premières élections libres et générales a déjoué les pronostics les plus optimistes : 75 % et 93 %. C'est un échec pour le Hamas qui avait appelé au boycott du scrutin. Yasser Arafat est élu président de l'Autorité palestinienne avec 88,1 % des voix. Ses partisans sortent également vainqueurs de la désignation des 88 membres (sur 676 candidats) de l'organe législatif et représentatif des deux territoires, le Conseil de l'autorité. Arafat reçoit enfin une légitimité démocratique indiscutable. Le processus de paix doit continuer sur sa lancée. (→ 22)

« Le Bombardier » du ballon rond disparaît

Anvers, dimanche 21
Jef Mermans était une des gloires du football belge. Il s'est éteint à l'âge de 74 ans. Né le 16 février 1922 à Anvers, celui qui allait devenir « le Bombardier » a très vite révélé ses talents devant les buts. Anderlecht le recrute à 20 ans et s'en félicite. Jef Mermans, doté d'un grand sens du football et profitant d'un physique impressionnant, fait les beaux jours du parc Astrid et aussi de l'équipe nationale (56 sélections). Malgré les propositions de l'étranger, il restera toujours fidèle à Anderlecht.

Doublé français en Coupe du monde de ski

Sébastien Amiez remporte le slalom.

Veysonnaz, dimanche 21
A 23 ans, « Bastoune » s'affirme comme grand espoir du ski français. En effet, Sébastien Amiez signe ici sa première victoire en Coupe du monde. Sur la piste suisse, au tracé très technique, Amiez a gagné le slalom. Dans son village natal de Pralognan, la victoire est dignement fêtée. Le ski français était dans un jour faste. Sylvain Guillaume, vice-champion olympique du combiné en 1992, effectue un retour au premier plan à Liberec (Rép. tchèque). Cette victoire en Coupe du monde permet à Guillaume d'occuper la 11e place au classement. (→ 17.2)

Des Japonais pillent les châteaux français

Versailles, dimanche 21
Le patrimoine historique français peut se révéler une mine d'or pour des personnes sans scrupules. Fille d'un magnat de l'immobilier à Tokyo, Kiko Nakahara, aidée par son mari français, a acheté depuis 1985 huit châteaux en France. Ils sont tous laissés à l'abandon, vidés de leurs boiseries, de leurs mobiliers et de leurs statues, revendus en toute illégalité aux enchères. Inculpée d'« abus de confiance et d'usage de faux », Kiko Nakahara a été mise en examen et écrouée.

Janvier

1996

Lu	Ma	Me	Je	Ve	Sa	Di
1	2	3	4	5	6	7
8	9	10	11	12	13	14
15	16	17	18	19	20	21
22	23	24	25	26	27	28
29	30	31				

Palestine, lundi 22
Le résultat des élections débouche sur un véritable raz de marée du Fatah, le parti de Yasser Arafat. Il remporte 55 des 88 sièges du Conseil de l'autorité. (→ 12.2)

New York, mardi 23
Selon une spécialiste américaine de la Renaissance italienne, la statue de Cupidon qui trône dans le hall des services culturels français serait de Michel-Ange.

Daghestan, mercredi 24
Le commando tchétchène qui a échappé à l'assaut russe sur Pervomaïskaïa relâche ses derniers otages civils. (→ 11.2)

Strasbourg, jeudi 25
Le Conseil de l'Europe approuve l'adhésion de la Russie à ses instances. Chargé de défendre les droits de l'homme et les valeurs démocratiques, le Conseil se contente de regretter que la crise tchétchène se soit « aggravée ».

France, jeudi 25
Avignon est en tête du classement des villes les plus endettées. La dette municipale représente 24 860 francs par habitant.

Hérault, dimanche 28
A l'ouest de Béziers, des torrents de boue dévastent le village de Puisserguier à la suite d'un très violent orage. Le bilan est de quatre morts.

Sri Lanka, mercredi 31
Un camion bourré d'explosifs est lancé contre une banque au cœur de la capitale, Colombo. Cet attentat-suicide, qui a fait 53 morts et 1 400 blessés, est attribué aux Tigres tamouls.

Mer Egée, mercredi 31
Sous la pression des Etats-Unis, la Grèce et la Turquie se retirent d'une zone maritime contestée. Les deux pays se disputent la souveraineté d'un îlot (Imia, ou Kardak en turc) et y avaient dépêché des navires, prêts à l'affrontement.

DECES

Etats-Unis, dimanche 28
Joseph Brodsky, poète et romancier naturalisé américain, expulsé d'URSS en 1972, prix Nobel de littérature en 1987 (*24.5.1940).

Une femme dirige la brigade criminelle

Paris, lundi 22
Pour la première fois dans l'histoire de la police, une femme prend la tête de la célèbre brigade criminelle. Fille, petite-fille et enfin épouse de policiers, Martine Monteil, âgée de 46 ans, a collectionné les postes prestigieux et difficiles. L'annonce de cette nomination ne surprend pas dans les milieux policiers. Madame le commissaire divisionnaire est une « femme à poigne qui ne mâche pas ses mots » et ses collègues ne sont pas avares d'éloges. Après la brigade de répression du proxénétisme et du banditisme, cette promotion allait de soi. Cette femme élégante a déjà réussi le plus difficile : s'imposer dans le plus masculin des univers.

Martine Monteil entre dans le sérail.

Internet se joue des décisions de justice

Besançon, mardi 23
Depuis ce matin 0 h, *le Grand Secret* est disponible sur Internet. Interdit de diffusion par la justice depuis le 18, le livre du docteur Gubler a été scanné et est entré dans le serveur du café Le Web. Ce cybercafé, où les clients disposent de machines pour « surfer » sur le réseau mondial, est ouvert depuis l'été dernier. C'est l'un des premiers du genre en France. Le site Internet du café reçoit depuis ce matin plus de 8 000 appels à l'heure. Les initiateurs s'en remettent à la liberté d'expression. Si la justice s'en mêle, ils ont déjà annoncé que les pages interdites trouveront refuge ailleurs. (→ 9.2)

« Le Grand Secret » est sur le réseau.

Le 22 à Cannes, Céline Dion et Jean-Jacques Goldman en concert au 30e Midem (Marché international du disque et de l'édition musicale). (→ 12.2)

Dopage à répétition dans le sport français

France, mardi 23
Le sport français est bien malade. En quelques jours, on a appris que plusieurs sportifs de haut niveau ont consommé du cannabis à plusieurs reprises. Ce scandale touche pour le moment trois disciplines : le football, le handball et le basket. Des joueurs de football, dont Fabien Barthez, le gardien international de Monaco, ont subi des contrôles qui se sont révélés positifs. Présenté au départ comme un phénomène isolé, ce type de dopage, qui provoque selon ces sportifs une sensation de plénitude, s'avère répandu. Les fédérations vont sanctionner les fautifs.

Antonioni revient à l'écran 13 ans après

France, mercredi 24
Par-delà les nuages salue le retour de Michelangelo Antonioni après le long silence auquel il avait été condamné par un accident cérébral. Cette œuvre, cosignée par Wim Wenders, réconcilie enfin le vieux maître de 83 ans avec la critique. En quatre chroniques du désamour ordinaire, et dans un style magnifiquement maîtrisé, le « cinéaste de l'incommunicabilité » sublime la femme, son corps et sa magie. C'est aussi un film d'espoir en dépit des issues incertaines où basculent les couples. Un film testament ?

Angoulême toujours à la pointe de la BD

Angoulême, jeudi 25
Ce 23e Festival international de la bande dessinée restera celui de tous les suspenses et des plus inattendus dénouements. Le Grand Prix a été attribué à André Juillard, chantre de l'historicisme, auteur du *Cahier bleu* et des *Sept Vies de l'épervier*. Une distinction à laquelle ne préparait en rien Philippe Vuillemin, président du jury et toujours aussi provocant. Quant au ministre de la Culture, Philippe Douste-Blazy, il a promis un gonflement des subventions... Et plusieurs éditeurs qui boycottaient jusqu'alors la manifestation étaient présents au palmarès. (→ 21.9)

Bernardini remporte déjà le Monte-Carlo

Monaco, jeudi 25
Au bout de la longue nuit du Turini, Patrick Bernardini franchit la ligne d'arrivée en vainqueur. Malgré le brouillard et la neige, le pilote corse, âgé de 33 ans, a contrôlé la course à la perfection. Avec leur Ford Escort Cosworth, Bernardini et Bernard Occelli ont résisté à la menace que constituait François Delecour, sur sa Peugeot 306 Maxi. Pour une deuxième participation au Monte-Carlo, Bernardini a réussi un sans-faute. Certes, les ténors n'étaient pas tous là à cause d'un règlement bizarre. Mais, pour Bernardini, la victoire efface tout.

Collèges et lycées touchés par la violence

France, vendredi 26
Dans plusieurs collèges et lycées professionnels, en région parisienne et en province, les enseignants ont décidé de suspendre les cours. Ils entendent ainsi protester contre la recrudescence plus qu'inquiétante des violences scolaires. Incendies, matériel détruit, enseignants insultés et agressés, c'est le lot commun de tous ces établissements. Lassés de jouer les gardes-chiourme, choqués pour ceux qui ont été victimes de ces violences, les professeurs préfèrent tirer la sonnette d'alarme. A Saint-Etienne-du-Rouvray près de Rouen, la situation particulièrement tendue au collège Louise-Michel a exigé une surveillance policière. (→ 21.3)

Bientôt des policiers à chaque entrée ?

Samper accusé dans l'argent de la drogue

Colombie, vendredi 26
Après dix-huit mois de présidence, la position d'Ernesto Samper est devenue intenable. Les appels à sa démission s'amplifient, venant aussi bien du patronat que de la classe politique. Il propose, mais il est bien le seul à soutenir ce projet, qu'un référendum soit organisé sur son maintien à la tête de l'Etat. Il est éclaboussé par les révélations de son directeur de campagne, Fernando Botero, qui affirme que la campagne électorale de Samper a été financée par le cartel de Cali et que Samper a lui-même organisé les contacts avec les narcotrafiquants. (→ 26.2)

Victoire des Cowboys de Dallas contre les Steelers de Pittsburgh

Tempe, dimanche 28
Les 125 millions d'Américains rivés devant leurs écrans de télévision pour suivre la finale du SuperBowl assistent au triomphe des Cowboys de Dallas. En dominant 27 à 17 les Steelers de Pittsburgh, ils remportent leur cinquième victoire en finale de la NFL (championnat de la Ligue professionnelle). Donnée favorite, l'équipe des Cowboys, propriété du milliardaire Jerry Jones, justifie son label. S'appuyant sur le trio Troy Aikman, Michael Irvin et Ennie Smith, les Cowboys ont repoussé les assauts des « forgerons ». Ils sont ici devenus l'équipe la plus titrée de ce sport, avec San Francisco.

Le stade archicomble de Tempe (Arizona) pour la finale du 30e SuperBowl.

Milliardaire et arrêté pour meurtre...

Pennsylvanie, dimanche 28
John Du Pont, héritier de la célèbre firme chimique, a été arrêté après un siège de quarante-huit heures. Ce passionné de lutte est accusé d'avoir abattu vendredi l'ancien champion olympique de cette discipline David Schultz. Celui-ci vivait à l'intérieur du domaine de 350 ha de Du Pont, où il entraînait l'équipe privée de lutteurs que le milliardaire finance. La santé mentale de ce dernier a aussi de quoi être mise en cause, en plus de l'abus de cocaïne et d'alcool : il se déplaçait parfois en char quand il ne tirait pas les oies au canon !

Défilé haute couture printemps-été 1996 à Paris : retour au classicisme

De l'élégance chez Hanae Mori.

Paris, jeudi 25
Les défilés de haute couture se sont achevés par la présentation, comme toujours éblouissante, de Christian Lacroix. Il met un point d'orgue à une semaine marquée par un retour au classicisme et par la tentation passéiste. Les hommages aux années 40 et 50 n'ont pas cessé, tant dans les coupes que dans les couleurs. Chez Hanae Mori, les étoffes et les jeux de drapés ne visent qu'un seul but : souligner la légèreté de l'être sans oublier les références toujours discrètes à son héritage japonais. Chez Dior, l'élégance des lignes a atteint son summum. Gianfranco Ferré frôle la perfection. (→ 12.7)

Printemps resplendissant chez Dior : Gianfranco Ferré et ses mannequins.

La colère monte en Israël chez les Falashas, les Juifs éthiopiens

Jérusalem, dimanche 28
La communauté juive d'origine éthiopienne se dit « insultée » et a très violemment réagi. Le quotidien *Maariv* a révélé que les dons de sang des soldats falashas étaient systématiquement détruits par les centres de transfusion. Ils ont le tort de venir d'Afrique, continent très touché par le sida, et sont donc considérés comme venant d'une population à risque. Le ministre de la Santé a dû confirmer l'information. Ils étaient plus de 10 000 à crier leur colère ce dimanche. Jamais les donneurs n'ont été informés de la chose. Pour les Falashas, c'est la preuve que la société israélienne est loin de les avoir acceptés comme des égaux.

Les dons de sang écartés par peur du sida ont provoqué les manifestations.

Chirac abandonne les essais nucléaires

Paris, lundi 29
C'est à la télévision que le président de la République a solennellement annoncé l'« arrêt ferme et définitif » des essais nucléaires français. Le sixième et dernier tir – samedi sur l'atoll de Fangataufa – clôt l'ultime campagne de tests, lancée dans un fracas de protestations en juin 1995. Le chef de l'Etat réaffirme que cette série était nécessaire pour assurer la « fiabilité de notre dissuasion ». La France devra ensuite signer le traité de dénucléarisation du Pacifique Sud et celui d'interdiction totale des essais nucléaires. Sa négociation est en cours aux Nations unies. (→ 25.3)

Retour de Becker dans l'Open d'Australie

Melbourne, dimanche 28
Boris Becker est revenu au premier plan. L'Allemand, qui n'avait plus remporté un titre du Grand Chelem depuis cinq ans, a gagné l'Open d'Australie. « Boum Boum » s'est imposé en finale (6-2, 6-4, 2-6, 6-2) face à l'Américain Michael Chang, ancien vainqueur à Roland-Garros à 17 ans. Sur la surface rapide de Melbourne, Becker a imposé son jeu, basé sur la puissance. Son coup droit a souvent débordé Chang qui est pourtant un étonnant défenseur. Chez les femmes, Monica Seles a confirmé son retour en forme après sa longue absence. L'Américaine a gagné en finale (6-4, 6-1) face à l'Allemande Anke Huber. (→ 28.4)

L'Allemand a battu Chang en 4 sets.

Un nouveau Premier ministre au Québec

Montréal, lundi 29
Deux jours après avoir été porté à la tête du Parti québécois (PQ), Lucien Bouchard, 57 ans, succède comme Premier ministre de la province à Jacques Parizeau. L'homme est des plus populaires au Québec. C'est lui qui a conduit les séparatistes à deux doigts de la victoire (49,4 %) lors du référendum d'octobre dernier. A son indéniable charisme, il faudrait ajouter sa victoire contre la maladie, le streptocoque A qui lui fit perdre une jambe en 1994. Ancien député à Ottawa et diplomate, il estime que « l'indépendance est inéluctable » sans préciser de délais.

France-Allemagne… relance conjointe ?

France, mardi 30
C'est en tout cas ce que tendrait à faire croire la simultanéité de leurs annonces. Les deux gouvernements ont détaillé leurs plans de relance le même jour. Et c'est peut-être leur seul point commun car il est difficile de trouver la moindre synergie entre les deux programmes. Les dirigeants français proposent un soutien à la consommation et à la construction avec des aides aux crédits. Ce sont des mesures très timides, comparées à celles prises en Allemagne. De nombreux avantages fiscaux seront supprimés en contrepartie d'une baisse sensible des impôts. (→ 25.4)

Le 29 à Venise, le théâtre de la Fenice est détruit par un incendie.

Magic Johnson revient chez les Lakers

Los Angeles, mercredi 31
C'est quatre ans après avoir fait ses adieux à la NBA, en raison de sa séropositivité, que Magic Johnson revient sur les parquets, dans l'équipe des Lakers de Los Angeles. Les autres joueurs ont bien accepté sa décision. Le passeur mythique du championnat professionnel de basket a pris quelques kilos en quatre années, treize exactement, mais sa *vista* reste incomparable. A 36 ans, le célèbre numéro 32 des Lakers se lance un nouveau défi. Pour son premier match, Johnson a inscrit dix-neuf points malgré une condition physique un peu juste. Décidément, il n'a pas fini de surprendre.

Il marque 19 points en 27 minutes.

L'Etat français achète une collection suisse

Paris, mercredi 31
Au bas mot 48 millions de francs : c'est ce qu'il en coûte à la Direction des musées de France pour acquérir les 276 pièces d'art nigérian de la collection suisse Barbier-Mueller. Et encore, il ne s'agit que d'une infime partie d'un extraordinaire trésor de quelque six mille chefs-d'œuvre d'art primitif de tous les continents. La facture totale du fonds africain a fait reculer l'Etat : 165 millions de francs (au lieu des 240 millions initiaux) pour acquérir les deux mille objets. Mais il reste encore à trouver un lieu d'exposition…

Février

1996

Lu	Ma	Me	Je	Ve	Sa	Di
			1	2	3	4
5	6	7	8	9	10	11
12	13	14	15	16	17	18
19	20	21	22	23	24	25
26	27	28	29			

Rome, jeudi 1er
Après l'échec de Lamberto Dini, le président de la République, Oscar Luigi Scalfaro, charge Antonio Maccanico de former un gouvernement. Maccanico est un grand commis de l'Etat, partisan d'une vaste réforme institutionnelle. (→ 22.4)

Etats-Unis, jeudi 1er
L'inflation paraît bien maîtrisée. Elle n'a été que 2,5 % en 1995, le taux le plus faible depuis dix ans.

Grande-Bretagne, vendredi 2
Le gouvernement accepte enfin d'ouvrir une enquête sur les enfants des soldats de la guerre du Golfe. Depuis cinq ans, ils naissent avec un taux anormal de malformations.

Charleroi, samedi 3
Près de 150 000 volatiles, parmi lesquels des canaris, des perruches, des perroquets et des mainates, sont rassemblés pour les 44es championnats du monde d'ornithologie.

Edimbourg, samedi 3
Dans le cadre du Tournoi des Cinq Nations, l'Ecosse bat la France 19 à 14 au stade de Murrayfield. (→ 17)

Chine, samedi 3
Un séisme frappe la province du Yunnan au sud du pays. Ce tremblement de terre a fait au moins 300 morts et 3 700 blessés graves.

Allemagne, samedi 3
Une Française, Emmanuelle Claret, devient championne du monde de biathlon. (→ 16.3)

Moirans, dimanche 4
Le mystère des incendies « spontanés » dans cette petite ville du Jura n'en est plus un. Après avoir plongé les policiers, les pompiers et les agents d'EDF dans le plus profond désarroi durant des semaines, un incendiaire avoue être l'auteur de la plupart des feux.

Guinée, dimanche 4
Le calme revient à Conakry après l'échec de la mutinerie des militaires contre le président Lansana Conté.

DECES

Los Angeles, vendredi 2
Gene Kelly, comédien, danseur et chorégraphe (*23.8.1912).

Première visite d'un président français aux Etats-Unis en 12 ans

Washington, jeudi 1er
Parmi les personnes présentes pour l'accueillir ce matin, Jacques Chirac a pu reconnaître Michael Douglas, Gregory Peck et Meryl Streep. La vieille amitié entre les deux nations a évidemment été célébrée. Les choses sérieuses ont commencé devant le Congrès. Là, le président français a lancé un véritable plaidoyer pour l'Europe, prônant un renouveau de l'alliance qui lie le Vieux Continent aux Etats-Unis. Des propos qu'il a réitérés lors du dîner officiel à la Maison Blanche. Il a demandé un nouveau partage des rôles au sein de l'Otan et mis en garde ses hôtes contre la tentation isolationniste.

Clinton apprécie l'humour de Chirac durant la conférence des deux présidents.

Kodak et Fuji lancent un nouveau format

Rochester, jeudi 1er
Kodak présente l'APS (Advanced Photo System) qui sera lancé dans le monde entier le 22 avril et devrait bouleverser le marché de la photo. Conçu avec Fuji, second fabricant mondial de films, et avec les plus importantes marques d'appareils, ce système complet veut imposer une nouvelle pellicule mais aussi des nouveaux boîtiers. Plus petit que le 24 x 36 mm, le film a un format de base de 17 x 30. Il se présente sous forme d'une cartouche directement insérable dans l'appareil. A chaque cliché, trois formats sont possibles. Et, bien qu'argentiques, ces photos sont très facilement numérisables.

Le 3 à Paris, Georges Guétary, le roi de l'opérette (81 ans), achève son spectacle donné à Bobino.

Les mineurs russes se mettent en grève

Russie, jeudi 1er
Près d'un demi-million de mineurs, sur les 810 000 que compte le pays, se sont mis en grève. Ils réclament le paiement immédiat de leurs arriérés de salaires. Toutes les régions, de la Sibérie à l'Oural, sont touchées par ce conflit. Ces arriérés, qui ont aussi amené les enseignants à faire grève, s'élèvent depuis l'an dernier à 1 000 milliards de roubles (1 milliard de francs environ), chiffre contesté par le gouvernement. Le conflit, qui touche aussi l'Ukraine, survient au plus mauvais moment. A cinq mois du scrutin présidentiel et en plein hiver, Eltsine risque de perdre ses plus fidèles soutiens. (→ 15)

Des charniers mis au jour en Bosnie

Srebrenica, dimanche 4
Le « mystère » est en passe d'être levé sur la disparition de 3 000 à 8 000 Bosniaques lors de la prise de cette enclave par les Serbes durant l'été 1995. La Finlandaise Elizabeth Rehn, à la tête de la mission spéciale de l'ONU sur les atteintes aux droits de l'homme dans l'ex-Yougoslavie, a visité les sites des charniers en train d'être mis au jour aux alentours de la ville. Les Serbes affirment que ces hommes sont morts au combat. Les rescapés évoquent l'horreur pure : des massacres commis sous les yeux de la Forpronu. (→ 8)

A l'Afrique du Sud la Coupe de football

Johannesburg, samedi 3
Image forte : le président Nelson Mandela vêtu du maillot de l'équipe sud-africaine saute de joie dans la tribune officielle ! Il y a de quoi. Onze Sud-Africains sont venus à bout de la Tunisie en finale de la Coupe d'Afrique des nations (2-0). C'est la première fois qu'ils gagnent cette épreuve. Sur leur terre, ceux que l'on surnomme ici les « Bafana Bafana » n'ont pas laissé échapper cette victoire historique. Le trophée, les Sud-Africains l'ont gagné grâce aux deux buts marqués en deuxième mi-temps par leur attaquant Mark Williams. Un succès fêté dignement par les Noirs et par les Blancs.

C'est la Tunisie qui a perdu la finale.

Février

1996

Lu	Ma	Me	Je	Ve	Sa	Di
			1	2	3	4
5	6	7	8	9	10	11
12	13	14	15	16	17	18
19	20	21	22	23	24	25
26	27	28	29			

San Sebastian, mardi 6
Fernando Mugica, un avocat proche de Felipe Gonzalez, est abattu d'une balle dans la nuque. C'est le premier assassinat attribué à l'ETA pour 1996. (→ 14)

France, mardi 6
La Sofres rend publique une enquête sur les Français et l'eau, où il apparaît que 40 % des personnes interrogées se méfient de l'eau du robinet.

New York, mardi 6
L'ONU et l'Irak entament des négociations en vue d'une levée partielle de l'embargo sur la vente de pétrole irakien. L'Opep craint une chute des prix avec le retour de l'Irak sur le marché mondial. (→ 20.5)

Saint-Domingue, mercredi 7
Un Boeing 757, qui transportait 189 passagers, en majorité des touristes allemands, s'est abîmé en mer peu après son décollage. Il n'y a aucun survivant.

France, mercredi 7
L'Insee publie les statistiques démographiques de 1995. Il y a eu 529 990 décès pour 729 000 naissances.

France, jeudi 8
Un décret paru au *Journal officiel* impose de recenser tous les bâtiments à usage collectif où l'amiante est présente. Ce même décret fixe le seuil au-dessus duquel ces édifices devront être défloqués. (→ 3.7)

France, jeudi 8
La Sécurité routière publie ses chiffres pour 1995 : 8 412 personnes sont mortes sur les routes, soit seulement 121 de moins qu'en 1994. La route a fait également 181 403 blessés dont 40 000 graves.

France, jeudi 8
La commission d'enquête parlementaire sur les sectes présente un rapport très « musclé » qui préconise un durcissement de la loi à leur encontre. (→ 19.3)

Europe, vendredi 9
Le nombre de chômeurs dans les quinze pays de l'Union européenne dépasse les 18 millions. (→ 6.3)

Israël, dimanche 11
Shimon Pérès annonce des élections anticipées. Elles auront lieu le 28 mai. (→ 31.5)

Procès de « l'argent noir » en Belgique

Bruxelles, lundi 5
C'est devant la Cour de cassation que s'est ouvert le procès de Guy Coëme, socialiste francophone et vice-Premier ministre au moment des faits qui lui sont reprochés. Il est jugé pour corruption. Les mœurs politiques se sont, depuis, quelque peu moralisées mais les enquêteurs ont découvert que, dans les années quatre-vingt, une officine d'études de marché et de sondages servait de pompe à finances pour des hommes politiques. Un système classique de surfacturations et de commissions pour des travaux fictifs. Guy Coëme est cité dans l'affaire Agusta. (→ 5.4)

Michel Plasson est honoré par une Victoire

Nouveau talent : Isabelle Moretti.

Paris, mardi 6
Le talent du chef d'orchestre Michel Plasson est enfin reconnu par les Victoires de la musique classique. Le patron du Capitole de Toulouse se voit doublement récompensé. Une première fois à titre individuel, en tant que conducteur pour son travail à la tête de la formation de la Ville rose. Une seconde à travers la catégorie Production lyrique, pour *le Dialogue des carmélites*, œuvre de Poulenc, qu'il dirige. Plasson est l'héritier de la grande tradition française de la direction d'orchestre, exclusivement vouée à une seule formation dont il a fait une phalange unanimement reconnue, que le monde lui envie. (→ 12)

Transfert de pouvoir pacifique en Haïti

Port-au-Prince, mercredi 7
Pour la première fois dans l'histoire de cette république née en 1804, à un président élu démocratiquement succède un homme lui aussi désigné par les urnes. A la satisfaction des Américains, « parrains » attentifs de la démocratisation haïtienne, René Préval prend la place de Jean-Bertrand Aristide. Après avoir prêté serment et avoir été officiellement investi pour cinq ans, René Préval a déclaré qu'il placera la lutte pour l'emploi et contre la misère au cœur de son action. Un défi pour l'un des pays les plus pauvres du monde.

Paris-Périgueux plus cher que New York

Paris, jeudi 8
La concurrence et la dérégulation dans les transports aériens ont du bon. Elles fragilisent les compagnies européennes, certes, peu habituées à la guerre des prix mais elles offrent à la clientèle des allers-retours entre Paris et New York à 1 780 francs, c'est-à-dire moins cher que l'aller-retour Paris-Périgueux (2 418 F). TWA a ouvert le feu la première, suivie par les autres. En 1986, le prix le plus bas était de 2 000 francs. Avec un dollar et un pétrole moins chers, la surcapacité en sièges, les soldes sont générales. (→ 29)

Accrocs aux accords de paix en Bosnie

Bosnie, jeudi 8
Instauré par les accords de Dayton, le processus de normalisation a subi un sérieux coup d'arrêt. Le général serbe Ratko Mladic annonce que les contacts entre ses troupes et l'Ifor sont suspendus tant que les officiers serbes arrêtés mardi par les autorités de Sarajevo et menacés d'un procès pour crimes de guerre ne seront pas relâchés. A Mostar, les Croates s'en sont pris violemment aux délégués européens chargés du redécoupage de la ville. Ils continuent de chasser les habitants musulmans et serbes des zones qu'ils contrôlent. (→ 13)

Le palais Garnier rouvre ses portes après 18 mois de travaux

Paris, jeudi 8
Cure de jouvence réussie pour « la vieille dame » : le palais Garnier, le saint des saints de l'art lyrique, a rouvert ses portes pour Philippe Douste-Blazy, accompagné de 800 écoliers de France. Commencés en 1994, les travaux ne seront terminés qu'en l'an 2000. Coût de la première tranche : 145 millions de francs ! Un subtil dosage entre conservation d'un patrimoine prestigieux et une indispensable modernisation peut désormais répondre aux contraintes scéniques modernes. Dépoussiéré, le célèbre plafond peint par Chagall renoue avec la magie de l'opéra, chassé au profit de la danse sous la précédente administration. (→ 2.3)

Douste-Blazy, ministre de la Culture, dans l'Opéra rénové, avec 800 écoliers.

Fronde des policiers et magistrats corses

Corse, jeudi 8
Le ministre de la Justice, Jacques Toubon, est venu s'expliquer avec les policiers et les magistrats. En janvier, quatorze de ces derniers lui avaient envoyé une lettre ouverte dénonçant les attentats incessants dont étaient victimes les juges, les policiers et les gardiens de prison travaillant dans l'île. Ils s'insurgent contre les intimidations, les entorses à l'Etat de droit, les décisions prises à Paris contredisant les leurs. Ils se demandent en fait s'il n'y a pas une justice spéciale dès lors qu'un délit de droit commun est commis au nom du nationalisme corse. (→ 18)

Tollé pour la loi de moralisation d'Internet du Congrès américain

Etats-Unis, vendredi 9
Les messages de protestation n'ont pas fini d'encombrer les forums de discussion et les écrans du Web, le réseau multimédia d'Internet. Ils concernent tous la loi que vient de ratifier Bill Clinton. Elle comporte deux versants. D'un côté, elle lève toutes les barrières qui séparaient encore les marchés de l'audiovisuel et des télécommunications, au nom de la dérégulation. De l'autre, elle introduit une réglementation qui va permettre de traquer et de réprimer « l'indécence » sur Internet. Cette censure, qui vise le racisme comme la pornographie, veut protéger les mineurs mais enterre bel et bien la liberté d'expression. (→ 17.4)

La fin du processus de paix en Irlande ?

Londres, vendredi 9
A 19 h, l'explosion d'une voiture piégée a dévasté un immeuble de Canary Wharf, dans le quartier des docks à l'est de Londres. Une heure plus tôt, la télévision irlandaise à Dublin avait reçu un communiqué attribué à l'IRA qui annonçait la fin du cessez-le-feu décrété le 31 août 1994. L'attentat a fait deux morts et une centaine de blessés dont six dans un état grave. L'opinion publique est consternée et parle de la perfidie de l'IRA. Cette dernière évoque la « mauvaise foi britannique ». Il n'en reste pas moins que le processus de paix, même imparfait et bloqué, avait le mérite d'exister. (→ 18)

Les docks de Londres étaient visés.

Kasparov bat un ordinateur aux échecs

Philadelphie, dimanche 11
L'ordinateur Deep Blue, élaboré par IBM, a été tout spécialement programmé pour affronter Garry Kasparov, le champion du monde d'échecs. Celui-ci s'est déclaré effaré par la phénoménale puissance de calcul du « monstre », comme il l'a surnommé. Deep Blue peut passer en revue 50 à 100 milliards de coups en trois minutes, alors que Deep Thought, que Kasparov avait battu en 1989, ne pouvait en balayer que 360 millions dans le même laps de temps. La machine et l'être humain sont à égalité. Kasparov possède ce que les puces ont du mal à recréer, la vision globale et la stratégie. (→ 17)

Face à Deep Blue qui l'a battu hier.

Le pape et les « démons » sud-américains

Jean-Paul II accueilli au Guatemala.

Caracas, dimanche 11
La messe qui clôturait le voyage de Jean-Paul II en Amérique centrale et au Venezuela a rassemblé près de 700 000 fidèles. A chaque étape, dans ces pays meurtris par la guerre civile et la violence, le pape a prêché la réconciliation nationale et a salué l'engagement de l'Eglise au « service de l'homme ». Accablé et fatigué par la chaleur, le souverain pontife a gardé toute son énergie intellectuelle pour dénoncer certains « démons ». Au Guatemala, sa cible était le zèle excessif des sectes évangéliques et millénaristes. Et, au Nicaragua, il a réservé ses critiques au sandinisme, assimilé au totalitarisme, et à la trop militante théologie de la libération.

Manifestations des Tchétchènes à Grozny

Les soldats russes ont repris la place.

Tchétchénie, dimanche 11
Les manifestants qui, depuis sept jours, occupaient la place devant le palais présidentiel ont évacué les lieux. Leur dispersion a été obtenue grâce à des « moyens pacifiques » selon les militaires russes, ce qui veut dire que les chars et les armes lourdes qui encerclaient tous ces hommes, ces femmes et ces enfants n'ont pas été utilisés. Il n'empêche que l'explosion de deux grenades au milieu de la foule, vendredi, et la panique, les coups de feu qui ont suivi ont provoqué la mort de dix personnes. Ce rassemblement des civils indépendantistes au cœur de Grozny est un défi réussi au pouvoir installé par les Russes. (→ 21)

Février

1996

Lu	Ma	Me	Je	Ve	Sa	Di
			1	2	3	4
5	6	7	8	9	10	11
12	13	14	15	16	17	18
19	20	21	22	23	24	25
26	27	28	29			

Etats-Unis, lundi 12
Le premier test de la campagne électorale concerne l'Iowa. Le *caucus* est remporté par Bob Dole. Mais c'est une victoire très courte pour un homme donné, il y a peu, comme investi d'office dans le camp républicain. (→ 12.3)

Paris, mardi 13
Le Conseil de la concurrence inflige des amendes très lourdes à plusieurs groupes de travaux publics pour entente sur des marchés et pratiques anticoncurrentielles. Bouygues figure au premier rang de ces contrevenants, qui devront payer 378 millions de francs.

Strasbourg, mercredi 14
Le Parlement européen vote un amendement qui impose la présence d'une puce « anti-violence » sur les téléviseurs. Ce dispositif de filtrage permet aux parents d'interrompre ou de crypter un programme regardé par les enfants. (→ 2.10)

Madrid, mercredi 14
L'Espagne est en état de choc après l'assassinat de l'un des plus prestigieux juristes du pays, Francisco Tomas y Valiente. Cet ancien président du Tribunal constitutionnel a été abattu de trois balles. L'acte est attribué à l'ETA. (→ 19)

Moscou, jeudi 15
Le président Boris Eltsine et le leader du Parti communiste, Guennadi Ziouganov, font le même jour acte de candidature pour l'élection présidentielle du 16 juin. (→ 29.3)

Paris, samedi 17
Dans le Tournoi des Cinq Nations, la France bat l'Irlande 45 à 10. (→ 2.3)

Philadelphie, samedi 17
Garry Kasparov bat finalement l'ordinateur Deep Blue par 4 victoires à 2.

Algérie, dimanche 18
Deux attentats à la voiture piégée font 12 morts et 22 blessés dans la banlieue d'Alger. (→ 18.3)

Ajaccio, dimanche 18
Un deuxième assassinat dans la nébuleuse nationaliste en moins de 48 heures. Après Jules Massa, de la Cuncolta, abattu vendredi, c'est au tour de Charles Andréani, militant de l'ANC, d'être tué. (→ 10.3)

Triomphe de Céline Dion aux Victoires de la musique de variétés

Paris, lundi 12
Pour que tu m'aimes encore, ou le triomphe de la chanson glamour aux onzièmes Victoires de la musique de variétés ! Un titre qui vaut également la palme d'Artiste francophone à la Québécoise Céline Dion. Quant à Alain Souchon, il glane son sixième trophée (en 11 ans de participation) avec son incontournable *Défoule sentimentale*, tandis que l'inusable Johnny Hallyday s'offre la Victoire du concert de l'année. Les 490 000 albums vendus hors Hexagone par Francis Cabrel (*Samedi soir sur la terre*) et le plus important nombre d'entrées réalisées par le spectacle Starmania se voient couronnés par des Victoires exceptionnelles.

Henri Salvador (Victoire d'honneur) et Ray Charles : « le Blues du dentiste ».

Essai d'une navette spatiale au Japon

Océan Pacifique, lundi 12
Pour *Highflex*, tout s'est très bien passé jusqu'à l'amerrissage. Une rupture des bouées a entraîné cet engin au fond de la mer. Il s'agissait de la maquette (4 m de long pour un poids de 2 tonnes) de la prochaine navette automatique *Hope*, qui, elle, fera 18 m de long. La fusée J-1, dont c'était le premier tir, a parfaitement fonctionné. Elle a emporté *Highflex* à l'altitude de 109 km. Durant les 19 minutes du vol, un maximum de tests ont été effectués. Malgré la perte de sa mini-navette, le Japon fait son entrée dans l'ère des engins capables de revenir sur Terre.

L'épiscopat français accepte le préservatif

France, lundi 12
Le document a été élaboré par la commission sociale de l'épiscopat français et s'intitule *la Société en question*. Pour la première fois, les plus hauts représentants du clergé français reconnaissent que l'usage du préservatif est « nécessaire » à la prévention du sida. Dans le souci de lever toutes les ambiguïtés, ils ont pris soin de préciser que ce n'était pas un bon moyen pour arriver à une sexualité adulte et épanouie. Leur position ne s'en démarque pas moins de celle du Vatican qui refuse toujours d'accorder au préservatif un rôle prophylactique.

Des réfugiés hutus poussés au retour

Zaïre, mardi 13
Les 190 000 réfugiés hutus du camp de Kibumba se retrouvent encerclés par plusieurs centaines de soldats zaïrois. Seule la partie du camp qui fait face au Rwanda, distant de 7 km à vol d'oiseau, est laissée ouverte. Le message est des plus clairs : il leur faut quitter le Zaïre. Pour l'instant, seuls quelques dizaines sont inscrits sur les listes de retour tenues par le HCR. Kinshasa se contente de faire monter la pression et s'en remet aux organisations humanitaires et aux instances internationales pour gérer ce retour. Et ces dernières montrent très peu d'empressement. (→ 19.4)

Le 12 à Gaza, Yasser Arafat prête serment – la main droite sur le Coran – comme premier président élu de l'Autorité palestinienne.

Le 15, le pétrolier *Sea Empress* s'échoue sur les côtes anglaises. (→ 21)

Deux officiers serbes transférés à La Haye

La Haye, mardi 13
Le Tribunal pénal international a commencé les auditions de Djordje Djukic et Aleksa Krsmanovic. Les deux officiers serbes, le premier est général et le second colonel, ont été arrêtés par les autorités de Sarajevo il y a deux semaines. C'est le TPI qui avait demandé leur extradition, et les juges vont tenter d'établir si ces deux hommes sont effectivement des criminels de guerre. Le TPI a par ailleurs envoyé à l'Ifor la liste des 51 personnes encore en liberté et inculpées de crimes de guerre et de crimes contre l'humanité. De source militaire, certaines d'entre elles ont justement franchi des barrages de l'Ifor sans être inquiétées. (→ 1.3)

CRIMINAL TRIBUNAL FOR THE FORMER YUGOSLAVIA
WARRANTS FOR THEIR ARREST ARE HELD BY THEIR RESPECTIVE CAPITALS
PHOTOS NOT AVAILABLE FOR THE FOLLOWING:

Les criminels de guerre recherchés.

Douste-Blazy veut sauver le patrimoine

Paris, mercredi 14
A l'exemple de nos voisins d'outre-Manche avec leur National Trust, le ministre de la Culture souhaite doter la France d'une efficace Fondation du patrimoine. But avoué : mieux protéger les 400 000 monuments de proximité (lavoirs, chapelles, sites et bâtiments industriels, collections, etc.) grâce au mécénat d'entreprise. L'opération permettrait, à l'horizon 1997, de créer entre 8 000 et 10 000 emplois dans la restauration de ces monuments, sans qu'il en coûte un centime à l'Etat qui a déjà fort à faire avec les monuments classés ou protégés.

Un procès posthume qui divise les Belges

Bruxelles, mercredi 14
La cour militaire belge a commué une peine de mort en réclusion à perpétuité... posthume. Depuis la fin de la guerre, l'extrême droite et les nationalistes flamands avaient fait d'Irma Laplasse, exécutée le 30 mai 1945 pour avoir dénoncé un groupe de résistants aux Allemands, un emblème d'une épuration injuste et « orientée » contre les Flamands. Même s'ils n'ont pu obtenir, comme ils le réclamaient, l'acquittement d'Irma Laplasse, la réouverture du dossier et la révision du procès sont apparues comme des victoires aux yeux des extrémistes flamands.

Du bronze pour Luc Alphand en descente

Troisième place pour un centième.

Sierra Nevada, samedi 17
On savait Luc Alphand en forme avant le départ de la descente des championnats du monde. En effet, quinze jours avant, le skieur de Serre-Chevalier s'était imposé en Coupe du monde à Garmisch. Sous le soleil espagnol, « Lucho » a pris la troisième place. Une médaille de bronze, sa première, qui laisse un goût d'amertume au Savoyard. Sur une piste plus sélective, Alphand pouvait décrocher l'or. La victoire est revenue à l'Autrichien Patrick Ortlieb, champion olympique de la descente en 1992. Ortlieb, colosse de près de cent kilos, est monté sur la plus haute marche devant l'Italien Kristian Ghedina. (→ 25)

Hervé Bazin présidait l'académie Goncourt

Il avait écrit « Vipère au poing ».

Angers, samedi 17
Né le 17 avril 1911 à Angers, Hervé Bazin s'est éteint dans sa ville natale à l'âge de 84 ans. Celui qui a publié quelque 50 ouvrages reste l'auteur d'un seul roman, *Vipère au poing,* paru en 1948 et vendu à ce jour à plus de 5 millions d'exemplaires. Le futur président des Goncourt y met crûment en scène les rapports conflictuels de son enfance avec sa mère, surnommée « Folcoche ». « Mon fils m'a maltraitée, mais il m'a rendue immortelle », dira celle-ci. Quatre fois marié, père de sept enfants dont le dernier a 10 ans, à l'idée de laisser les vers lui « nettoyer les os » il ne cachait pas son dégoût dans un « Berk ! » de répulsion.

Le 15 à Marignane, l'hélicoptère NH90 d'Eurocopter réalise son vol initial.

Nouvel attentat au centre de Londres

Londres, dimanche 18
C'est apparemment la ligne dure qui l'a emporté au sein de l'IRA. La bombe qui a explosé au cœur de la capitale britannique était placée dans un autobus à impériale. Elle a fait un mort et neuf blessés. Malgré les appels à la raison et à la reprise des pourparlers, le Sinn Fein et son leader, Gerry Adams, n'ont pas été entendus par les terroristes. Et, à Belfast, 3 000 personnes ont défilé contre la violence. Lundi dernier, John Major était prêt au dialogue mais avec des conditions qui ont été bruyamment rejetées. (→ 30.5)

Le 18 à Paris, l'Américain Brian Lopes remporte le tournoi 1996 de VTT, à Bercy.

Février

1996

Lu	Ma	Me	Je	Ve	Sa	Di
			1	2	3	4
5	6	7	8	9	10	11
12	13	14	15	16	17	18
19	20	21	22	23	24	25
26	27	28	29			

Versailles, lundi 19
Les deux Chambres sont réunies en Congrès pour adopter une réforme constitutionnelle qui place les comptes de la Sécurité sociale sous le contrôle financier du Parlement. (→ 10.6)

Russie, lundi 19
De la base de Plessetsk, située dans le nord du pays, la Russie lance son 3 000ᵉ satellite depuis le Spoutnik (1957). Il s'agit du Cosmos nº 2328.

France, mardi 20
La Poste annonce que le timbre courant passera, à compter du 18 mars, de 2,80 à 3 francs.

Pays de Galles, mercredi 21
Plusieurs remorqueurs parviennent à dégager le pétrolier *Sea Empress*, échoué depuis jeudi dernier. Mais des milliers de tonnes de brut se sont déjà répandues en mer.

France, jeudi 22
Le Parlement vote une loi qui fait de l'autisme non plus une maladie mentale mais un handicap. Les adultes autistes pourront enfin bénéficier des structures d'accueil réservées aux handicapés.

La Havane, jeudi 22
Une vague d'arrestations vise les principaux mouvements d'opposition tolérés par le régime. Elles touchent les organisateurs d'une prochaine rencontre dont l'objectif est justement de fédérer les opposants. (→ 24)

Bagdad, vendredi 23
La télévision irakienne annonce que les deux gendres de Saddam Hussein, rentrés mardi de Jordanie où ils avaient fui en août, ont été « tués » par leurs familles.

France, vendredi 23
La balance commerciale française dégage un excédent record, 104,5 milliards de francs. Un chiffre qui couronne des années d'efforts en matière de productivité mais qui a été payé d'un prix élevé en matière de chômage. (→ 2.4)

Paris, dimanche 25
Chirac inaugure le 33ᵉ Salon de l'agriculture. Il y reste cinq heures au lieu des deux prévues. L'Institut national de la recherche agronomique (Inra) y fête ses cinquante ans.

Protestation des Espagnols contre l'ETA

Madrid, lundi 19
Ils étaient près d'un million à être descendus dans la rue pour dire leur refus du terrorisme de l'ETA. Cette manifestation monstre a défilé en silence dans les rues de la capitale. En tête du cortège se trouvaient la totalité des leaders des mouvements politiques, sociaux et culturels du pays. Les deux grands adversaires du moment, Felipe Gonzalez et son rival de droite, José Maria Aznar, dont l'avenir politique va se décider le 3 mars lors des législatives, se sont retrouvés au coude à coude. Au Pays basque également, en dépit des menaces physiques, les mouvements civiques ont osé manifester contre la violence et les enlèvements. (→ 14.4)

800 000 manifestants ont défilé.

Libre circulation des joueurs de football

Londres, lundi 19
Le comité exécutif de l'UEFA (Union européenne de football) a tranché en faveur de l'arrêt Bosman. C'est-à-dire que toutes les équipes européennes peuvent aligner, si elles le souhaitent, onze joueurs issus de la communauté. Cette décision concernant la libre circulation des joueurs à travers l'Europe provoque la réaction des opposants à cette mesure. Ils craignent en effet que les clubs les plus riches (Juventus de Turin, Manchester United, Milan AC) achètent les meilleurs joueurs des championnats et laissent les miettes aux moins riches. (→ 19.3)

Un réseau islamiste démantelé à Paris

Ile-de-France, lundi 19
La police a interpellé au petit matin près de 25 personnes. C'est dans le Val-d'Oise, à Persan-Beaumont, que les enquêteurs ont découvert une très importante cache d'armes. Ils ont saisi 45 fusils, 15 revolvers et pistolets et 15 000 cartouches. Ces armes étaient destinées, selon toute vraisemblance, à un transfert vers l'Algérie. Les arrestations ont eu lieu après une enquête commencée il y a quinze mois, bien avant la vague d'attentats de l'été dernier. Ce sont des sympathisants du GIA, issus du grand banditisme pour certains, qui ont été arrêtés. (→ 13.3)

L'assassin de Céline serait un routier

Grande-Bretagne, mercredi 21
Arrêté lundi à son domicile, Stuart William Morgan est officiellement inculpé du meurtre de Cécile Figard dont la disparition et la mort avaient bouleversé l'Angleterre. Agée de 19 ans, elle se rendait en auto-stop chez un cousin pour les fêtes de fin d'année. Disparue le 19 décembre, son corps avait été retrouvé dix jours plus tard. La police put relever l'empreinte génétique de l'assassin et tracer son portrait-robot. De plus, des témoins l'avaient vue monter dans un camion. Des milliers de routiers ont donc été interrogés et soumis à des tests.

L'armée russe prend un fief tchétchène

Tchétchénie, mercredi 21
Novogrozny, à l'est de la capitale, est tombé aux mains des Russes. Il s'agit de l'une des places fortes des indépendantistes. Une fois encore, les troupes russes ont utilisé les gros moyens. La position a été soumise à un intense pilonnage d'artillerie et le bourg est quasiment détruit. Les combattants rebelles ont fait savoir qu'ils avaient pu évacuer la centaine de soldats qui défendaient la place sans préciser leurs pertes. Celles-ci seraient, en revanche, très sévères parmi les civils car des témoins ont affirmé que les rues étaient jonchées de cadavres sans armes. (→ 10.3)

Le 21 à Arles, le compact-disc de Jeanne Calment – intitulé *Maîtresse du temps* – est présenté à l'occasion de son 121ᵉ anniversaire.

Le 22 à Paris, une exposition sur les peintures de sable des Navajos (la première fois hors des Etats-Unis) est présentée à La Villette.

Imagina ou des images d'avant-garde

« Toy Story » - film Walt Disney en 3 dimensions - est présenté au Salon.

Monte-Carlo, mercredi 21
Le clou du Salon Imagina, qui se tient du 21 au 23 février, sera la projection en avant-première de *Toy Story*, un film en images de synthèse présenté par les studios Disney. Ce Salon fait une large place aux débats et aux rencontres, confrontant les artistes des nouvelles images et les produits industriels. Le nombre de secteurs faisant désormais appel à ces nouvelles technologies ne cesse de croître ; cinéma, publicité, art et maintenant toutes les applications multimédias, des sites Internet à l'édition électronique. Imitation de la réalité ou délires visuels, nos yeux n'ont pas fini d'être étonnés.

Hollywood lance un cochon sur les écrans

« Babe, le cochon devenu berger », du réalisateur australien Chris Noonan.

France, mercredi 21
« *Mad Max* ou *Babe*, c'est pour moi la même histoire : un individu tente de trouver un sens à l'existence », explique l'Australien George Miller, réalisateur du premier, coscénariste et producteur du second. Une fable zoomorphe qui lui a déjà rapporté 58 millions de dollars en six mois au Etats-Unis pour un coût deux fois moindre. Le film raconte l'histoire d'un charmant cochon qui cultive l'art d'être berger pour échapper au tourne-broche des fêtes de Noël. Quarante-huit porcelets, soixante dresseurs et deux cents experts en effets spéciaux ont été nécessaires sur six mois de tournage.

Le plan de refonte des armées de Chirac

France, jeudi 22
C'est à la télévision et en direct que le président de la République a tenu à présenter les grandes lignes de sa politique de défense. Jacques Chirac a annoncé la fin de la conscription et la mise en place progressive d'une armée de métier. Il n'y aura pas de référendum sur la question mais une grande consultation des jeunes. Un volontariat mixte devrait remplacer le service national. Le président, qui est le chef des armées, a confirmé la réduction du nombre de régiments, une baisse drastique des crédits, la fermeture du plateau d'Albion et la poursuite de la coopération franco-allemande. (→ 28.5)

Nouvelle crise entre Cuba et les Etats-Unis

Cuba, samedi 24
La chasse cubaine a abattu deux avions civils américains. Selon La Havane, les deux appareils, affrétés par une organisation anticastriste qui porte secours aux boat-people cubains, avaient violé son espace aérien malgré les mises en garde de ses contrôleurs. Washington a très violemment réagi, en affirmant que les avions avaient été touchés au-dessus des eaux internationales sans qu'il y ait eu la moindre sommation. La Maison Blanche dit étudier des mesures de représailles. Cet incident témoigne du durcissement et de la nervosité croissante des castristes, de plus en plus isolés. (→ 26)

Le Hamas frappe de nouveau en Israël

Jérusalem, dimanche 25
Chaque action terroriste du Hamas fragilise un peu plus le processus de paix. Le premier attentat, le plus meurtrier depuis 1948, a eu lieu à Jérusalem dans un bus. Il a coûté la vie à 25 personnes dont le *kamikaze* porteur de la bombe. Moins d'une heure plus tard, une autre bombe explosait à Ashkelon devant une station d'autobus et tuait deux personnes. Le Hamas, Mouvement de la résistance islamique, prétend venger la mort de Yehia Ayache, son artificier en chef. C'est une gifle pour Shimon Pérès, hué par la foule : sa modération n'est guère payante à trois mois des élections. (→ 4.3)

Un « kamikaze » portait la bombe.

Doublé pour Alberto Tomba dans le slalom

Sierra Nevada, dimanche 25
Les *tifosi* sont aux anges. Alberto Tomba remporte la médaille d'or du slalom spécial, quelques jours après avoir gagné le géant. Ce doublé n'a pas été facile à réaliser. En effet, le fantasque coureur italien a réalisé une première manche moyenne. Occupant une modeste sixième place, Alberto Tomba a réalisé une seconde manche somptueuse. Le Français Sébastien Amiez, troisième de la première manche, a fini à la sixième place. Chez les Tricolores, tout n'est pas que négatif. Patricia Chauvet obtient le bronze en slalom. A noter aussi, le nouveau titre de Marc Girardelli en combiné.

La « Bomba » dans le slalom spécial.

Février

1996

Lu	Ma	Me	Je	Ve	Sa	Di
			1	2	3	4
5	6	7	8	9	10	11
12	13	14	15	16	17	18
19	20	21	22	23	24	25
26	27	28	29			

Bogota, lundi 26
Ernesto Samper, mis en cause dans un scandale concernant le financement de sa campagne électorale avec « l'argent de la drogue », tente de faire diversion en proposant le rétablissement de la peine de mort. Le 15, la commission parlementaire avait rouvert une enquête après les accusations du procureur général.

Washington, lundi 26
Le président Clinton annonce une série de mesures de représailles contre Cuba : interdiction des vols charters vers l'île, renforcement de l'embargo et restriction des déplacements des diplomates cubains en poste à l'ONU.

Belgique, mardi 27
Sur une autoroute près de Gand, le brouillard et la vitesse excessive provoquent un énorme carambolage : 200 véhicules sont enchevêtrés et 15 personnes sont tuées.

Etats-Unis, mardi 27
Le groupe GEC-Alsthom annonce que la Floride a choisi la technologie TGV pour réaliser la ligne à grande vitesse (500 km) qui doit relier Miami, Orlando et Tampa. (→ 15.3)

Singapour, mercredi 28
C'est la première étape de la tournée en Asie de Jacques Chirac, accompagné d'une imposante délégation de ministres et de chefs d'entreprise. Il doit ensuite se rendre au sommet euro-asiatique de Bangkok. (→ 2.3)

Nigeria, mercredi 28
L'OMS estime à 1 100 le nombre de victimes de la grave épidémie de méningite qui frappe douze des trente Etats du pays. (→ 22.3)

Washington, jeudi 29
L'Allemagne et les Etats-Unis signent un protocole d'accord libéralisant l'accès réciproque à leurs marchés du transport aérien. Une alliance « ciel ouvert » dangereuse pour les autres compagnies européennes. (→ 21.3)

DECES

Paris, mardi 27
François Chaumette, sociétaire de la Comédie-Française (*8.9.1923).

Ecoles francophones en grève en Belgique

Belgique, lundi 26
Après le congé de Carnaval, de très nombreux collèges et lycées n'ont pas rouvert leurs portes à Bruxelles et en Wallonie. La grève paralyse l'enseignement francophone. Son budget n'est plus à la charge de l'Etat mais relève de la communauté linguistique. Plus de 85 % du budget est consacré à l'enseignement, soit 216 000 francs belges (36 000 francs français) par élève, secteurs laïque et religieux confondus. Un plan très rigoureux d'économies – 3 000 suppressions d'emplois sur 42 000 – a provoqué la mobilisation générale des enseignants. (→ 2.4)

Accord en Turquie contre les islamistes

Ankara, mercredi 28
L'accord entre le Parti de la juste voie (DYP) et celui de la mère patrie (ANAP) met fin à deux mois de crise politique. Ces deux partis de centre droit, laïcs, respectivement dirigés par Tansu Ciller et Mesut Yilmaz, se sont mis d'accord pour une rotation à la tête du cabinet. Cette entente, que les observateurs de la vie politique turque savent très fragile, n'a qu'une seule finalité : barrer la route aux islamistes du Parti de la prospérité, la première formation du nouveau Parlement. C'est sur la pression des militaires et des milieux d'affaires que les rivaux de toujours se sont entendus. (→ 7.4)

Polémique sur la thérapie contre le sida

Les militants d'Act-Up refusent le tirage au sort des malades pour les soins.

Paris, mercredi 28
Alain Juppé décide de mettre son veto à la proposition de tirer au sort les malades qui pourront bénéficier des nouvelles trithérapies. Cette idée avait été avancée hier par le Conseil national du sida pour faire face à la pénurie. Les trithérapies sont des associations de trois molécules qui se sont révélées très efficaces pour faire baisser le taux de présence du virus dans le corps. Découvertes, fabriquées et expérimentées aux Etats-Unis, ces molécules antivirales coûtent très cher et sont difficiles à associer. A peine connu, l'avis du Conseil a provoqué un tollé parmi les associations, qui demandent au gouvernement de faire pression sur les laboratoires. (→ 12.5)

Un scandale de corruption secoue l'Inde

New Delhi, jeudi 29
Des années durant, Surendra Jain, un homme d'affaires, a inscrit dans ses agendas les sommes qu'il versait aux hommes politiques. Arrêté, les révélations de Jain font trembler le monde politicien qui crie, bien sûr, à la machination. Seul le PC indien est épargné. Un tribunal a ordonné de nouvelles arrestations, celles de neuf personnalités politiques, dont des anciens ministres et cinq dirigeants de l'opposition. Des voix de plus en plus nombreuses s'élèvent et exigent la démission du Premier ministre, Narasimha Rao. Sept membres de son gouvernement, mis en cause, ont déjà dû démissionner. (→ 27.4)

Le 27 à Paris, le *Don Carlos* de Verdi est remonté par le Châtelet dans la version de sa création en 1867, avec le baryton-basse belge José van Dam (à gauche) et la basse américaine Eric Halfvarson.

Le 29, Citroën présente la Saxo au centre de production de Rennes. Son prix ira de 60 800 à 84 200 F (vendue uniquement en version 3 portes).

Mars

1996

Lu	Ma	Me	Je	Ve	Sa	Di
				1	2	3
4	5	6	7	8	9	10
11	12	13	14	15	16	17
18	19	20	21	22	23	24
25	26	27	28	29	30	31

Sarajevo, vendredi 1er
La Bosnie fête le quatrième anniversaire de son indépendance tandis qu'à La Haye le Tribunal pénal international inculpe le général Djordje Djukic. Il sera le premier officier serbe de haut rang à être jugé pour crimes de guerre et crimes contre l'humanité. (→ 15)

France, vendredi 1er
L'Insee publie ses *Données sociales* et constate que la moitié du patrimoine des Français est détenue par 10 % des ménages.

Australie, samedi 2
La coalition conservatrice, emmenée par John Howard, remporte une très large victoire aux législatives. Elle obtient deux fois plus de sièges que les travaillistes de l'ancien Premier ministre Paul Keating.

Royaume-Uni, samedi 2
A Murrayfield, dans le cadre du Tournoi des Cinq Nations, l'Angleterre bat l'Ecosse 18 à 9. A Dublin, l'Irlande bat le Pays de Galles 30 à 17. (→ 16)

Vaucluse, dimanche 3
Vingt-cinq chiens venus de toute la France participent au XIIe championnat des chiens truffiers. Le gagnant, originaire du Lot, a détecté ses six truffes en 84 secondes.

Paris, lundi 4
Le Woody Allen's New Orleans Jazz Band se produit à l'Olympia. Le célèbre réalisateur de cinéma est à la clarinette.

Allemagne, mercredi 6
La publication des chiffres du chômage provoque un choc dans l'opinion. En février, le nombre de sans-emploi a augmenté de 110 000 pour s'établir à 4,3 millions. Le taux de chômeurs s'élève à 11,3 % (17,5 % à l'Est et 9,6 % à l'Ouest). (→ 25.4)

Lisbonne, samedi 9
L'ancien président du Portugal, Mario Soares, transmet ses pouvoirs à son successeur, Jorge Sampaio.

DECES

Paris, dimanche 3
Léo Malet, auteur de romans policiers, créateur de Nestor Burma (*7.3.1909).

Une exposition réunit enfin vingt-deux tableaux de Vermeer

La Haye, vendredi 1er
Près de 400 000 visiteurs devraient défiler pendant trois mois devant les 22 toiles du plus illustre « inconnu » de l'histoire de l'art. Mort il y a trois siècles, Johannes Vermeer reste une énigme. Célèbre depuis 100 ans à peine, on ignore tout ou presque de son existence. Si ce n'est que le maître de Delft peignait lentement et disparut prématurément à 43 ans en laissant onze enfants et une montagne de dettes. Plus de huit ans de tractations ont été nécessaires pour réunir cet ensemble présentant deux tiers de sa production. Deux collections privées, dont celle de la reine d'Angleterre avec la fameuse *Leçon de musique*, et dix musées participent à cet événement. La somme de travaux et publications qui l'accompagnent n'a cependant pas permis de percer le mystère qui émane de ce traitement si délicat des teintes, de l'organisation de l'espace, et surtout de la lumière. Jusque-là, une seule personne y est parvenue : le faussaire van Meegeren au début du siècle. Rotterdam lui consacre une exposition.

« La Dentellière », peinte vers 1669-1670, a été prêtée par le musée du Louvre.

Premier sommet politico-économique entre Européens et Asiatiques

Bangkok, samedi 2
La conférence, qui ferme ses portes dans la capitale thaïlandaise, a réuni les délégations de dix pays asiatiques et celles des Quinze de l'UE. Tous les participants se sont mis d'accord pour renforcer la coopération tant politique qu'économique dans le cadre d'un nouveau « partenariat » entre les deux continents, fondé sur le « respect mutuel ». La question des droits de l'homme a été évoquée mais avec assez de discrétion pour ne pas offusquer les représentants asiatiques. Pour la première fois en vingt ans, des contacts ont été noués entre l'Indonésie et le Portugal au sujet du Timor-Oriental. Quant au volet économique, il a concerné le rééquilibrage des échanges au profit de l'Europe, le développement des investissements et le respect par les pays d'Asie des normes minimales en matière sociale.

Rétrospective au Grand Palais pour le bicentenaire de Corot

Paris, samedi 2
« L'arbre, chez Corot, pousse », s'émerveillait Valéry, le poète. Cent cinquante œuvres rendent justice au chantre des bruissantes frondaisons apprivoisées sous la caresse d'un souffle invisible. Certaines n'avaient jamais été vues en France. Venu à 26 ans seulement à la peinture, ce prophète de l'impressionnisme, fêté de son vivant, suscita nombre d'émules. « Il est l'auteur de 3 000 tableaux dont 10 000 ont été vendus en Amérique », plaisantait René Huyghes, conservateur au Louvre. Jean-Baptiste Camille Corot trouva lui-même un faux, terrorisé à l'idée de voir son auteur jeté en prison.

Marietta, « l'Odalisque romaine », un tableau petit format peint en 1843.

▷

Deux films sont couronnés par cinq Césars

Annie Girardot, en larmes, est le meilleur second rôle pour « les Misérables ».

Paris, samedi 2
La Haine, du benjamin Mathieu Kassovitz, et *Nelly et M. Arnaud*, de Claude Sautet, cinq fois couronnés à la nuit des Césars : le premier, sacré meilleur film français, truste aussi les Césars du meilleur montage et du meilleur producteur. Le second remporte ceux du meilleur acteur avec Michel Serrault et du meilleur réalisateur. Pour *Le bonheur est dans le pré*, Eddy Mitchell est le meilleur acteur dans un second rôle. Quant à la meilleure première œuvre de fiction, elle revient au film de Bernard Campa et Didier Bourdon, *les Trois Frères*. Instant d'émotion avec le César de la meilleure actrice de second rôle à une Annie Girardot minée par la maladie. (→ 25)

Marguerite Duras laisse plus de 70 livres

Paris, dimanche 3
Née Donnadieu le 4 avril 1914 en Indochine, elle prend le nom d'un bourg du Lot-et-Garonne d'où est originaire son père. La célébrité, à laquelle Marguerite Duras pourrait prétendre après quelque cinquante romans, dix pièces de théâtre et quinze films, elle ne la doit qu'à un seul titre : *l'Amant*. Couronné par le prix Goncourt en 1984, traduit en quarante-deux langues et vendu à plusieurs millions d'exemplaires, il devient un succès à l'écran. Exclue du PCF après la guerre, défendant d'imprévisibles thèses comme dans l'affaire du petit Gregory Villemin, elle définit l'écriture comme étant « l'endroit de la passion ». Elle en fit sa vie.

A « Apostrophes », septembre 1984.

Des esclaves « employés » au cœur de Paris

Paris, lundi 4
Une association d'entraide et de lutte contre l'esclavage libère une jeune Erythréenne de l'appartement de son employeuse. Cette dernière travaille pour l'ambassade du Liban et l'avait embauchée à Beyrouth. Ramenée à Paris, la jeune femme avait vu son passeport confisqué, n'était pas payée et était interdite de sortie. Selon l'association, de très nombreuses ambassades emploient de véritables esclaves, sri lankaises, philippines, africaines ou indiennes.

Le 2 à Paris, l'Opéra Garnier offre *Cosi fan tutte*, de Mozart, avec Susan Chilcott, soprano anglaise, et Susan Graham, mezzo-soprano américaine.

Fin de treize ans de socialisme en Espagne

Le Parti populaire de José Maria Aznar remporte les élections législatives.

Madrid, dimanche 3
La victoire du Parti populaire était annoncée depuis des semaines. La formation de José Maria Aznar est bien arrivée en tête de ces élections législatives mais la victoire est moins écrasante que promis. La droite a obtenu 38,85 % des voix, c'est-à-dire 156 sièges au Congrès des députés. Le PSOE (Parti socialiste ouvrier espagnol) de Felipe Gonzalez perd le pouvoir après treize années d'un exercice sans partage. A 43 ans, le leader des conservateurs a bâti son succès en prêchant l'efficacité, la fin de la gabegie et l'honnêteté, face à des socialistes déconsidérés par une série de scandales. Mais sa courte victoire l'oblige à s'allier aux partis autonomistes. (→ 5.5)

Une étoile en moins pour La Tour d'argent

Paris, mercredi 6
Comme chaque année, la sortie de la Bible des gourmets, du petit livre rouge des gastronomes, à savoir le *Guide Michelin,* réserve son lot de surprises. Ses excommunications et ses promotions sont attendues avec impatience dans le microcosme de l'art culinaire. La Tour d'argent, fondée en 1582, l'un des plus vieux restaurants du monde, a donc perdu la troisième étoile détenue depuis 1933. Alain Passard, de l'Arpège, est le seul promu de l'année. (→ 24.4)

Des attentats meurtriers par les terroristes du Hamas en Israël

Israël, lundi 4
L'acharnement du Hamas pourrait bien être fatal – c'est d'ailleurs le but recherché – au processus de paix. Le bilan des deux carnages qui, en 48 h, ont frappé Israël s'élève à au moins 32 morts et plus de 100 blessés. Hier, à Jérusalem, c'est un attentat-suicide qui dévastait un bus. Et, en début d'après-midi, une bombe a explosé au cœur de Tel-Aviv devant le plus grand centre commercial du pays. Les secours relèvent 13 morts et 25 blessés. La fête de Pourim bat son plein et les rues étaient remplies d'enfants costumés. Une nouvelle fois, Shimon Pérès, arrivé sur les lieux, a été conspué. Il a décrété une « guerre totale » au terrorisme et a réuni un état-major de crise. (→ 10)

Hier à Jérusalem, rue de Jaffa : 19 morts et 10 blessés graves dans un autobus.

Les civils tchétchènes otages des Russes

Grozny, dimanche 10
Désorganisée, démotivée, l'armée russe a décidé de jouer la seule carte qui lui reste : la terreur. Toute la journée, son artillerie a pris pour cibles plusieurs quartiers de Grozny. D'un point de vue tactique, tous ces bombardements n'avaient aucune utilité. Les rebelles avaient en effet évacué les quartiers de la capitale qu'ils tenaient depuis cinq jours. Il ne reste dans la ville que les civils et les réfugiés ainsi que la milice du gouvernement tchétchène pro-russe. Dans l'après-midi, les hélicoptères ont pris le relais des canons. Ce n'est pas la meilleure manière de rallier les civils à la cause russe ! (→ 17)

La police d'Arafat frappe les islamistes

Gaza, dimanche 10
La police palestinienne a arrêté au cours de ces deux derniers jours des hauts dirigeants islamistes. Ce sont en tout près de 600 militants du Hamas et du Jihad islamique qui ont été interpellés. Parmi eux figurent aussi bien des responsables que des cadres de base. En revanche, les deux auteurs présumés des derniers attentats anti-israéliens n'ont pas été retrouvés. Shimon Pérès, qui avait multiplié les injonctions, a félicité Yasser Arafat. Celui-ci a quelques difficultés à imposer son point de vue à l'Autorité palestinienne. (→ 13)

Week-end sanglant sur l'île de Beauté

Corse, dimanche 10
La folie meurtrière s'amplifie, ce qui n'est guère étonnant, à dire vrai, au vu de toutes les armes en circulation dans l'île et de la quasi-impunité de leurs détenteurs. Un militant de la Cuncolta a été abattu vendredi soir près de Sartène. Le même jour, en région parisienne, la maison de Guy Benhamou, qui couvre les affaires corses pour *Libération* et qui a été plusieurs fois menacé par le FLNC, était mitraillée. Samedi, la police a découvert le corps d'un magistrat et, dans la soirée, un autre homme était abattu sur le pas de sa porte. (→ 27)

Paix signée pour la guerre du Péloponnèse

Sparte, dimanche 10
Vingt-quatre siècles après les faits, les maires de Sparte et d'Athènes ont signé un traité de paix qui met fin officiellement à la terrible guerre du Péloponnèse. Ce conflit qui fit des milliers de morts s'était achevé en 404 av. J.-C. avec la capitulation d'Athènes. Après 27 ans de guerre, Sparte dominait le monde grec.

Villeneuve débute et découvre le podium

Melbourne, dimanche 10
Damon Hill a remporté le premier duel qui l'oppose à son coéquipier, le Canadien Jacques Villeneuve. Les deux pilotes de Williams-Renault ont été les principaux animateurs du premier Grand Prix de la saison 96. Pour son baptême en Formule 1, Jacques, 25 ans, fils du regretté champion Gilles Villeneuve, a su montrer d'évidentes qualités. Parti en tête, le Canadien va mener la course pendant quarante-neuf tours. A cause d'une fuite d'huile à quatre boucles de l'arrivée, Villeneuve a dû laisser filer Hill. L'Anglais, lui aussi fils d'un ancien champion, a su saisir sa chance. (→ 31)

Le 6 à Genève, au 66e Salon de l'automobile, Jaguar présente la XK8, un coupé en hommage à la Type E qui devrait être vendu environ 460 000 F.

Damon Hill, sur Williams-Renault, a pris la tête devant son équipier d'écurie.

Mars

1996

Lu	Ma	Me	Je	Ve	Sa	Di
				1	2	3
4	5	6	7	8	9	10
11	12	13	14	15	16	17
18	19	20	21	22	23	24
25	26	27	28	29	30	31

Lyon, lundi 11
Michel Noir, l'ancien maire de la ville, est de nouveau sur le banc des accusés, avec l'ouverture d'un procès pour « malversations et détournements de subventions municipales ».

Pantin, mardi 12
La plus grande salle d'escalade d'Europe ouvre ses portes dans une usine désaffectée. Baptisée « Mur, Mur », elle permet de grimper 7 jours sur 7 avec 150 voies praticables.

Rennes, mercredi 13
Dans le cadre de l'affaire Urba, la cour d'appel condamne Henri Emmanuelli, trésorier du PS au moment des faits, à une peine de prison avec sursis mais surtout à deux ans de privation de ses droits civiques. (→ 19)

Suède, vendredi 15
Le Premier ministre Ingvar Carlsson démissionne et passe le relais à Göran Persson, chef de file des sociaux-démocrates.

Ankara, vendredi 15
Une conférence réunit 29 pays pour statuer sur le réarmement de la fédération croato-musulmane en Bosnie. Les Etats-Unis y sont favorables, mais pas les Européens. (→ 20)

Etats-Unis, vendredi 15
La société Amtrak annonce qu'elle a choisi le consortium anglo-franco-canadien GEC-Alsthom-Bombardier pour moderniser la ligne ferroviaire Boston-Washington et fournir des rames à grande vitesse.

Autriche, samedi 16
En ski nordique, la Française Emmanuelle Claret remporte la Coupe du monde de biathlon.

Las Vegas, samedi 16
Mike Tyson retrouve son titre de champion du monde de boxe poids lourds (WBC) en battant le Britannique Frank Bruno. (→ 20.4)

Italie, dimanche 17
Pour la première fois dans l'histoire du football italien, le championnat national est suspendu par une grève des joueurs professionnels.

DECES

Paris, dimanche 17
René Clément, réalisateur de cinéma (*18.3.1913).

Bob Dole remporte le « super-mardi »

Etats-Unis, mardi 12
Ce jour représente un tournant dans les primaires. Sept Etats élisent leurs délégués et ce sont eux qui devront désigner le candidat républicain lors de la convention. Bob Dole est sorti du scrutin en grand vainqueur. Il dispose désormais de 761 voix alors qu'il lui faut les voix de 996 délégués pour être investi. Steve Forbes et Pat Buchanan, ses deux principaux concurrents, sont devancés. Ils ont respectivement 84 et 82 délégués. C'est donc lui, le vieux routier de la politique américaine, qui affrontera Bill Clinton au nom du *Grand Old Party* (le surnom des républicains). Pour les motiver, il doit prouver à ses propres troupes qu'il n'est pas un homme du passé. (→ 5.11)

Mort du cinéaste polonais Kieslowski

Varsovie, mercredi 13
Krzysztof Kieslowski, né a Varsovie le 27 juin 1941, attendra vingt ans avant d'être reconnu comme l'un des cinéastes majeurs de notre époque. Le prix du jury en 1988 au Festival de Cannes, avec *Tu ne tueras point*, le révèle au public. Dans la foulée, l'intégrale de son *Décalogue*, inspiré par les dix commandements, le consacre. « La vie n'a rien à voir avec les films, ou si peu », avouait-il. Il lui dédie pourtant un superbe chant d'espoir dans *la Double Vie de Véronique*. Mais sa trilogie *Trois Couleurs : Bleu-Blanc-Rouge*, Lion d'or à Venise et Ours d'argent à Berlin, sera son testament : « J'en ai marre de faire du cinéma, je vais arrêter. »

Manœuvres des Chinois autour de Taïwan

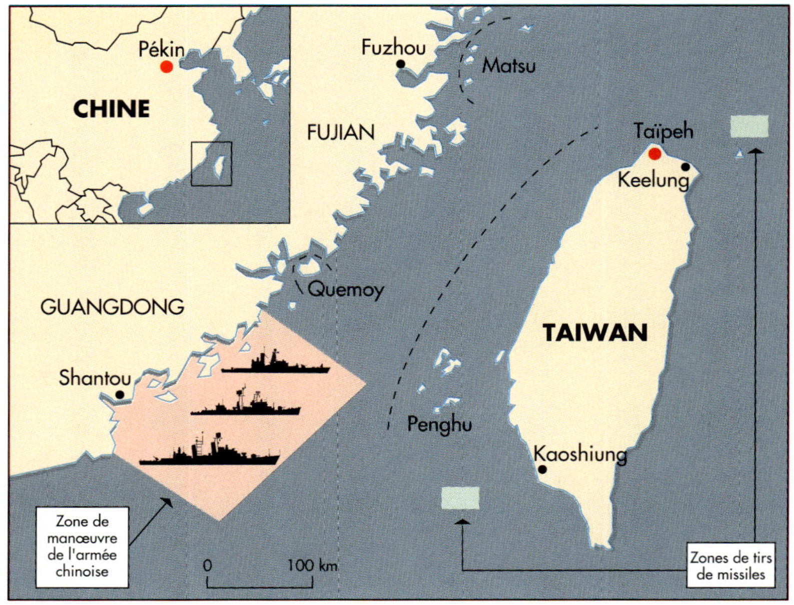

Mer de Chine, mercredi 13
A grand renfort de déclarations et de propos bellicistes, Pékin joue avec les nerfs des Taïwanais. Les manœuvres navales, annoncées par la Chine communiste depuis la fin de février, ont lieu dans le détroit qui sépare Taïwan du continent. Des tirs d'exercice de missiles ont frôlé les eaux taïwanaises. Pékin n'a pas cessé d'évoquer, depuis huit mois, une réunification par la force si besoin était. La tension est telle que Washington a envoyé d'urgence sa 7e Flotte avec deux porte-avions. A Taipeh, les rodomontades de ce trop puissant voisin sont plus que jamais prises au sérieux. (→ 23)

Folie meurtrière dans une école écossaise

Dunblane, mercredi 13
A 9 h 30, Thomas Hamilton entre dans l'école primaire de cette petite ville, se dirige vers le gymnase, sort quatre armes à feu et tire pendant trois minutes sur tout ce qui bouge avant de se donner la mort. Le pays est sous le choc face à cet horrible carnage : il a tué une institutrice et 16 élèves, âgés de 4 et 5 ans, et en a blessé une douzaine d'autres. Personne ne peut expliquer ce geste aux habitants de Dunblane, qui se croyaient à l'abri de la violence.

Le 14, le cardinal Jean-Marie Lustiger, archevêque de Paris, est reçu à l'Académie française où il a été élu au fauteuil de Mgr Albert Decourtray.

Un sommet contre la menace terroriste

Egypte, mercredi 13
Qualifié également de rencontre des « bâtisseurs de la paix », le sommet antiterroriste de Charm al-Cheikh réunit vingt-neuf pays ainsi que les représentants des Nations unies et de la Commission européenne. Il s'agit d'une initiative américano-égyptienne, prise après la meurtrière série d'attentats anti-israéliens, dont le contenu et les objectifs sont avant tout symboliques : encourager une reprise du dialogue entre Israéliens et Palestiniens. Pour garantir ces négociations, les treize pays arabes présents ont accepté le communiqué final. Il appelle à un combat sans concession contre le terrorisme et condamne, sans les nommer, les pays qui le soutiennent. (→ 28)

L'abbé Pierre... des problèmes de logement au *Bal des exclus*

Michaël Lonsdale incarne Jules dans la pièce tirée d'un texte de l'abbé Pierre.

Paris, vendredi 15
La fondation Abbé-Pierre a rendu public son premier rapport annuel intitulé *l'Etat du mal-logement en France*. C'est également aujourd'hui que prend fin la trêve hivernale des expulsions et la coïncidence n'est pas fortuite. La situation dépeinte, c'est-à-dire l'inventaire de toutes les formes de pauvreté dans un pays riche, est accablante. La précarité ne cesse de s'aggraver et elle concerne plusieurs centaines de milliers de personnes. Le même jour, l'abbé Pierre présente *le Bal des exclus* au Zénith. Ce spectacle musical retrace avec chanteurs, danseurs et clowns la vie de Jules et Léo, qu'incarnent respectivement Michaël Lonsdale et Claude Brosset. Véritable opéra du partage, l'épopée d'Emmaüs partira ensuite en tournée. (→ 19.4)

Fokker ferme ses portes : 5 664 licenciés

Pays-Bas, vendredi 15
La doyenne des firmes européennes d'aéronautique est officiellement déclarée en faillite. Daimler-Benz et le gouvernement néerlandais, les deux principaux actionnaires, n'ont donc pas réussi à s'entendre avec les repreneurs pressentis et ont décidé de jeter l'éponge. Seules les filiales espace, électronique et maintenance de Fokker échappent au naufrage. Les avions Fokker s'étaient rendus célèbres durant le premier conflit mondial. L'âge d'or de la société fut l'entre-deux-guerres. L'aventure est finie. Lundi, 5 664 salariés doivent recevoir leur lettre de licenciement.

La firme avait été créée en 1912.

Aux Anglais le Tournoi des Cinq Nations

Londres, samedi 16
Will Carling a réussi sa sortie à Twickenham. Le capitaine anglais, qui jouait son dernier match international, gagne le Tournoi des Cinq Nations. Les Irlandais ont été battus 28 à 15 par le Quinze à la rose. De leur côté, les Français n'ont pas vaincu les Gallois à Cardiff. Saint-André et ses coéquipiers ont été battus par 16 à 15, une défaite d'un point frustrante. A trois minutes de la fin, une pénalité de Neil Jenkins ruinait les espoirs du XV de France. Les essais inscrits par Thomas Castaignède puis par Emile N'Tamack n'ont pas été suffisants.

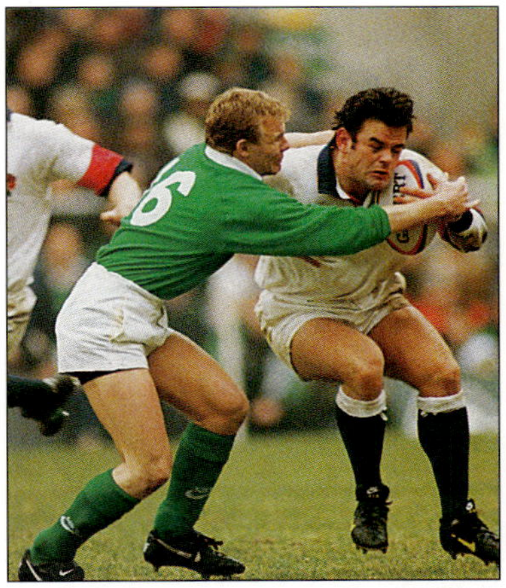
Will Carling arrêté par Con McCall.

Des incidents dans la banlieue de Reims

Reims, samedi 16
Les chauffeurs d'autobus se sont mis en grève. Ils protestent contre l'agression dont a été victime l'un de leurs collègues hier soir. Celui-ci a été blessé par un tir de pistolet à grenaille. Son véhicule a été ensuite incendié. Depuis mercredi soir, des heurts opposent les forces de l'ordre à des groupes de jeunes très mobiles dans les quartiers périphériques. Des pompiers ont été pris à partie, près de vingt véhicules ont brûlé. Cette violence gratuite va obliger la police à escorter les bus.

Second Paris-Nice d'affilée pour Jalabert

Nice, dimanche 17
La promenade des Anglais réussit à Laurent Jalabert. Douze mois après son premier succès, le numéro un mondial a récidivé en enlevant son deuxième Paris-Nice. Jalabert s'est imposé devant l'Américain Lance Armstrong à 43 s et l'Anglais Chris Boardman à 47 s. Pourtant, Jalabert a souffert dans cette course. Victime d'une chute près de Saint-Tropez, le leader des Once a montré une force morale impressionnante. Dans le dernier contre-la-montre, il a réussi à contenir les assauts d'Armstrong et de Boardman, des spécialistes de cet exercice. (→ 7.4)

Il gagne malgré une chute sévère.

Exode massif des civils en Tchétchénie

Svernovodsk, dimanche 17
Faute de vision globale, les troupes russes appliquent la tactique du coup de massue. Accusée d'abriter des « combattants tchétchènes », la petite ville de Svernovodsk, comme bien d'autres en Tchétchénie, telles Bamout et Samachki, a été encerclée et soumise à un bombardement qui n'a rien de « chirurgical ». Les tirs se sont calmés pour permettre à plus de 15 000 civils de fuir cet enfer. La colonne de réfugiés, privée de tout contact avec la Croix-Rouge, va se replier vers l'Ingouchie. (→ 21)

Mars

1996						
Lu	Ma	Me	Je	Ve	Sa	Di
				1	2	3
4	5	6	7	8	9	10
11	12	13	14	15	16	17
18	19	20	21	22	23	24
25	26	27	28	29	30	31

Algérie, lundi 18
En Kabylie, à Tizi Ouzou, l'explosion d'une voiture piégée tue six personnes et en blesse vingt et une autres. Cet attentat survient deux jours après le congrès du FFS, le Front des forces socialistes, qui a vu la réélection à sa tête de Hocine Aït-Ahmed, récemment rentré de l'étranger. (→ 27)

Etats-Unis, lundi 18
Une femme dans le coma depuis dix ans accouche d'un garçon. Elle était tombée enceinte après un viol dont le coupable n'a pas été identifié.

Israël, mardi 19
Un tabou tombe : pour la première fois, le nom du chef du Mossad est rendu public. Il s'agit de Dany Yatom, 51 ans.

Grenoble, mardi 19
Les magistrats chargés de l'enquête sur l'Ordre du temple solaire (OTS) font procéder à 37 interpellations préventives de membres de la secte dans toute la France. Disposant de leur liste complète, ils craignaient une nouvelle tuerie. (→ 3.4)

Saint-Pétersbourg, jeudi 21
Mikhaïl Gorbatchev annonce sa candidature officielle pour l'élection présidentielle de juin. Les sondages le créditent de 1 % des intentions de vote. (→ 16.4)

Washington, jeudi 21
Est-ce le début d'une nouvelle « guerre aérienne » ? Les autorités de l'aviation civile américaine refusent d'homologuer 500 vols d'Air France vers les Etats-Unis. La compagnie française comptait sur ces vols d'été pour raffermir son redressement.

Afrique de l'Ouest, vendredi 22
Une dizaine de pays sont touchés par une grave épidémie de méningite. Plus de 5 000 décès ont déjà été officiellement recensés.

DECES

Athènes, lundi 18
Odysseus Elitis, poète et romancier, prix Nobel de littérature en 1979 (*2.11.1911).

Paris, samedi 23
Jacques Toja, acteur et sociétaire de la Comédie-Française (*1.9.1929).

Il y aura trois présidents en Bosnie

Bosnie, mercredi 20
Le rêve d'une Bosnie multiethnique et unifiée a disparu. Quatre-vingt-dix jours après les accords de Dayton, la partition territoriale est devenue réalité. Deux entités la remplacent désormais même si l'Etat bosniaque existe toujours officiellement. Une ligne de démarcation de 1 030 km, démilitarisée tout au long sur 4 km de profondeur, sépare la Fédération croato-musulmane de la Republika Srpska (serbe). Hier, après quatre ans de siège, Sarajevo est redevenue une ville unie. La police bosniaque a pu prendre position dans les anciens quartiers serbes, désertés par leurs habitants. Les réfugiés sont censés pouvoir rentrer chez eux. (→ 15.4)

Dans le quartier de Grbavica à Sarajevo, on ne se méfie plus des « snipers ».

Bordeaux élimine Milan en quarts de finale de la Coupe de l'UEFA

Bordeaux, mardi 19
Les Girondins de Bordeaux ont réussi l'exploit de sortir le Milan AC en gagnant 3-0. Battus 2-0 au match aller, les Bordelais ont renversé la vapeur. Les stars milanaises, trop confiantes, n'ont pas su s'opposer à la hargne des Girondins. Emmenés par Christophe Dugarry, étincelant, les Bordelais ont réalisé le match parfait. Pour Milan, la rencontre a vite tourné au cauchemar. A la 14e minute, Didier Tholot ouvre le score. Le Parc Lescure exulte. Les occasions se succèdent, notamment avec Zinedine Zidane. En seconde période, les Bordelais accentuent la pression. Dugarry, en six minutes (64e et 70e), offre la qualification à son équipe. Incroyable : Bordeaux élimine un grand d'Europe. (→ 15.5)

Des juges mis en cause à l'Assemblée

Paris, mardi 19
Dans les tribunes de l'Assemblée nationale, une passe d'armes assez virulente a opposé deux ténors du Parti socialiste à Jacques Toubon. Jean-Pierre Chevènement, suivi par Laurent Fabius, s'en est pris au garde des Sceaux et aux juges. Le premier évoquait l'arrestation et l'incarcération, samedi dernier, de son ami Christian Proust, président du conseil général du Territoire de Belfort. Le second a évoqué, au nom du PS, la condamnation d'Henri Emmanuelli. Ce dernier a d'ailleurs décidé de se pourvoir en cassation. Interpellant le gouvernement, ils ont parlé d'une justice à deux vitesses et de juges « aux ordres », prompts à agir lorsqu'ils se trouvaient face à des personnalités de l'opposition et tout aussi prompts à enterrer des dossiers sensibles concernant des élus de droite. La situation semble coincée. Car il est hors de question pour le PS de demander une grâce ou une amnistie. (→ 17.4)

Cette carte indique la nouvelle ligne des frontières des différents territoires bosniaques au 20 mars ainsi que la ligne de front des accords de Dayton.

Pilonnages russes des villes tchétchènes

Caucase, jeudi 21
Cela fait sept jours que l'artillerie et l'aviation russes s'acharnent contre plusieurs localités du sud-ouest de la Tchétchénie. Accusés de servir de sanctuaires aux indépendantistes, Samachki, Bamout et Orekhovo ont subi des bombardements d'une rare intensité. A Samachki, 600 civils ont été tués et 20 000 se sont réfugiés en Ingouchie. Selon les témoignages recueillis dans les hôpitaux auprès des soldats russes comme auprès des Tchétchènes, l'armée d'Eltsine s'en prend aux civils à défaut de pouvoir repousser les rebelles. Unanimes, les jeunes recrues russes se plaignent d'être de la chair à canon. (→31)

Vaches folles... panique en Europe

La découverte de troupeaux contaminés en Grande-Bretagne remonte à 1986.

Londres, jeudi 21
Les gouvernements allemand et français ont décidé d'interdire les importations de bœuf britannique. Ils devraient être prochainement suivis par les autres membres de l'Union européenne, en dépit des véhémentes protestations anglaises. L'affaire a éclaté aux Communes où deux parlementaires, reprenant les conclusions de scientifiques, y ont affirmé qu'il ne faut pas « exclure la possibilité d'un lien entre la maladie de la vache folle [l'encéphalopathie spongiforme bovine ou ESB] et le syndrome de Creutzfeldt-Jakob », une affection toujours mortelle chez l'homme. Il y a vraiment de quoi paniquer. (→28)

Un plan contre la violence dans les écoles

Le ministre de l'Education nationale, François Bayrou, propose 19 mesures.

Paris, jeudi 21
Ce sont les grèves d'enseignants, qui protestaient contre les agressions dont ils étaient victimes, qui ont précipité la préparation et l'annonce de ce plan : 2 200 appelés vont être affectés dans les écoles. Des postes de surveillants supplémentaires sont créés. Les intrusions d'« éléments extérieurs » seront plus durement sanctionnées. Du côté préventif, ce plan veut étendre les expériences pédagogiques qui permettent de mieux intégrer les élèves difficiles au milieu scolaire et de responsabiliser les parents d'élèves. Mais il ne peut rien contre les causes profondes de cette violence : la crise sociale.

Déroute française en patinage artistique

Edmonton, jeudi 21
Même un miracle n'aurait pas suffi à Philippe Candeloro lors de ces championnats du monde. Après un programme court bien décevant, le Français terminait à la seizième place. Il ne pouvait plus espérer une médaille. Mais bonne surprise en revanche pour Eric Millot qui était en sixième position. Le programme du libre a confirmé la tendance. Candeloro, malgré une prestation réussie, n'a pu décrocher que la neuvième place. Et Millot, contracté par l'enjeu, a terminé septième. Le titre est revenu à Todd Eldredge, un Américain âgé de 25 ans.

L'or à l'Américain Todd Eldredge.

Elections au suffrage universel à Taïwan

Taïwan, samedi 23
Lee Teng-Hui, le président sortant et le « père » de la démocratisation de l'île, est élu avec 54 % des voix. C'est grâce à lui qu'a pu se tenir la première élection présidentielle au suffrage universel de Taïwan. Les tentatives d'intimidation de Pékin, à coup de menaces d'invasion et de manœuvres navales, n'auront servi à rien. Les dirigeants communistes étaient plus qu'agacés à l'idée qu'un processus démocratique réussisse à s'imposer sur une terre chinoise qu'ils revendiquent comme partie intégrante de la « Grande Chine ». Taïwan s'est offert une légitimité que Pékin est loin d'avoir. (→20.5)

Sans papiers, ils veulent la régularisation

Occupation à l'église Saint-Ambroise.

Paris, dimanche 24
En 48 heures, les 294 Africains qui demandent la régularisation de leur situation ont été deux fois expulsés. Tout d'abord, vendredi, la police évacuait ces hommes, ces femmes et ces enfants de Saint-Ambroise, une église du 11e arrondissement qu'ils occupaient depuis lundi. Quarante-trois d'entre eux étaient arrêtés. Les autres, aidés par des associations caritatives, trouvaient refuge dans un gymnase voisin. C'est de ce lieu qu'ils ont été de nouveau délogés par les forces de l'ordre tôt ce matin. Célibataires ou parents d'enfants nés en France, ils se trouvent tous dans des situations inextricables au regard du droit au séjour. (→22.5)

Mars

1996

Lu	Ma	Me	Je	Ve	Sa	Di
				1	2	3
4	5	6	7	8	9	10
11	12	13	14	15	16	17
18	19	20	21	22	23	24
25	26	27	28	29	30	31

Paris, mardi 26
Le Conseil supérieur de l'audiovisuel renouvelle pour cinq ans la concession de TF1. Hervé Bourges, le président du CSA, précise que la décision a été acquise sans vote et par consensus. (→ 15.6)

Algérie, mercredi 27
Sept moines trappistes français sont enlevés par un commando du GIA. Leur monastère se trouve à Tibehirine, près de Médéa, un fief intégriste. (→ 28.4)

Tel-Aviv, mercredi 27
A l'issue de son procès, Yigal Amir, l'assassin de Yitzhak Rabin, est reconnu coupable de meurtre avec préméditation. Il est condamné à la réclusion à perpétuité.

Genève, jeudi 28
L'Organisation mondiale du commerce annonce que les échanges ont progressé de 8 % dans le monde en 1995.

Paris, jeudi 28
Serge Tchuruk, qui a remplacé Pierre Suard à la présidence d'Alcatel, annonce des pertes de 25,6 milliards de francs. C'est un record historique pour l'un des fleurons de l'industrie française.

Paris, samedi 30
Après une rénovation qui a duré quatre ans, le musée Jacquemart-André rouvre ses portes au public.

France, samedi 30
Journée « portes ouvertes » pour la justice. Les tribunaux et les palais de justice accueillent le public pour mieux faire connaître cette institution.

Russie, dimanche 31
Boris Eltsine décrète un cessez-le-feu unilatéral en Tchétchénie. Il se dit prêt à accorder un « maximum d'autonomie » à la république et n'exclut pas d'ouvrir des négociations avec le leader indépendantiste, Djokhar Doudaïev. Mais, selon des journalistes présents à Grozny, la ville retentit de coups de feu. (→ 15.4)

Tokyo, dimanche 31
Des milliers de Japonais défilent pour demander la fermeture des bases militaires américaines d'Okinawa dont le gouvernement japonais vient de renouveler le bail.

Des Oscars décernés sous accusations de discrimination raciale

Los Angeles, lundi 25
Ombre sur la remise des Oscars à Hollywood : l'absence des Noirs du palmarès. Figure de proue de la cause afro-américaine, le révérend Jesse Jackson dénonce la volonté d'exclure les minorités ethniques dans l'industrie du cinéma aux Etats-Unis. Quant aux choix du jury, sa logique consensuelle semble plus flatter des objectifs commerciaux que le septième art. A preuve, les nombreux Oscars collectionnés par *Braveheart* : meilleurs film, direction de la photo, maquillage et montage des effets sonores. Mel Gibson, le réalisateur et « oscarisé » lui aussi, se frotte les mains : « C'est vraiment une soirée merveilleuse. » (→ 10.4)

Deux Oscars à Mel Gibson pour « Braveheart » : meilleurs film et réalisateur.

Dénucléarisation du Pacifique Sud

Suva, lundi 25
Dans la capitale des îles Fidji, les Etats-Unis, la Grande-Bretagne et la France ont signé, en la personne de leurs représentants dans la région, le traité de Rarotonga. Ce document promulgue la dénucléarisation du Pacifique Sud. Les signataires se sont engagés à ne pas tester, ni même stocker, d'engins nucléaires dans cette zone. Le traité interdit aussi l'enfouissement de déchets de même nature. La signature par la France marque le retour en grâce de Paris aux yeux de la Nouvelle-Zélande et de l'Australie. (→ 11.4)

Une zone franche pour les Corses ?

Paris, mercredi 27
Alain Juppé, à l'issue d'une réunion interministérielle, annonce une série de mesures d'aide à la Corse. Elles sont d'ordre économique et fiscal et doivent redonner du souffle au tissu des entreprises insulaires. Réclamée par le FLNC, la plus spectaculaire de ces mesures propose de donner à l'ensemble de l'île le statut de zone franche. Il faut néanmoins que les instances européennes acceptent cette défiscalisation massive dont les modalités restent à préciser. C'est une entorse de taille au principe d'égalité nationale. (→ 12.4)

Religion ou éthique, un Land choisit

Allemagne, jeudi 28
Le Land de Brandebourg, situé dans la partie orientale du pays, rallume la querelle religieuse. Quelques mois après l'affaire des crucifix dans les salles de classes de Bavière, les élus régionaux ont décidé de remplacer les cours d'instruction religieuse dans les écoles publiques par des cours d'éthique, communs à tous les élèves, quelle que soit la confession. Cette mesure a provoqué une levée de boucliers à l'Ouest. Les Eglises catholique et luthérienne parlent de ce fait d'un « coup porté à la culture chrétienne ». (→ 23.6)

Le 25 à Neuilly-sur-Seine, Johnny Hallyday (52 ans) épouse Laetitia Boudou (21 ans). Son 5e mariage.

Chute vertigineuse des ventes de bœuf

France, jeudi 28
La psychose de la vache folle n'a pas épargné le consommateur français. Mais il aurait pu difficilement en être autrement. Entre Bruxelles, Londres et les autres capitales de l'Union, les autorités sanitaires et politiques, qui se voudraient toutes apaisantes pour les éleveurs comme pour les consommateurs, ne cessent de se contredire. Les prions, c'est-à-dire les protéines responsables de l'ESB, ne se laissent pas facilement apprivoiser. Le résultat est que la consommation de viande de bœuf a baissé de 35 % ces derniers jours et que les cours se sont effondrés de 50 % sur certains marchés de gros. C'est dur pour les éleveurs ! (→ 3.4)

Retrait des Israéliens ajourné à Hébron

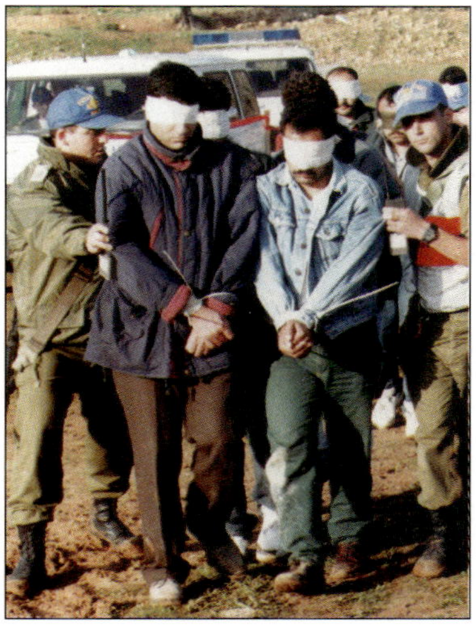

Une rafle de Palestiniens à Bir Zeit.

Cisjordanie, jeudi 28
L'armée israélienne devait évacuer Hébron hier à minuit en vertu des accords d'Oslo. Tsahal a décidé de reporter ce retrait *sine die* à cause des récents attentats du Hamas. La population palestinienne n'est pas très surprise de cette violation des accords d'autonomie, qui survient en plein bouclage des territoires. Non contentes de retarder le retrait, les forces israéliennes ont effectué la plus grande rafle depuis la vague d'attentats. A Hébron et dans les villages aux alentours, près de 400 Palestiniens ont été arrêtés au saut du lit. Ce sont surtout des étudiants de l'université de Bir Zeit, connue pour être un vivier islamiste. (→ 14.4)

L'ex-juge Di Pietro innocenté en Italie

Italie, vendredi 29
Le juge Antonio Di Pietro, l'ancien magistrat anticorruption, vedette de l'opération « Mains propres », est innocenté des accusations d'abus de pouvoir et de concussions portées contre lui par le parquet de Brescia. C'est la troisième fois en moins d'un mois qu'il est lavé de tout soupçon. En revanche, Paolo Berlusconi, le frère de Silvio, et l'ex-avocat du groupe Fininvest, Cesare Previti, devront répondre devant la justice du chantage qu'ils ont exercé contre Di Pietro et des accusations à son encontre.

Eltsine, le garant de l'influence russe

Moscou, vendredi 29
Un faste exceptionnel a entouré la signature, sous les ors du Kremlin, d'un accord de coopération globale entre la Russie, la Biélorussie, le Kazakhstan et le Kirghizistan. Sans grande portée réelle, vu la faiblesse économique des pays concernés, ce document permet surtout à Boris Eltsine de se poser en garant de la prééminence russe sur les anciennes républiques. Pour ses électeurs qui regrettent la puissance de l'ancien empire soviétique, il joue sur la fibre nostalgique. Ce qui est toujours utile en ces temps préélectoraux. (→ 2.4)

Le musée du Prado célèbre Francisco Goya

La « Maja desnuda », peinte vers 1798-1800, exhibe une fausse maigreur.

Madrid, vendredi 29
« Je ferai la preuve par les faits qu'il n'y a pas de règle en peinture », écrit Goya. Les 171 toiles exposées au musée du Prado à Madrid, à l'occasion du 250e anniversaire de sa naissance, illustrent cette volonté de se démarquer des conventions de son époque. Goya, précurseur, nous est contemporain par la force de son génie créateur et son inspiration. Il l'est surtout de par la modernité de ses préoccupations : injustice, folie, décadence des monarques, misère. Goya est révolutionnaire, également par sa facture magistrale. Sous la férocité de son ironie, souvent parée d'un irréprochable protocole, il se fait le témoin sans concession des travers de la société. Mais il sait aussi être plus cru et violent dans *les Désastres de la guerre* et *les Caprices*, qui ne seront, hélas ! présentés que plus tard.

Hill sort en vainqueur du circuit d'Interlagos

Sao Paulo, dimanche 31
Et de deux ! Vainqueur à Melbourne, Damon Hill récidive au Brésil. Sous des trombes d'eau, le Britannique a magnifiquement contrôlé la course. Ses rivaux, Jean Alesi (Benetton-Renault), Michael Schumacher (Ferrari) et Jacques Villeneuve, son coéquipier, n'ont pu revenir à sa hauteur. Alesi, à l'aise sur la piste détrempée, réussit à conserver le contact et termine à la deuxième place, juste devant le champion du monde Schumacher. Victime d'un tête-à-queue avec Rubens Barrichello, Villeneuve a été contraint à l'abandon. Après deux courses, Hill s'est installé en tête. (→ 7.4)

Léotard prend la succession de Giscard

Lyon, dimanche 31
François Léotard, le président du Parti républicain, est élu à la tête de l'UDF, l'Union pour la démocratie française. Acquise dès le premier tour de scrutin, sa prise du pouvoir a bénéficié du soutien du ministre de l'Education, François Bayrou, qui préside l'une des composantes de l'UDF, Force démocrate. Alain Madelin, son challenger, a récolté 30 % des voix. Il avait reçu dans la matinée l'appui de Valéry Giscard d'Estaing, fondateur du mouvement en 1978. L'ancien président de la République a raté sa sortie et laisse à son successeur un parti politique au bord de l'explosion. Léotard promet une réforme des structures.

Il est élu nouveau président de l'UDF.

Ruée des Hongkongais sur les passeports

Hong Kong, dimanche 31
Ce dimanche marquait la date limite de dépôt des candidatures pour la naturalisation ou l'attribution d'un passeport britannique. Un immense serpent humain s'étirait devant les portes de l'administration coloniale britannique. Depuis début janvier, 195 000 demandes ont été déposées, dont 100 000 durant les dernières semaines du mois de mars. Hong Kong doit être rétrocédé le 30 juin de l'année prochaine à la Chine. La crise avec Taïwan, le durcissement idéologique et le discours ultra-nationaliste de Pékin n'ont pas aidé à apaiser les inquiétudes des Hongkongais. Seuls les hommes d'affaires restent sereins pour l'avenir. (→ 10.5)

Ils veulent fuir l'arrivée des Chinois.

Avril

1996

Lu	Ma	Me	Je	Ve	Sa	Di
1	2	3	4	5	6	7
8	9	10	11	12	13	14
15	16	17	18	19	20	21
22	23	24	25	26	27	28
29	30					

Genève, lundi 1er
L'Organisation mondiale de la santé annonce que les essais de contraception masculine menés dans neuf pays sont concluants et que la mise en place devrait être rapide.

Moscou, mardi 2
La Russie et la Biélorussie signent un accord de rapprochement politique. A Minsk, la capitale biélorusse, l'acte provoque un fort mécontentement dans l'opinion. (→ 23.5)

Johannesburg, mercredi 3
La Cour suprême condamne cinq extrémistes blancs à 26 ans de prison chacun pour une série d'attentats qui avaient fait 20 morts et 200 blessés à la veille des élections d'avril 1994. (→ 14.5)

Paris, mercredi 3
Canal Plus dévoile le contenu de son bouquet numérique. Diffusé par satellite et par abonnement, il doit offrir 24 chaînes de télévision.

Marseille, jeudi 4
Un accord met fin à la deuxième grève des traminots après dix-sept jours d'un conflit qui portait sur les conditions de travail.

Pékin, jeudi 4
Le Premier ministre Li Peng décide d'écourter sa prochaine tournée en Europe à cause d'une « surcharge de travail ». En fait, les Chinois craignent les manifestations de protestation sur le Tibet et les droits de l'homme. (→ 13)

Libye, jeudi 4
Washington demande à Tripoli de démanteler l'usine de Tarhunah, en cours de construction, et que les Etats-Unis soupçonnent de fabriquer des armes chimiques.

Bruxelles, vendredi 5
La Cour de cassation rend son arrêt dans l'affaire de l'Inusop. Guy Coëme est condamné à deux ans de prison avec sursis.

Paris, samedi 6
Metz remporte la Coupe de la Ligue de football en battant Lyon aux tirs au but.

Belgique, dimanche 7
Le cycliste italien Michele Bartoli remporte le Tour des Flandres. (→ 14)

La plus puissante des banques est à Tokyo

Japon, lundi 1er
La Tokyo-Mitsubishi est, comme son nom l'indique, issue de la fusion de la Mitsubishi Bank et de la Bank of Tokyo. C'est Tasuku Takagaki, le président de cette dernière, qui a été placé aux commandes de ce géant. Avec un bilan global dont les actifs s'élèvent à 3 500 milliards de francs, cette nouvelle entité est le premier groupe bancaire du monde. Chose rare au Japon, la santé financière des deux établissements est restée très saine. La Bank of Tokyo a une longue tradition internationale alors que la Mitsubishi est la plus réputée des banques de dépôt japonaises.

Fiasco pour le deuxième G7 sur l'emploi

Chirac propose la « troisième voie »...

Lille, mardi 2
Convoqué par Jacques Chirac, le sommet du G7 sur l'emploi n'a pas vraiment eu le succès escompté. A part Jean Arthuis, aucun ministre des Finances des pays les plus riches de la planète n'avait daigné faire le déplacement. Le président français a plaidé pour une troisième voie en matière de défense de l'emploi, qui allierait les faibles taux de chômage anglo-saxons et le système européen de prestations. Son discours a laissé les délégués dubitatifs. A tel point qu'ils n'ont pas réussi à s'entendre sur un communiqué final. Le seul consensus s'est fait sur les bénéfices de la mondialisation, de la flexibilité et de la déréglementation. (→ 29.6)

Projet de réforme scolaire en Belgique

Bruxelles, mardi 2
Ce sont près de 10 000 enseignants et étudiants francophones qui sont redescendus manifester dans les rues de la capitale. L'objet de la controverse concerne la réforme de l'enseignement secondaire sacrifiant trois mille emplois. Les heurts qui ont opposé les grévistes aux forces de l'ordre n'ont pourtant pas pu empêcher la Communauté française d'adopter le décret. L'essoufflement du mouvement a obligé les syndicats à négocier. Seule l'intersyndicale maintient ses exigences de retrait du décret. Le mouvement de grève se poursuit depuis déjà huit semaines.

Abattage des vaches folles : accord bancal

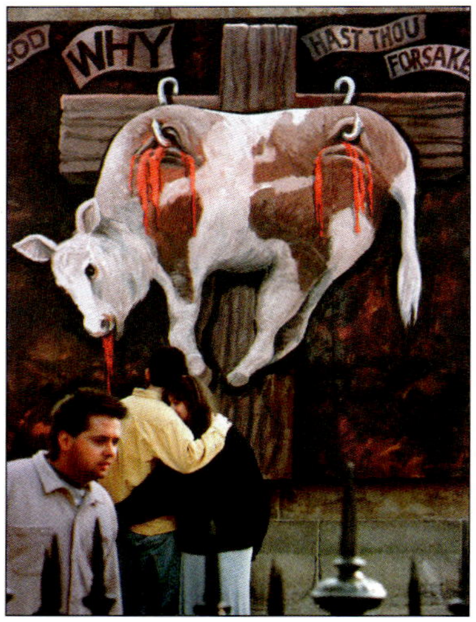

L'Europe paiera 70 % de l'addition.

Luxembourg, mercredi 3
Les ministres de l'Agriculture des Quinze, après deux jours et deux nuits de négociations, ont fini par trouver une stratégie pour éradiquer « l'épidémie de la vache folle ». Le compromis prévoit le maintien de l'embargo sur les exportations de bovins britanniques. Londres s'est engagé à abattre en cinq ans toutes les bêtes de plus de trente mois. Les autres pays vont abattre les veaux d'origine britannique. Ce plan, qui va coûter onze milliards de francs au budget communautaire, repose sur la seule bonne volonté britannique. Londres, qui réclame la levée de l'embargo, doit en effet présenter son propre plan d'abattage. (→ 16)

Walesa retourne aux chantiers de Gdansk

Gdansk, mardi 2
Quand la Mercedes de l'ex-président polonais, prix Nobel de la paix en 1983, a franchi le portail du chantier naval, l'événement a été immortalisé par une nuée de photographes. Ce retour aux sources, très médiatisé, est tourné en ridicule par une bonne partie de l'opinion. Arrivé à 6 h du matin, Lech Walesa est reparti deux heures plus tard. Il est peu probable qu'il revête à nouveau son bleu de travail. Walesa, accompagné par deux gardes du corps, veut en fait se plaindre de sa maigre pension de retraite de la présidence. (→ 12.9)

Le 3 à Paris, mort de Jo Privat (*15.4.1919), « l'Empereur de la rue de Lappe » (voir page 114).

Conclusions suisses sur le Temple solaire

Fribourg, mercredi 3
Les trois juges suisses chargés de l'instruction de la tuerie de l'Ordre du temple solaire (OTS) ont rendu leurs premières conclusions. Après dix-huit mois d'investigations, ils sont en mesure d'affirmer que seules quinze des victimes se sont vraiment suicidées. La grande majorité des 53 victimes a été assassinée. Elles ont absorbé des somnifères avant d'être abattues d'une balle dans la tête. Certaines questions restent sans réponse. Qui, par exemple, a incendié les chalets après la mort des principaux gourous ? (→ 12.6)

« Unabomber » est arrêté aux Etats-Unis

Montana, mercredi 3
Après une traque de dix-sept ans, le FBI a enfin réussi à mettre la main sur « Unabomber ». Ce terroriste mystérieux a tué trois personnes et en a blessé vingt-trois autres, avec des colis piégés qu'il envoyait à des enseignants, des fonctionnaires et des chercheurs. Il n'était connu que par un portrait-robot et une longue diatribe contre la société industrielle que deux journaux avaient accepté de publier en 1995. Une dénonciation familiale a permis de retrouver cet ancien professeur de Berkeley, qui vivait en ermite au fond des bois. Son nom ? Theodore Kaczynski.

Première visite d'un président français au Liban depuis 1942

La rencontre avec les dignitaires religieux à la résidence de l'ambassadeur.

Liban, vendredi 5
Durant les deux jours de sa visite, Jacques Chirac a voulu rassurer la communauté chrétienne du pays. La visite avait été en effet critiquée par certains dirigeants maronites qui y voyaient une reconnaissance *de facto* de l'occupation syrienne. Le président français a rappelé les liens ancestraux qui rattachaient le Liban chrétien à la France. Il a plaidé, en des termes très mesurés, pour la fin de l'occupation et a rendu hommage à l'esprit de résistance du Liban. Après s'être entretenu avec son ami, le Premier ministre Rafic Hariri, et avoir salué les soldats français de la Finul, Jacques Chirac doit s'envoler pour Le Caire. (→ 8)

Crédit Lyonnais... plan de sauvetage

Paris, jeudi 4
Le bilan du Crédit Lyonnais, publié le 21 mars, a beau être bénéficiaire de 13 millions de francs, ce retour à l'équilibre sert surtout à rassurer les clients et le personnel. L'Etat sait maintenant que les deux premiers plans de sauvetage, que Bruxelles a entérinés *in extremis*, n'ont pas réussi à éponger l'énorme passif de la banque. Aux 125 milliards d'actifs douteux, il convient d'ajouter les 21 milliards de pertes accumulées de 1992 à 1994. Un troisième plan est inévitable. L'Etat-actionnaire ne sait s'il doit vendre ou servir encore de « vache à lait ». (→ 5.5)

Regain de tension entre les deux Corées

Pyongyang, jeudi 4
Le régime nord-coréen a décidé de ne plus reconnaître la DMZ, la zone démilitarisée qui sépare le Nord du Sud depuis l'armistice de 1953. Des propos violemment guerriers ont accompagné cette déclaration. Cela a obligé Séoul à placer son armée en état d'alerte maximum. En proie à une très grave famine, Pyongyang veut obliger les Etats-Unis à signer un traité de paix bilatéral pour se donner la légitimité internationale qui lui fait cruellement défaut. Ce chantage a peu de chance d'aboutir et risque seulement de déboucher sur une grave crise militaire. (→ 11)

Athènes célèbre le centenaire des Jeux

Cérémonie du flambeau à Olympie.

Athènes, samedi 6
Les Jeux olympiques ont cent ans. Pour célébrer la mémoire du baron Pierre de Coubertin, père des Jeux olympiques modernes, Athènes a reconstitué les Jeux de 1896 ! Et, en gagnant sept des douze médailles attribuées, les Américains ont de nouveau largement dominé. C'était déjà le cas un siècle plus tôt quand ils avaient enlevé neuf médailles. Les organisateurs ont essayé de recréer l'ambiance du siècle dernier. Ainsi, les sprinters étaient ici privés de starting-blocks et les temps étaient pris au chronomètre manuel. Après les épreuves, vingt-deux anciens champions olympiques ont porté la flamme. (→ 21.7)

Les Turcs attaquent les rebelles du PKK

Turquie, dimanche 7
L'armée turque a lancé une vaste offensive dans le Sud-Est anatolien. Ces attaques sont dirigées contre les bastions du Parti des travailleurs du Kurdistan (PKK). Après des mois d'accalmie, hormis des incursions et des poursuites de rebelles en Irak, ces derniers combats ont fait près de 90 morts dans les rangs du PKK, selon des sources turques. Ankara a rejeté le cessez-le-feu, décrété par le PKK en décembre, sous prétexte qu'il émanait d'une « organisation terroriste ». Cette guerre a déjà fait 21 000 morts en douze ans. (→ 31.8)

Troisième Grand Prix de F1 consécutif pour Hill, en Argentine

Le Britannique devance son coéquipier de Williams-Renault, J. Villeneuve.

Buenos Aires, dimanche 7
Damon Hill est vraiment irrésistible en ce début de saison. Le pilote de la Williams-Renault signe sa troisième victoire d'affilée. Il devance Jacques Villeneuve et Jean Alesi. L'écurie franco-britannique réalise ainsi son second doublé de la saison. Hill s'affirme comme le grand favori du championnat, d'autant que Michael Schumacher n'a pas la réussite avec sa Ferrari. Le champion du monde allemand a dû renoncer au 46e tour après la perte d'un aileron. Mais cette péripétie n'a pas bouleversé l'ordre des choses. Hill, impérial malgré.... une « turista », a dominé de bout en bout. (→ 28)

Avril

1996

Lu	Ma	Me	Je	Ve	Sa	Di
1	2	3	4	5	6	7
8	9	10	11	12	13	14
15	16	17	18	19	20	21
22	23	24	25	26	27	28
29	30					

Le Caire, lundi 8
Jacques Chirac, lors d'un discours à l'université, plaide pour la mise en place d'une « grande politique arabe pour la France et l'Europe ».

Etats-Unis, mardi 9
La Commission fédérale pour l'égalité de l'emploi poursuit l'usine Mitsubishi de Normal, dans l'Illinois, à la suite de plusieurs centaines de plaintes de salariées victimes de harcèlement sexuel.

France, mardi 9
L'armée a dénombré 48 000 illettrés au cours de ses tests de sélection des jeunes appelés. Cela représente une recrue sur trente. (→ 2.5)

Allemagne, jeudi 11
Un incendie ravage une partie de l'aéroport de Düsseldorf. Le sinistre fait 16 morts, parmi lesquels 6 Français.

Le Caire, jeudi 11
Les 53 pays d'Afrique signent le traité de Pelindaba, qui scelle la dénucléarisation du continent. (→ 13.5)

Wyoming, jeudi 11
Une fillette de 7 ans qui tentait de battre le record du plus jeune pilote à traverser les Etats-Unis s'est tuée. Son avion s'est écrasé au décollage avec deux adultes à bord.

Japon, vendredi 12
Ford prend le contrôle de Mazda, le cinquième constructeur japonais, en proie à de graves difficultés financières.

Lorient, samedi 13
Dix-neuf équipages en duo sur des bateaux identiques prennent le départ de la transat Lorient - Saint-Barthélemy. (→ 11.5)

Espagne, dimanche 14
L'ETA libère un entrepreneur qu'elle détenait depuis 341 jours. Cette prise d'otage, la plus longue jamais effectuée par l'ETA, a provoqué une vague de protestations sans précédent au Pays basque. (→ 20.5)

DECES

Paris, jeudi 11
Marcel Bleustein-Blanchet, fondateur de Publicis et « père » de la publicité moderne en France (*21.8.1906).

Secte Aum : scandale à la télé japonaise

Tokyo, mardi 9
Le président de TBS, l'une des deux premières chaînes privées du pays, annonce sa démission. Derrière ce geste, se dessine une grave affaire de crédibilité et de déontologie pour l'audiovisuel nippon. Il y a quelques jours, un dirigeant de TBS a avoué que la chaîne avait laissé des hauts dirigeants de la secte Aum visionner une cassette sur laquelle l'avocat des victimes d'Aum proférait de graves accusations contre leur gourou. La cassette n'a jamais été diffusée. Mais, dix jours plus tard, l'avocat et sa femme étaient assassinés. (→ 24)

Belmondo s'insurge contre le cinéma US

France, mercredi 10
Caprice de star ou légitime coup de gueule contre la surreprésentation du cinéma anglo-saxon dans les salles obscures de l'Hexagone ? Les irrésistibles aventures de *Wallace et Gromit* doivent laisser un goût amer à l'« As des as » : *Désiré*, dont il est le héros, se voit damer le pion par de vulgaires caricatures en pâte à modeler. Les héros de Nick Park font un tabac, laissant les seconds rôles au remake du film de Sacha Guitry, signé Bernard Murat. Les mauvaises langues laissent entendre que « Bebel » est surtout furieux de ne pouvoir tenir le haut du pavé avec une seule salle sur les Champs.

Rétrospective « officielle » pour Soulages

Le peintre durant la préparation de l'accrochage au musée d'Art moderne.

Paris, mercredi 10
« Je peins dans le noir mais avec la lumière », explique Pierre Soulages, l'un des papes de l'abstraction. Agé de 76 ans, l'énigmatique « prince des ténèbres » éclaire sa démarche en précisant que ses « lignes et leurs espacements font la lumière, et la lumière fait naître la couleur dans le noir ». Le musée d'Art moderne de la Ville de Paris consacre à cet Aveyronnais de Rodez, coqueluche des plus grands musées du monde, une rétrospective en quatre-vingt-dix tableaux. Avare de confidences sur ses inspirations, il reconnaît néanmoins l'influence de sa terre natale, de la rudesse de ses hivers et de l'âpreté de ses paysages. Mais c'est au contact des Etats-Unis, où il est reconnu dès les années 50, que son style se radicalise et s'affine.

Elections sous la menace en Corée du Sud

Corée du Sud, jeudi 11
Donné perdant il y a encore deux semaines, le Parti de la nouvelle Corée sort vainqueur des élections législatives. Certes, la formation du président Kim Young-sam perd la majorité absolue mais reste, avec 139 sièges sur 299, en mesure de former le prochain gouvernement. Affaibli par plusieurs scandales de corruption et devant faire face à de violentes manifestations étudiantes, il a profité des menaces brandies par le Nord pour mobiliser un électorat inquiet. L'opposition, de son côté, a pâti de ses divisions. (→ 15)

Paris, le 11 : Jacques-Yves Cousteau présente la maquette de la *Calypso II*, navire monocoque à l'avant, catamaran à l'arrière, avec une turbovoile.

Le 11, Jean Tiberi, le maire de Paris, inaugure l'exposition « les Champs de la sculpture » sur la célèbre avenue. Ci-dessus, la *Nana* de Niki de Saint-Phalle.

Les factions s'affrontent dans Monrovia

Les combattants - souvent très jeunes - se livrent au pillage dans la capitale.

Liberia, jeudi 11
La Maison Blanche a ordonné à trois nouveaux navires de guerre américains de faire route vers les côtes libériennes. Le cessez-le-feu, décrété mardi, n'a pas tenu plus de vingt-quatre heures. Depuis hier, le chaos règne dans Monrovia. Toutes les factions sont regroupées en deux camps, dirigés par ces ennemis de toujours que sont Charles Taylor et Roosevelt Johnson. Des hommes du second se sont retranchés dans une caserne et retiennent des soldats de la force d'interposition africaine en otages. Les miliciens adverses les ont encerclés et pillent les entrepôts et le quartier des ambassades à bord de véhicules volés à des ONG. Les Américains assurent tant bien que mal l'évacuation des ressortissants des pays étrangers. (→ 12.5)

Masters de golf d'Augusta pour Nick Faldo

Etats-Unis, dimanche 14
Nick Faldo est de retour sur les *greens*. Le Britannique remporte le Masters de golf avec cinq points d'avance sur son principal rival Greg Norman, l'actuel numéro un mondial. Faldo signe sa troisième victoire dans cette épreuve pour le Grand Chelem. La décision s'est faite pendant la dernière journée. Face à un Greg Norman au mieux de sa forme, Faldo a su profiter de la défaillance de son adversaire pour arracher la victoire. Ce succès lui permet d'oublier les déboires de son divorce. (→ 15.9)

Museeuw aux 100 ans du Paris-Roubaix

Sur les pavés avec Bortolami et Tafi.

Roubaix, dimanche 14
Pour son centenaire, la reine des classiques s'est offert un vainqueur belge : Johan Museeuw. Le lauréat de la Coupe du monde en 1995, le coureur de la formation Mapei, a la réputation d'un « dur au mal ». Sur les pavés et dans la poussière, il a remporté une victoire historique... devant deux coéquipiers. En effet, les deux Italiens Gianluca Bortolami et Andréa Tafi ont terminé sur le podium. Ils avaient reçu comme consigne de ne pas disputer le sprint avec Museeuw. A vingt kilomètres, le directeur sportif l'avait décidé. Une démonstration qui a « choqué » de nombreux spectateurs. (→ 21)

Visite mouvementée de Li Peng en France

Toulouse, samedi 13
Le voyage officiel de Li Peng en France s'achève sur une visite des usines de l'Aérospatiale. Trois jours avant, à Paris, le Premier ministre chinois avait signé le contrat d'achat de trente Airbus, le plus gros jamais remporté par le consortium en Asie. Si ce voyage a permis la conclusion de plusieurs accords industriels et commerciaux, il a été marqué par de petits incidents diplomatiques. Des parlementaires français ont remis une pétition demandant la libération du Tibet. Le dîner offert par Alain Juppé a failli ne pas avoir lieu : son toast, finalement annulé, évoquait la question des droits de l'homme.

Les droits de l'homme revendiqués...

Trêve prolongée de six mois par le FLNC

Corse, vendredi 12
Loin du rassemblement masqué et armé de janvier, le FLNC-Canal historique s'est contenté d'un simple communiqué pour annoncer une nouvelle trêve de six mois. Plusieurs phrases, parmi lesquelles « l'Etat doit mettre ses actes en accord avec ses discours », confirmeraient ce que Jean-Louis Debré a toujours nié, à savoir l'existence de contacts entre l'Etat et le plus extrémiste des groupes nationalistes. Le ministre recevait le même jour les élus corses, pressés de connaître les modalités de la fameuse « zone franche ». (→ 17.5)

Opération *Raisins de la colère* au Liban

Tsahal, l'armée israélienne, attaque les positions du Hezbollah au Liban Sud.

Liban, dimanche 14
Les contre-attaques de Tsahal au sud du Liban ne ressemblent plus à de « classiques » représailles mais s'apparentent à une véritable guerre contre le Hezbollah. Lancée il y a deux jours, après plusieurs tirs de roquettes des miliciens chiites sur le nord d'Israël, l'opération *Raisins de la colère* est une offensive de grande envergure. Elle vise, au nord de la zone de sécurité, les bases arrière du Hezbollah. La population fuit en masse vers Beyrouth. Le Premier ministre Rafic Hariri est à Paris pour demander une intervention de la France. Shimon Pérès, qui veut donner des gages de fermeté à son opinion publique, paraît déterminé à pousser son « avantage ». (→ 19)

Avril

1996

Lu	Ma	Me	Je	Ve	Sa	Di
1	2	3	4	5	6	7
8	9	10	11	12	13	14
15	16	17	18	19	20	21
22	23	24	25	26	27	28
29	30					

Séoul, lundi 15
Pour la première étape de sa tournée asiatique, Bill Clinton s'arrête en Corée du Sud, cible des provocations nordistes. (→ 23.5)

Moscou, mardi 16
Pour capter les voix des nostalgiques et celles des militaires, Boris Eltsine rétablit le drapeau rouge, « l'étendard de la victoire », comme l'un des insignes officiels de l'armée russe. (→ 8.5)

Brésil, mercredi 17
La répression policière contre le mouvement des sans-terre est de plus en plus violente. Dans l'Etat du Para, la police tire sur une colonne de paysans pauvres qui manifestaient : 20 morts.

France, mercredi 17
Toute l'audition judiciaire de Christian Proust, le principal inculpé de l'affaire Giga-Storage, est disponible sur Internet. Les magistrats dénoncent la violation du secret de l'instruction mais le serveur est en Californie.

Rwanda, vendredi 19
Les derniers casques bleus de la Minuar quittent Kigali. L'ONU abandonne le Rwanda sur un constat d'échec. (→ 30.5)

France, vendredi 19
L'abbé Pierre provoque une tempête de protestations et la gêne de ses nombreux partisans en publiant une lettre de soutien à Roger Garaudy. Celui-ci est attaqué en justice pour son dernier livre qui reprend les thèses révisionnistes. (→ 25)

Centrafrique, vendredi 19
Une centaine de soldats mutins occupent le centre de la capitale, Bangui, et affrontent les troupes régulières. Les soldats français, sortis de leurs casernes, se sont déployés dans la ville après des combats qui ont fait plusieurs morts. (→ 26.5)

Bourges, samedi 20
Le festival de musique, le Printemps de Bourges, s'achève. Lou Reed y donne un concert qui ouvre sa tournée française.

DECES

France, mardi 16
François-Régis Bastide, homme de lettres et diplomate (*1.7.1926).

Des preuves sur les massacres en Bosnie

Bosnie, lundi 15
Les experts dépêchés par le Tribunal pénal international ont terminé leur enquête préliminaire sur les lieux des massacres de civils commis par l'armée serbe lors de la prise de Srebrenica. Leurs conclusions ne laissent plus planer aucun doute sur l'ampleur des tueries. Des traces de sang, des impacts de balles dans un hangar ont bien confirmé que des centaines de prisonniers y avaient été abattus à la mitrailleuse lourde. Les emplacements des charniers ont été repérés. Mais l'Ifor refuse pour le moment de les surveiller. (→ 29)

Londres refuse les abattages de bovins

Grande-Bretagne, mardi 16
Le gouvernement de John Major a donc choisi l'affrontement avec le reste de l'Europe. Les mesures qu'il a annoncées sont bien en retrait des engagements pris à Luxembourg le 3 avril. Londres, qui est pourtant à l'origine de cette crise avec toutes les révélations sur les risques d'une possible transmission à l'homme de l'ESB, présente un plan d'abattage très réduit et très sélectif. L'Union européenne en avait préconisé un massif. Ce n'est certainement pas la meilleure manière de faire lever un embargo, au sujet duquel Londres va attaquer la Commission. (→ 3.5)

Nouvelle offensive russe en Tchétchénie

Tchétchénie, mardi 16
Moscou peut toujours se targuer d'avoir symboliquement ordonné le retrait de deux bataillons. Il n'en demeure pas moins que la paix est très loin de régner. Une nouvelle offensive a été lancée contre les poches de résistance que tiennent encore les indépendantistes. Face à la lourdeur des moyens déployés par les Russes, les Tchétchènes n'ont qu'à appliquer la tactique éprouvée de la guérilla : mobilité et guerre d'usure. L'armée fédérale a perdu 26 hommes et 23 véhicules d'un convoi de ravitaillement dans une embuscade. (→ 29)

Le trésor de Priam enfin exposé à Moscou

Parmi les objets sortis des caves du musée Pouchkine, une coupe à deux anses.

Moscou, mardi 16
Le trésor de Priam, légendaire roi de Troie, exhumé pour la deuxième fois ! Tiré d'un sommeil cinq fois millénaire en 1873 par l'archéologue et aventurier allemand Heinrich Schliemann, sur le site présumé de la légendaire cité, en Turquie, il est alors confié au musée de Berlin. Subtilisé par les Russes lors de la chute de la ville en 1945, il disparaît dans les caves du musée Pouchkine à Moscou. Exposé pour la première fois depuis 50 ans, il rallume une seconde guerre de Troie entre la Russie, l'Allemagne, la Turquie et même la Grèce, qui en revendiquent la propriété. Quelque 250 pièces qui sont en fait antérieures d'au moins mille ans au règne de Priam...

Accord en Belgique pour réduire le chômage

Bruxelles, jeudi 18
Ministres, patrons et syndicats ont scellé à Val-Duchesse le contrat d'avenir pour l'emploi. Il vise à réduire le chômage de moitié d'ici à l'an 2000. Parmi les mesures visées : relancer l'emploi, renforcer l'assise économique et réviser la loi sur la compétitivité. Les augmentations salariales sont désormais alignées par rapport à l'Allemagne, la France et les Pays-Bas. Le modèle belge de concertation est enfin devenu une réalité. Grâce à ce contrat social, la Belgique prépare son entrée dans l'Union monétaire. (→ 20.7)

Massacre au Liban par des obus israéliens

Une centaine de civils ont été tués.

Cana, vendredi 19
La réprobation est internationale et unanime après le carnage d'hier. Une salve d'obus israéliens a pris pour cible un poste de la Finul, la Force intérimaire des Nations unies au Liban, où s'étaient réfugiés près de 250 civils. Au moins une centaine de personnes ont été tuées. Tsahal s'est justifiée en expliquant que ses artilleurs n'avaient fait que répliquer à des tirs de roquettes provenant d'une position du Hezbollah située à proximité du camp de l'ONU. Les procédures de riposte sont d'ailleurs automatisées. La Finul répond que les Israéliens ne pouvaient ignorer la présence de civils. Le G7 exige un cessez-le-feu immédiat. (→ 26)

La droite religieuse plus forte en Iran

Iran, vendredi 19
Rassemblée autour de l'Association du clergé combattant (ACC), la droite religieuse ultraconservatrice remporte 146 sièges sur les 270 que compte le Majlis, la chambre des députés iranienne. Les réformistes, qui se réclament du président Ali Akbar Hachémi-Rafsandjani, sont sortis très affaiblis du scrutin. Les conservateurs ont déjà annoncé les priorités du prochain parlement. Il faut juguler la crise économique, les injustices sociales et surtout « lutter sérieusement contre les tendances libérales et pro-occidentales ».

Un sommet du G7 consacré à la sûreté et à la sécurité nucléaires

Les écologistes de Greenpeace ont agi en plein Moscou, à la veille du sommet.

Moscou, samedi 20
Les dirigeants des pays du G7 ont été trois jours durant les invités de Boris Eltsine pour un sommet qui fut presque exclusivement consacré à la sécurité nucléaire. En guise de déclaration finale, tous les pays se sont engagés à respecter une série de règles qui érigent la sûreté nucléaire en priorité absolue : réparation ou démantèlement des réacteurs les plus dangereux, visites régulières d'inspecteurs internationaux. La Russie s'est aussi engagée à ne plus immerger de déchets radioactifs en pleine mer. Alexandre Nikitine, en prison pour avoir levé le voile sur cette pollution, risque la mort. (→ 26)

Mendy décroche le titre des légers WBC

Face à l'Américain Murphy (à dr.).

Levallois, samedi 20
A 33 ans, Jean-Baptiste Mendy n'a pas laissé filer sa chance. Il devient champion du monde des légers (WBC) face à l'Américain Lamar Murphy. Une victoire absolument logique obtenue avec cinq points d'avance. Ce succès récompense un travail de longue haleine. Mendy, qui a débuté dans la boxe assez tard, a obtenu son premier titre majeur à 29 ans. Il conservera six fois sa ceinture de champion d'Europe avant de se voir offrir une chance mondiale. Battu l'an dernier face au Mexicain Gonzalez, Mendy a profité de son expérience pour dominer Murphy. Ce premier titre mondial va donner des ailes au Français.

La presse française perd son « papivore »

Robert Hersant est mort à 76 ans.

Paris, dimanche 21
Cet homme (*31.1.1920), dont les apparitions publiques étaient des plus rares, laisse derrière lui le plus grand groupe de presse français. Il avait un sens des affaires hors du commun. Son empire, qui repose sur deux sociétés, le groupe France Antilles et la Socpresse, comprend plus de quarante titres, dont son fleuron, *le Figaro*, et de nombreux quotidiens régionaux. Ces groupes ne sont pas en très bonne santé, du seul point de vue financier. Mais Robert Hersant a toujours su se ménager des appuis politiques. Les attaques sur son passé vichyssois, la loi sur la presse votée par le PS, rien n'a jamais ébranlé son assurance.

Armstrong a gagné la Flèche wallonne mais rate la « doyenne »

C'est le Suisse Pascal Richard, 32 ans, qui remporte le Liège-Bastogne-Liège.

Liège, dimanche 21
A 32 ans, le Suisse Pascal Richard réalise un bon début de saison. Lui, réputé pour être un spécialiste des courses à étapes, a ainsi inscrit bien joliment à son palmarès le 82e Liège-Bastogne-Liège. La montée de « La Redoute » a servi de juge de paix. Mais trois coureurs ont faussé compagnie aux autres : Richard, Mauro Gianetti, Lance Armstrong. Le vainqueur se trouvait dans ce trio. Le Suisse, dont on ignorait les qualités de sprinter, réglait sur la ligne Armstrong et Gianetti. Ainsi, il privait Armstrong, champion du monde en 1993, d'un beau couplé après sa victoire, le 17, à la Flèche wallonne. (→ 29.6)

Le 21, le marathon de Paris est enlevé par le Portugais Henrique Crisostomos en 2 h 12 min 16 s.

Avril

1996						
Lu	Ma	Me	Je	Ve	Sa	Di
1	2	3	4	5	6	7
8	9	10	11	12	13	14
15	16	17	18	19	20	21
22	23	24	25	26	27	28
29	30					

France, mardi 23
Sortie du rapport annuel sur la fonction publique : un salarié sur cinq y travaille. Elle représente 8,1 % du PIB et 39,3 % du budget de l'Etat.

Paris, mercredi 24
Joël Robuchon, le plus « toqué » des chefs français, officialise son départ des fourneaux en annonçant son successeur. C'est Alain Ducasse qui prend la relève.

Washington, mercredi 24
Bill Clinton et le Congrès se mettent enfin d'accord sur un compromis budgétaire pour l'année 1996.

France, mercredi 24
Selon l'Insee, la croissance économique en 1995 a été encore plus faible que prévu : 2,2 %. Et rien n'indique de changement de tendance pour le début de l'année.

Tokyo, mercredi 24
Ouverture du procès du gourou de la secte Aum, Shoko Asahara, treize mois après l'attentat au gaz sarin qui a tué douze personnes dans le métro de Tokyo.

Paris, jeudi 25
Roger Garaudy est mis en examen pour « contestation de crimes contre l'humanité » au sujet de son livre sur la politique israélienne. Quant aux explications de l'abbé Pierre devant la Licra (Ligue internationale contre le racisme et l'antisémitisme), elles sont restées ambiguës.

Paris, lundi 29
Le Crédit Foncier annonce des pertes historiques de 10,8 milliards de francs pour 1995. L'Etat, chargé du contrôle de la gestion de cette banque privée, est mis en cause. Par ailleurs, le directoire du groupe Suez accepte le principe du rachat d'Indosuez par le Crédit Agricole.

Moscou, lundi 29
La Russie obtient le plus généreux rééchelonnement de dette jamais accordé par le Club de Paris, qui regroupe les grands pays créanciers.

DECES

Suresnes, dimanche 28
Gilles Grangier, réalisateur de cinéma (*5.5.1911).

Victoire de la coalition de gauche aux législatives italiennes

Italie, lundi 22
C'est la première fois depuis la fin de la guerre que la gauche italienne remporte les législatives. C'est une victoire pour l'Olivier, la coalition qui regroupe le PDS (le nouveau nom de l'ex-parti communiste) et des démocrates-chrétiens de gauche. Mais, ni au Sénat ni à la Chambre des députés, la majorité absolue n'est atteinte. L'Olivier devra donc composer avec les communistes de *Rifondazione* et avec les petits partis politiques. Romano Prodi, 57 ans, professeur d'économie et qualifié par certains de « Delors italien », a vu son score salué par les milieux d'affaires. Il doit être nommé à la tête du gouvernement. (→ 17.5)

Les partis de centre gauche de l'Olivier étaient emmenés par Romano Prodi.

Un plan d'austérité pour les Allemands

Allemagne, jeudi 25
Le climat social s'est brutalement dégradé au pays du consensus. Le chancelier Kohl a présenté un plan d'austérité sans précédent. Après l'échec du troisième sommet social mardi dernier, cette annonce était devenue inéluctable. La moitié des 50 milliards de marks d'économies budgétaires vont être effectuées sur les budgets sociaux : les indemnités maladies, les retraites, les caisses d'assurance-chômage. La pilule est amère pour les salariés.

L'OLP renonce à la destruction d'Israël

Tel-Aviv, jeudi 25
Le Parti travailliste a annulé à son tour la clause dans ses statuts qui s'opposait à la création d'un Etat palestinien. Cette décision fait suite au vote, hier à Gaza, des délégués du Conseil national palestinien. A l'initiative d'Arafat et tel que cela était prévu par les accords d'Oslo, la Charte de l'OLP a été amendée. Après 32 années de lutte armée, tous les articles niant le droit à l'existence d'Israël et préconisant également sa destruction ont été annulés. (→ 23.6)

Mafia des hormones belge toujours active

Louvain, jeudi 25
Les mesures prises par la justice belge ont permis la saisie de près de 34 kilos de préparations hormonales ainsi que d'une dizaine de bouteilles contenant des hormones. En effet, la mixture se composerait de poudre amalgamée à de la nourriture pour bétail. C'est dans un élevage bovin situé à Zoutleeuw que s'est effectuée la perquisition. L'arrestation d'un éleveur de bétail confirme la réalité de cette mafia toujours vivace dans la région. (→ 3.8)

Le 23, Christian Nau achève près du lac Aiding – le lac salé le plus bas du monde, à - 154 m – son raid en vélo à voile le long de la route de la soie en Chine, sur 200 km.

Le 24 à Las Vegas, le High Roller (des montagnes russes) installé au sommet de la tour du nouvel hôtel Stratosphere (à 260 m de hauteur) est inauguré.

Un cessez-le-feu est conclu au Sud Liban

Liban, vendredi 26
Le Premier ministre libanais, Rafic Hariri, et son homologue israélien, Shimon Pérès, ont conjointement annoncé la conclusion du cessez-le-feu au Sud Liban. Il devrait prendre effet demain à 4 heures locales. Cela met fin à l'opération *Raisins de la colère* lancée par Israël. Après seize jours de combats, 164 morts et 351 blessés côté libanais et une trentaine de blessés côté israélien, le bilan se résume à un retour au statu quo. Tsahal n'a pas réussi à réduire le Hezbollah au silence. L'image de Pérès n'en sort guère renforcée. Cet accord est patronné par un groupe comprenant les Etats-Unis, Israël, le Liban, la France et la Syrie. (→ 3.5)

Dixième anniversaire de l'accident de Tchernobyl

Ukraine, vendredi 26
Le 26 avril 1986, vers 1 heure du matin, le réacteur numéro 4 de la centrale de Tchernobyl explosait et s'enflammait. Il s'agit du plus grave accident du nucléaire civil. Dix ans après, il est toujours difficile de tirer un bilan de la catastrophe. Il y a eu 31 morts immédiatement après, près de cinq millions de personnes ont été contaminées à des degrés divers, ainsi que 140 000 km² de terres, et 350 000 habitants ont été déplacés. Les enfants développent des cancers et les troubles liés à l'irradiation continuent leurs ravages. En France le lobby nucléaire a dû avouer qu'il n'était pas infaillible. (→ 8.5)

A 4 kilomètres de la centrale, Pripiat, ancienne cité « radieuse » de 48 000 habitants, est devenue une ville fantôme.

La « Kennedy-mania » déclenche un vent de folie à New York

New York, vendredi 26
Même les commissaires-priseurs les plus blasés n'en reviennent pas. C'est un véritable vent de folie qui s'est abattu sur la salle des ventes Sotheby's à Manhattan lors de la mise aux enchères de 5 914 objets les plus divers ayant appartenu à Jackie Kennedy et à l'ancien président. Pendant les quatre jours de la vente, des milliers de personnes venues d'une vingtaine de pays ont prouvé que le mythe des Kennedy est bien vivant. Tous ces nostalgiques ont dépensé des fortunes pour acheter les objets les plus anodins, tels les clubs de golf de John Kennedy, qui étaient estimés 900 $ et qui ont été adjugés à 772 500 $. Tony O'Reilly, un homme d'affaires irlandais, a payé 2 587 500 $ pour offrir à sa femme la bague de fiançailles offerte par Aristote Onassis à Jackie, un solitaire de 40,42 carats, estimé à 600 000 $. Les trois rangs de fausses perles de Jackie, ne valant pas plus de 500 $, ont été enlevés à 211 500 $. Le rocking-chair de JFK a atteint 400 000 $. Le total de la vente est de 34,4 millions $, de quoi permettre à John Kennedy Junior et à sa sœur de payer les droits de succession.

Pékin et Moscou vers une entente cordiale

Shanghai, vendredi 26
Les autorités chinoises ont donné un lustre particulier à la signature par la Chine, la Russie, le Khirgizistan, le Kazakhstan et le Tadjikistan de l'accord de transparence militaire. Ce document veut pacifier les 8 000 km de frontières communes entre la Chine et les quatre autres pays. Il clôt la visite de deux jours de Boris Eltsine. Ses entretiens lui ont permis de réaffirmer les liens de la Russie avec l'Asie et de se démarquer de l'Occident en soutenant Pékin.

Des urnes pour 620 millions d'Indiens

Inde, samedi 27
Les élections législatives s'étalent jusqu'au 7 mai, en trois phases. Au Cachemire, elle ne s'achèveront que le 30 mai. Pour accueillir les 620 millions d'électeurs de l'Union : 750 000 bureaux de vote. Ce scrutin s'annonce très difficile pour le parti du Congrès qui dirige le pays depuis 1947. Le parti du Premier ministre Narasimha Rao, qui est miné par les scandales et les compromissions, voit sa prééminence contestée par les nationalistes hindous. Ceux-ci, regroupés au sein du BJP (Parti du peuple indien), sont donnés favoris par les sondages et profitent d'une aspiration à un retour aux valeurs fondamentales de l'Union. (→ 8.5)

Première victoire du Canadien Villeneuve dans un Grand Prix

Villeneuve a lutté avec Schumacher durant 40 tours au Grand Prix d'Europe.

Nürburgring, dimanche 28
Jacques Villeneuve apprend vite. Pour ses débuts en F1, il a remporté sa première victoire à l'occasion du quatrième Grand Prix de la saison. Le pilote de Williams-Renault a livré ici un duel homérique à Michael Schumacher. Ce dernier, champion du monde en titre, soutenu sur ses terres par des milliers de supporters, a tout tenté, en vain. Il termine à la deuxième place devant l'Ecossais David Coulthard. Agé de 25 ans, Villeneuve a montré un métier digne d'un vieux renard des circuits. Et Damon Hill n'a pas eu de chance : le leader du championnat a fini à la quatrième place pour des problèmes de ravitaillement. Quinze ans après son père, Jacques pouvait écouter retentir l'hymne canadien... (→ 5.5) ▷

Des moines enlevés par le GIA en Algérie

Le monastère de Tibéhirine (Atlas).

Paris, dimanche 28
Une cérémonie œcuménique, qui a été célébrée à Notre-Dame pour le salut des sept moines trappistes, a réuni 2 500 personnes devant des représentants du clergé catholique et des hautes autorités protestantes, juives et musulmanes. Enlevés le 27 mars près de Médéa dans leur monastère de Tibéhirine, les sept frères trappistes sont aux mains d'un commando du GIA. Celui-ci a en effet revendiqué leur enlèvement vendredi dernier. L'authentification du message est presque certaine. Le GIA menace de les égorger si des prisonniers, détenus en Algérie et en France, ne sont pas libérés. Alger garde le silence et Paris se retrouve face à l'inacceptable. (→ 7.5)

Désinformation des Russes en Tchétchénie

Doudaïev (à gauche), tué il y a une semaine, avec son successeur, Iandarbaïev.

Tchétchénie, lundi 29
Si l'armée et les blindés russes ont toujours autant de mal à s'imposer sur le terrain, il en est un où Moscou n'a rien perdu de son savoir-faire d'antan : celui de la désinformation et de l'habile contre-propagande. Les dirigeants indépendantistes se démènent pour démentir la rumeur qui, toute la journée, a donné pour mort Zelimkhan Iandarbaïev. Le successeur de Djokhar Doudaïev serait tombé dans une embuscade dans la nuit de dimanche à lundi. En fait il n'en est rien. Quant à Djokhar Doudaïev, l'insaisissable meneur de la résistance, il a été victime de la technologie. Dans la nuit du 21 au 22 avril, il a été repéré après avoir utilisé son téléphone cellulaire. Une erreur qui lui a coûté la vie car le village où il s'était réfugié a été quelques minutes plus tard anéanti sous un déluge de bombes. (→ 23.5)

Muster remporte le tournoi de Monte-Carlo

Monte-Carlo, dimanche 28
Qui va contester la suprématie de Thomas Muster sur terre battue? Cette question reste sans réponse. En gagnant en cinq sets la finale face à l'Espagnol Alberto Costa (6-3, 5-7, 4-6, 6-3, 6-2), il a impressionné ses adversaires. Victorieux cette saison à Mexico, Estoril et Barcelone, et vainqueur à Roland-Garros l'an dernier, l'Autrichien a signé dans la principauté son trente-cinquième succès consécutif sur terre battue. Comme Bjorn Borg et Ilie Nastase, il a ainsi conquis son troisième titre monégasque. Et, en plus, Muster souffre de douleurs dorsales depuis plusieurs semaines! (→ 29.5)

Crise de démence et carnage en Tasmanie

Le pavillon incendié dans lequel Martin Bryant s'est réfugié avec trois otages.

Port-Arthur, lundi 29
Après dix-huit heures de cauchemar, la police a enfin pu neutraliser et arrêter l'homme qui retenait trois otages dans un cottage. Il fuyait, les vêtements brûlés, après avoir mis le feu à la maison. Mais cette prise d'otages n'a été que le dernier acte d'une randonnée démente qui aura coûté la vie à 34 personnes. Armé de deux fusils automatiques, Martin Bryant, connu pour ses antécédents psychiatriques, a fait irruption hier sur le site de l'ancien pénitencier de Port-Arthur, devenu une attraction touristique. Il a tiré sur tout ce qui passait dans son champ de vision. A la différence de l'Australie, des plus sévères sur ce registre, aucune arme n'est interdite en Tasmanie.

Toujours pas de libre circulation en Bosnie

Les soldats de l'Ifor doivent souvent s'interposer entre Serbes et Musulmans.

Bosnie, lundi 29
Alors qu'ils voulaient contourner un barrage de l'Ifor, des Musulmans bosniaques se sont retrouvés dans un champ de mines. Deux d'entre eux sont morts. Ils font partie de ces civils musulmans déplacés lors du conflit et qui, prenant à la lettre les accords sur la libre circulation des personnes, cherchent à revenir dans leur village d'origine pour visiter leurs cimetières. Sarajevo accuse l'Ifor de servir les intérêts serbes en faisant rebrousser chemin à tous les véhicules qui tentent de pénétrer en zone serbe. L'Otan répond que les Serbes sont ulcérés et qu'il s'agit d'abord d'éviter que le face-à-face entre Serbes et Musulmans donne lieu à une bataille rangée. (→ 7.5)

Mai

1996

Lu	Ma	Me	Je	Ve	Sa	Di
		1	2	3	4	5
6	7	8	9	10	11	12
13	14	15	16	17	18	19
20	21	22	23	24	25	26
27	28	29	30	31		

Paris, mercredi 1er
Le Yémen et l'Erythrée signent un accord, conclu sous l'égide de la France, pour régler leurs différends territoriaux en mer Rouge.

Grande-Bretagne, jeudi 2
Les conservateurs subissent une lourde défaite lors d'élections locales partielles. Ils perdent 870 sièges sur les 1 092 qu'ils détenaient et qui étaient remis en jeu. Il s'agit du dernier scrutin avant les législatives.

Bratislava, jeudi 2
En la battant en finale des championnats d'Europe de tennis de table, la Suède enlève son titre à la France.

France, vendredi 3
Deux nouveaux cas d'ESB (encéphalopathie spongiforme bovine) sont détectés dans la Manche et les Côtes-d'Armor. Les troupeaux vont être entièrement abattus. (→ 21)

Liban, vendredi 3
Un rapport d'enquête, confié à un officier néerlandais, accable Israël dans l'affaire du bombardement meurtrier du camp de la Finul à Cana. Selon le rapport, les artilleurs de Tsahal savaient précisément ce qu'ils faisaient. Les Etats-Unis font tout leur possible pour atténuer les responsabilités israéliennes. (→ 31)

Suède, vendredi 3
Sur l'île de Gotland, un sommet réunit les pays riverains de la Baltique. L'objectif est de donner un nouveau souffle politique à leur coopération.

Paris, dimanche 5
Les Français effectuent une véritable razzia aux championnats d'Europe de karaté. Ils remportent 9 titres et 15 médailles. (→ 19)

Paris, dimanche 5
Nouveau coup dur pour le Crédit Lyonnais : un incendie d'une rare violence ravage son siège social dans le quartier de l'Opéra. Quarante-trois personnes ont été blessées, en majorité des pompiers.

DECES

Paris, mercredi 1er
François Chalais, journaliste et chroniqueur de cinéma (*5.11.1919).

La fête du Travail souligne les clivages

Moscou, mercredi 1er
Les défilés du 1er Mai ont pris cette année une résonance particulière dans la capitale russe. Présidentielle oblige, Boris Eltsine et Guennadi Ziouganov, son rival communiste, étaient chacun en tête de cortèges rivaux. Ailleurs dans le monde, les défilés se sont déroulés aussi bien dans la liesse comme à Cuba, en Italie, au Japon, en Chine et, pour la première fois, au Swaziland, que dans la violence, l'amertume ou la désunion syndicale. Trois personnes ont été tuées en Turquie. Plusieurs ministres socialistes ont été pris à partie à Bruxelles et, en France, les syndicats ont défilé séparément.

A Moscou... « Paix-Travail-Mai ».

Enquête sur le niveau des élèves en France

Paris, jeudi 2
C'est le bilan d'une évaluation de grande ampleur que le ministère de l'Education nationale présente à la presse. Les tests ont été effectués sur des élèves de CE2 (deuxième année du primaire) et de sixième : 6 % des élèves entrent au collège sans même maîtriser le calcul et la lecture, 26 % ont des compétences très faibles dans ces deux matières. La plupart d'entre eux sont déjà en situation d'échec scolaire. Le niveau général s'est pourtant élevé : ils ne sont plus que 65 000 à quitter l'école sans formation (225 000 il y a vingt ans).

Coupe de France de football pour Auxerre

Paris, samedi 4
Et maintenant, « la bande à Guy Roux » peut rêver un peu au doublé Coupe-championnat. En gagnant sa deuxième Coupe de France contre Nîmes (2-1), l'AJ Auxerre a rempli la première partie de son contrat. Pourtant, en finale de la Coupe, les Bourguignons ont souffert face aux Nîmois, qui évoluent en National 1 ! Sans complexes les Gardois ouvrent le score (25e min) par Omar Belbey à la suite d'un exploit individuel. En seconde période, l'expérience et le physique des professionnels ont fait la différence. Laurent Blanc puis Lilian Laslandes brisaient le rêve des Nîmois. (→ 11)

Le but de Laslandes à la 89e minute.

Investi, Aznar prend le pouvoir à Madrid

Espagne, dimanche 5
Le nouveau chef du gouvernement espagnol présente son cabinet au roi Juan Carlos. Tous les « barons » du Parti populaire sont présents dans cette équipe réduite qui ne compte que quatorze ministres. Un peu plus tôt dans la journée, toujours devant le roi, Aznar avait prêté serment sur la Constitution. C'est hier qu'a eu lieu son investiture parlementaire. Après de longues négociations, il a pu compter sur les voix des Catalans et des autres partis nationalistes : il s'est engagé à renforcer les pouvoirs des 17 régions autonomes. (→ 20)

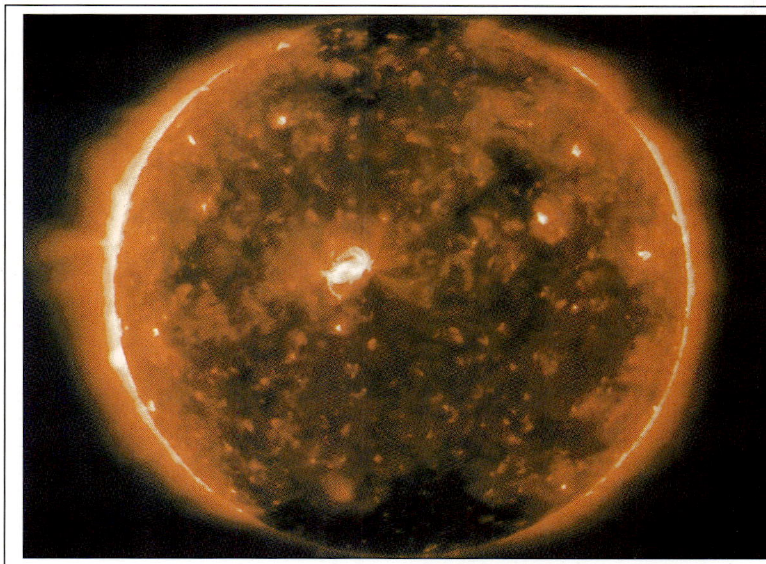

Le 3, les premières images prises par l'observatoire spatial Soho (Solar and Heliospheric Observatory) sur l'activité solaire sont présentées.

Schumacher perdant est acclamé en Italie

Imola, dimanche 5
Damon Hill a encore gagné. Il s'agit pour le pilote britannique de sa quatrième victoire depuis le début de la saison. La vraie surprise du Grand Prix de San Marin est venue du comportement de la Ferrari de Michael Schumacher. Le champion du monde en titre termine deuxième en Italie, comme au Nürburgring, à quelques secondes de l'intouchable Hill. Encouragé par des *tifosi* en liesse, l'Allemand a tout tenté pour remporter la course. Mais Hill et sa confiance, associée à la fiabilité du moteur Williams-Renault, ne lui ont pas permis d'aller jusqu'au bout de ses intentions. (→ 19)

Mai

1996

Lu	Ma	Me	Je	Ve	Sa	Di
		1	2	3	4	5
6	7	8	9	10	11	12
13	14	15	16	17	18	19
20	21	22	23	24	25	26
27	28	29	30	31		

New York, lundi 6
L'Irak et l'ONU reprennent leurs négociations pour une éventuelle levée de l'embargo sur les ventes de pétrole. (→ 20)

Allemagne, mercredi 8
Une bataille rangée oppose, six heures durant à Gorleben, les écologistes aux forces de l'ordre. Les premiers tentent en vain d'empêcher le passage d'un convoi de déchets nucléaires. Ils sont soutenus par la population locale. (→ 13)

Afrique du Sud, mercredi 8
Le Parlement adopte à la majorité le texte de la nouvelle Constitution, l'une des plus progressistes au monde. (→ 14)

Bruxelles, mercredi 8
Les pays de l'Union européenne ouvrent les négociations en vue de la déréglementation des services publics. L'électricité et les télécommunications sont concernées. La France entend résister à un éventuel projet de démantèlement d'EDF et de France Télécom. (→ 5.6)

Hong Kong, vendredi 10
Des réfugiés vietnamiens, dont la Chine exige le rapatriement de force avant la rétrocession de juin 1997, se mutinent. Ces boat-people refusent de retourner au Viêt-nam.

France, samedi 11
Grâce à un match nul (1-1) face à Guingamp, l'équipe de football d'Auxerre, déjà vainqueur de la Coupe de France, s'adjuge le titre de champion de France, devant le PSG.

Ghana, dimanche 12
Le cargo *Bulk Challenger*, qui dérive depuis une semaine avec 4 000 réfugiés fuyant la guerre au Liberia, est autorisé à faire une courte escale pour se réapprovisionner en carburant et en vivres. Il doit aussitôt reprendre la mer.

DECES

Bruxelles, lundi 6
Léon-Joseph Suenens, cardinal et pilier du concile Vatican II (*16.7.1904).

Normandie, vendredi 10
Thérèse Leclerc de Hauteclocque, veuve du libérateur de Paris (*18.7.1903).

Dixième nuit des Molières pour le théâtre

Paris, lundi 6
La 10e nuit des Molières tourne à la polémique entre les défenseurs du théâtre privé et ceux du théâtre public avec l'absence de trois des grands lauréats : Patrice Chéreau, meilleure mise en scène avec *Dans la solitude des champs de coton*; les Zingaro, pour *Chimère*, meilleur spectacle musical; et le Théâtre de Strasbourg, meilleur spectacle de la décentralisation pour *l'Année des treize lunes*. La querelle ne trouble pas Nathalie Cerda, révélation de l'année; ni Valérie Lemercier, élue pour son « one-man-show » ; et guère plus les Frères Jacques et François Périer, Molières d'honneur. (→ 11.9)

La révélation : Nathalie Cerda.

Hassan II en visite officielle en France

Paris, mardi 7
Le roi du Maroc partage désormais avec Bill Clinton et Juan Carlos d'Espagne le privilège d'avoir fait un discours à la tribune de ce qui est le siège de la souveraineté populaire française, l'Assemblée nationale. Il répondait à l'invitation de Philippe Séguin, son président. Le faste et les honneurs qui entourent la visite de deux jours qu'Hassan II effectue en France ne plaisent pas à tout le monde. Une partie des députés de gauche a boycotté ce discours, pour rappeler que le roi n'est pas le mieux placé pour la démocratie. (→ 25.6)

Un Serbe de Bosnie face aux juges du TPI

La Haye, mardi 7
Le Tribunal pénal international pour l'ex-Yougoslavie se retrouve face à son premier accusé. Dusko Tadic, Serbe bosniaque de 40 ans, est la première personne à être jugée pour crime contre l'humanité depuis Nuremberg. Cet homme répond de plusieurs actes de tortures sauvages et de barbarie contre des prisonniers du camp d'Omarska en 1992. Mais, faute de volonté politique de la part des Occidentaux pour juger les vrais responsables, le TPI n'a devant lui qu'un exécutant dans le processus de purification ethnique. (→ 19)

Commando d'islamistes annihilé à Alger

L'assaut des services de sécurité.

Alger, mardi 7
Les forces de sécurité n'ont pas fait de quartier. Elles ont donné l'assaut au petit matin à l'immeuble où était barricadé un commando islamiste depuis 48 heures, avec un « nombre indéterminé d'otages », selon les mots des autorités. Le bilan est plus qu'édifiant : 18 morts, dont les seize membres du commando, un policier et un otage. A cause de la censure militaire, la presse algérienne en est réduite aux conjectures. Le groupe visait-il une résidence d'officiers toute proche ? Il appartiendrait au Front islamique du djihad armé (Fida), « spécialisé » dans le meurtre d'intellectuels, et non au GIA. (→ 23)

Déroute du Parti du Congrès en Inde

New Delhi, mercredi 8
Le dépouillement des élections a à peine commencé que le Parti du Congrès a déjà reconnu sa défaite. Au vu des premières estimations et des sondages, il devrait enregistrer son pire score en un demi-siècle de consultations électorales : autour de 142 sièges sur 545 que compte le Parlement. Les mêmes projections donnent 192 députés au BJP. Ce parti nationaliste hindouiste devient la première formation politique du pays. Les jours de Narasimha Rao, comme Premier ministre, semblent comptés. Mais tous les autres partis sont prêts à barrer la route au BJP et à son sectarisme. (→ 16)

Coupe d'Europe au PSG

Alain Roche et Carsten Jancker.

Paris, jeudi 9
Vainqueurs, la veille à Bruxelles, de la Coupe des Coupes (1-0 contre le Rapid de Vienne), les Parisiens ont fêté dignement, toute la nuit, leur premier trophée européen. C'est le second remporté par une équipe de football française après l'Olympique de Marseille en 1993. Le but inscrit par Bruno N'gotty (29e min) sur un magistral coup franc a suffi. Les joueurs ont descendu les Champs-Elysées, attendus par des milliers de supporters, avant de leur présenter la Coupe des Coupes au Parc des Princes. Une idée sympathique mais ternie par la présence d'individus, dont quelques skinheads, venus là pour se battre. (→ 11)

Luis Miguel Dominguín était le vrai successeur de Manolete

Cadix, mercredi 8
Un torero hors du commun s'est éteint en Espagne à 69 ans, victime d'une hémorragie cérébrale. Luis Miguel Dominguín a marqué son époque. Aussi bien dans les arènes, où sa science de la tauromachie lui a valu de nombreux succès, que en dehors où son physique d'hidalgo lui a permis de multiplier les conquêtes amoureuses. Ami des plus grands artistes, dont Pablo Picasso, Jean Cocteau ou Luchino Visconti, L. M. Dominguín, né le 9 décembre 1926 à Madrid, avait cessé de toréer en 1960 avant de retrouver le parfum de l'arène onze ans plus tard pour offrir ses adieux à son public.

Un torero qui fut aimé par Ava Gardner et célébré par Picasso (ici en 1952).

Mandat d'arrêt belge contre Dassault

Liège, jeudi 9
Le tribunal de Liège a lancé un mandat d'arrêt international contre Serge Dassault, patron du groupe aéronautique du même nom. Il est accusé de corruption. En cause : le contrat Carapace pour l'équipement des F-16 de l'armée de l'air belge. En 1989, plus de 60 millions de francs belges auraient été versés aux socialistes flamands pour obtenir ce contrat. Les comptes, découverts en Suisse, révèlent de nombreuses transactions. Une affaire qui n'est pas sans rappeler le précédent de l'affaire Didier Pineau-Valencienne.

Eltsine exploite les fastes de l'ex-URSS

Ziouganov s'adresse aussi à l'armée.

Moscou, mercredi 8
Pour célébrer le 51e anniversaire de la victoire sur l'Allemagne nazie, Boris Eltsine renoue avec l'ancien décorum soviétique. C'est du haut du mausolée de Lénine qu'il assiste au défilé militaire. Pour l'occasion, les soldats brandissent le drapeau rouge de « la Victoire », qui arbore une étoile mais non pas la faucille et le marteau. L'enjeu est clairement défini. Il s'agit de rendre hommage aux anciens combattants. Avec les retraités, ils constituent en effet le noyau dur de l'électorat du candidat communiste, Guennadi Ziouganov, qui a aussi profité de l'occasion pour défiler avec ses partisans. (→ 16.6)

Cantona offre encore la Cup à Manchester

Il marque le seul but face à Liverpool.

Londres, samedi 11
Déjà champion d'Angleterre, son troisième titre en quatre saisons, Eric Cantona a inscrit une ligne de plus à son palmarès en remportant la Cup. L'enfant terrible du football français fait décidément ici la pluie et le beau temps. Le capitaine de Manchester United se permet même le luxe d'inscrire l'unique but de la partie contre les Reds de Liverpool. Ce succès offre à Manchester – en trois ans – un deuxième doublé Coupe-championnat. Du jamais vu dans l'histoire du club. Sacré joueur de l'année voici quelques jours par la presse britannique, Eric Cantona vit sur un nuage...

Gautier et Pahun gagnent la Transat

Saint-Barthélemy, samedi 11
Alain Gautier et Jimmy Pahun, les deux copains, ont gagné leur pari. Ils ont franchi en vainqueurs la ligne d'arrivée de la Transat Lorient-Saint-Barthélemy. Après ces vingt-quatre jours de mer sur *Brocéliande*, les deux navigateurs ont soufflé la victoire à Jean Le Cam et Florence Arthaud. Ces derniers sont arrivés une heure et demie après. Mais, sous le soleil des Caraïbes, les juges ont été intransigeants. Ils ont infligé aux vainqueurs une pénalité de quatre-vingts minutes pour un plomb qui manquait sur un cardan de réchaud. Leur avance finale n'est donc que de cinq minutes ! (→ 26.6)

La Polynésie donne la majorité à Flosse

Tahiti, dimanche 12
Le Tahoeraa Huiraatira, le parti de Gaston Flosse, sort grand gagnant des élections territoriales. Proche du RPR et favorable au maintien de la simple autonomie, cette formation obtient 22 sièges. Tel un véritable potentat de la Polynésie française, Flosse semble indéboulonnable. Le score du Tavini Huiraatira, le parti indépendantiste d'Oscar Temaru, arrive second avec 10 sièges. C'est un score plus qu'honorable pour ses leaders, diabolisés à outrance par leurs adversaires. Il faut dire que le chômage endémique, les scandales et la frustration des Polynésiens de souche jouent en faveur de Temaru.

Le 12 à Paris, la 3e « Marche pour la vie », organisée par l'association Aides pour lutter contre le virus du sida, réunit 20 000 personnes. (→ 7.6)

Mai

1996

Lu	Ma	Me	Je	Ve	Sa	Di
		1	2	3	4	5
6	7	8	9	10	11	12
13	14	15	16	17	18	19
20	21	22	23	24	25	26
27	28	29	30	31		

Bangladesh, lundi 13
Une tornade ravage le nord du pays. Le bilan publié à Dacca, la capitale, fait état de 400 morts, 32 000 blessés et 100 000 sans-abri.

Chine, lundi 13
Greenpeace lance une campagne mondiale contre la poursuite des essais nucléaires chinois. (→ 29.7)

Italie, mardi 14
Mehmet Ali Agça, l'auteur de l'attentat contre le pape, prétend être le Messie attendu par les juifs, les chrétiens et les musulmans. Il demande sa libération.

Afrique du Sud, mardi 14
Une commission chargée de recueillir les témoignages des victimes de l'apartheid est mise en place. (→ 14.7)

Bordeaux, mercredi 15
Les Girondins sont battus 3 à 1 par le Bayern de Munich lors du match retour de la finale de la Coupe de l'UEFA.

New Delhi, jeudi 16
Le chef du BJP, le parti nationaliste hindou, Atal Behari Vajpayee, est officiellement désigné au poste de Premier ministre. (→ 28)

Maroc, vendredi 17
La revue *Science* relate la découverte d'un crâne (1,6 m de long) de dinosaure carnivore, le plus gros jamais retrouvé, vieux de 90 millions d'années. Cousin du célèbre Tyrannosaurus rex, il le détrône en taille.

Londres, vendredi 17
Le gouvernement britannique annonce l'expulsion de quatre fonctionnaires de l'ambassade russe. C'est la mesure de rétorsion après la décision similaire prise par Moscou, pour cause d'espionnage.

Corse, vendredi 17
L'île connaît sa quatrième nuit consécutive d'attentats et de mitraillages. Le FLNC demande à ses militants de « riposter par les armes à toute tentative d'arrestation ». (→ 22)

DECES

Japon, vendredi 17
Johnny « Guitar » Watson, bluesman et chanteur américain (*3.2.1935).

« Route de la soie du XXIe siècle » par rail, d'Istanbul à Pékin

Iran, lundi 13
C'est ainsi que le Premier ministre chinois, Li Peng, avait qualifié le projet de relier la Méditerranée et le golfe Persique à l'Asie centrale et à la Chine. Le dernier tronçon qui manquait encore à son achèvement est inauguré : 165 km qui relient la frontière du Turkménistan à la ville iranienne de Machhad. Désormais on peut aller d'Istanbul à Pékin en train. En pratique, le mauvais état du réseau chinois et surtout les différences d'écartement entre les rails imposent de multiples ruptures de charge. Mais l'Iran et les pays d'Asie centrale veulent poursuivre leurs investissements ferroviaires. L'Iran veut retrouver son ancienne vocation de carrefour commercial et de puissance régionale. Enclavés, les pays d'Asie centrale ne veulent plus dépendre de la seule Russie pour leurs débouchés.

Nouvelles alliances en Afghanistan

Kaboul, lundi 13
L'offensive et les succès répétés des taliban (« étudiants en religion ») sont en train de bouleverser toute la donne politique et militaire. Un très inattendu renversement d'alliance vient d'avoir lieu. Le Hezb-i-Islami, le parti des fondamentalistes, vient d'annoncer qu'il se ralliait au camp gouvernemental, qui tient Kaboul. Après quatre ans de guerre contre le président Burhanuddin Rabbani et son chef militaire, le commandant Ahmed Shah Massoud, le parti de Gulbuddin Hekmatyar, lâché par le Pakistan, est poussé à ce compromis de circonstance. Islamabad préfère désormais parier sur l'efficacité des taliban. (→ 27.9)

Le 13 à Amboise, les dernières touches sont apportées au parc des mini-châteaux : 70 monuments du Val de Loire reconstitués sur 2 hectares, au 1/25.

Renault va devenir une entreprise privée

France, lundi 13
L'Etat, actionnaire de Renault à hauteur de 53 % du capital, va en céder 6 % à des investisseurs. Cette décision, annoncée par le ministère de l'Economie et des Finances, fait définitivement basculer l'ex-Régie dans le privé. L'Etat, n'étant plus majoritaire, perd tous les pouvoirs qui étaient attachés à son statut très particulier d'actionnaire principal. La vente, qui devrait se faire de gré à gré, c'est-à-dire par entente avec les investisseurs institutionnels qui sont intéressés, ne devrait pas être accessible aux particuliers. Dans l'attente d'un désengagement total, ces 6 % vont rapporter 2,1 milliards de francs à l'Etat. (→ 20.6)

Dix ex-communistes ministres en Italie

Rome, vendredi 17
Le 55e gouvernement italien depuis la Libération a vu le jour avec une rapidité sans précédent, vingt-quatre heures après la désignation du chef de l'Olivier, Romano Prodi, comme président du Conseil. C'est aussi le plus réduit. Il compte dix membres du PDS, l'ex-Parti communiste, qui prennent donc la moitié des postes. Walter Veltroni, numéro 2 du PDS et nouvelle vedette de la politique transalpine, est en charge des Biens culturels, Antonio Di Pietro est aux Travaux publics et Lamberto Dini aux Affaires étrangères.

Visite royale pour Chirac en Angleterre

Londres, vendredi 17
Le président français, à défaut d'avoir été entendu, peut se targuer d'avoir séduit les Britanniques. Les foules autant que les dirigeants ont apprécié en connaisseurs l'aisance de Jacques Chirac face à la pompe de la monarchie. Reçu par la reine avec un faste qui fascine toujours ces républicains de Français, il a mené cette visite d'Etat tambour battant. Avant d'accompagner le prince Charles en Ecosse, il a assuré John Major que la France allait le soutenir pour obtenir un allègement de l'embargo sur la viande bovine. En revanche, son plaidoyer pour l'Europe n'a guère convaincu. (→ 21)

Face au Parlement à Westminster.

Des ours reintroduits en Haute-Garonne

Pyrénées, dimanche 19
C'est sur les terres boisées de la commune de Melles que Giva est relâchée. Cette ourse de 5 ou 6 ans, qui pèse 105 kg, a été capturée la veille en Slovénie et aussitôt amenée en France. Elle a été munie d'une balise Argos pour suivre tous ses déplacements. Cette réintroduction des ours dans les Pyrénées, où il reste six ou sept spécimens dans les vallées d'Aspe et d'Ossau, va coûter 4,5 millions de francs. Dans peu de temps, un mâle, lui aussi originaire de Slovénie, doit venir la rejoindre. A quand les oursons ?

Le 17 à Las Vegas, une étudiante en droit, la Vénézuélienne Alicia Machado (19 ans et 1,75 m), est sacrée Miss Univers.

Crise du pouvoir chez les Serbes de Bosnie

Banja Luka, dimanche 19
Lâché par Belgrade, qui a annoncé sa démission, *persona non grata* pour les Occidentaux, qui l'accusent de crimes de guerre et réclament sa mise à l'écart, le leader des Serbes bosniaques, Radovan Karadzic, ne s'est pas vraiment effacé. Il a en fait délégué à Biljana Plavsic, l'égérie de la purification ethnique, une partie de ses pouvoirs. La « dame de fer » des Serbes de Bosnie doit composer avec Rajko Kasagic, démissionné par Karadzic et qui refuse de quitter le poste de Premier ministre. (→ 25)

Victoire surprise d'Olivier Panis à Monaco

Première victoire de Ligier en 15 ans.

Monaco, dimanche 19
Enfin une surprise, une vraie ! Le jeune pilote de chez Ligier, Olivier Panis, gagne au nez et à la barbe de tous les favoris. C'est quinze ans après le succès de Jacques Laffite au Canada que l'écurie française gagne une épreuve. Panis a exploité toutes les opportunités de la course et son incroyable scénario. Schumacher éliminé dès les premiers tours de roues, Damon Hill et Jean Alesi contraints à abandonner, la voie royale s'ouvrait devant Panis. Le Grenoblois eut le talent d'y croire jusqu'au bout. Seules sept voitures ont été classées. (→ 2.6)

Le 18 à Oslo, l'Irlande remporte le Grand Prix Eurovision de la chanson, avec Elmear Quinn qui interprète *The Voice*.

Neuf médailles françaises à l'Euro de judo

La Haye, dimanche 19
Neuf médailles mais un seul titre avec Djamel Bouras en 78 kg. La moisson tricolore aux championnats d'Europe est décevante. Il s'agit, dans cette compétition, d'un des plus modestes bilans depuis vingt ans. A deux mois des JO, les judokas français doivent encore travailler. Les absences de David Douillet et Stéphane Traineau ont pesé lourd. Ces championnats ont démontré que le judo français attendait encore la relève chez les lourds. Mais, côté satisfactions, on note la médaille d'argent de Cathy Fleury-Vachon (61 kg) ainsi que la médaille de bronze décrochée par Marie-Claire Restoux (52 kg). Le retour de cette dernière, championne du monde en 1995, est de bon augure.

Djamel Bouras et Oleg Kretsoul.

Une arrestation du FBI grâce à Internet

Guatemala, dimanche 19
Si certaines autorités judiciaires sont tentées de freiner la libre circulation des images sur Internet, le FBI, lui, s'en félicite. Et Leslie Rogge ne peut que s'en plaindre... Celui-ci est, ou plutôt était, l'un des dix fugitifs les plus recherchés outre-Atlantique. Son portrait figurait sur le site Web du FBI. Il a été récemment reconnu par un « internaute » guatémaltèque qui s'est empressé de prévenir les autorités américaines à Guatemala Ciudad, la capitale. La presse locale s'étant emparée de l'information, Rogge n'a pas eu d'autre alternative que de se rendre. Ceux qui veulent comparer Internet à Big Brother ne sont pas forcément paranoïaques.

Mai

1996

Lu	Ma	Me	Je	Ve	Sa	Di
		1	2	3	4	5
6	7	8	9	10	11	12
13	14	15	16	17	18	19
20	21	22	23	24	25	26
27	28	29	30	31		

Cordoue, lundi 20
L'ETA n'a pas l'intention de respecter la moindre trêve. Un attentat, le premier depuis l'investiture de José Maria Aznar, fait un mort et quatre blessés dans le centre. (→ 24.7)

Taiwan, lundi 20
Le président Lee Teng-Hui propose de se rendre à Pékin pour calmer la tension et renouer le dialogue avec la Chine populaire.

Paris, mercredi 22
Alain Juppé tente d'apaiser la polémique engagée entre le PS et le garde des Sceaux, Jacques Toubon. Celui-ci a accusé les socialistes d'avoir acheté « la paix civile » en Corse en « offrant des valises de billets » aux nationalistes. (→ 8.6)

Californie, mercredi 22
Le FBI réalise la plus importante saisie d'armes jamais effectuée sur le territoire américain : 2 000 fusils d'assaut et 800 armes de poing, des armes fabriquées en Chine par des firmes proches de l'armée.

Russie, jeudi 23
Pour la première fois, Boris Eltsine accepte l'idée de pourparlers directs et d'une rencontre dans le Caucase avec les leaders des indépendantistes tchétchènes. (→ 28)

Corée du Sud, jeudi 23
Un pilote nord-coréen fait défection au Sud, la première depuis treize ans. Il confirme que la situation alimentaire et économique s'est encore aggravée. (→ 26.8)

Sofia, samedi 25
Siméon II, chassé du trône par les communistes, revient pour la première fois en Bulgarie après 50 ans d'exil. Lui et sa famille, très émus, sont accueillis par une foule énorme à l'aéroport et dans la capitale.

New York, dimanche 26
Le célèbre indice boursier Dow Jones fête ses 100 ans en battant des records. Il y a deux jours, à la clôture des cotations, il atteignait 5 762,86 points. Il en valait 40,94 le 26 mai 1896. (→ 16.7)

DECES

Paris, samedi 25
Barney Wilen, saxophoniste de jazz (*4.3.1937).

Secrets et Mensonges triomphe à Cannes

Cannes, lundi 20
Le Britannique Mike Leigh avait déjà préparé le terrain en 1993 en obtenant le prix de la mise en scène pour *Naked*, qui avait valu le prix d'interprétation à David Thewlis, son acteur principal. La Palme d'or attribuée cette année à *Secrets et Mensonges* vient récompenser un observateur doux-amer qui scrute une société qui se cherche et tourne en rond. La satire l'emporte sur le noir et dérangeant *Crash*, de David Cronenberg, prix spécial du jury qui salue ainsi « son audace et son innovation ». Daniel Auteuil et Pascal Duquenne, qui se partagent le prix d'interprétation masculine, font monter la France et la Belgique sur le podium avec *le Huitième Jour*.

Palme d'or à l'Anglais Mike Leigh.

Levée partielle de l'embargo sur l'Irak

New York, lundi 20
L'accord signé entre l'ONU et l'Irak met fin à six années d'un embargo décrété à la suite de l'invasion du Koweït. Il doit permettre à Bagdad d'exporter 700 000 barils de pétrole par jour. Cela va correspondre à environ 10 milliards de francs sur six mois. L'arrangement, supervisé par les Nations unies, entre dans le cadre de la formule « pétrole contre nourriture ». Les sommes dégagées ne peuvent servir qu'à acheter des médicaments et des vivres destinés à la population. Washington reste très réservé alors qu'en Irak la situation matérielle et sanitaire n'a pas cessé de se dégrader. (→ 31.8)

Chantage à l'Europe des Britanniques

Londres, mardi 21
Devant les Communes, John Major est reparti en guerre contre l'Union européenne. Après la décision du Comité vétérinaire européen, hier, de maintenir dans toute sa rigueur l'embargo sur la viande bovine d'origine britannique ainsi que tous ses dérivés, le Premier ministre agite une menace qui devrait satisfaire les rangs des eurosceptiques conservateurs. Il se dit prêt à bloquer tout le processus de décision communautaire. Ce qui pourrait provoquer une belle crise institutionnelle. (→ 7.6)

Un chef de la Mafia sicilienne est arrêté

Brusca, l'assassin du juge Falcone.

Agrigente, lundi 20
De tous les proches de Toto Riina, Giovanni Brusca était le dernier à échapper à la justice. Ce parrain de la Mafia corléonaise n'était certes pas au sommet de la hiérarchie mais il tenait la police en alerte à cause de son profil de tueur impitoyable. Il n'a pas hésité à tuer de ses propres mains le fils d'un repenti, âgé de 12 ans. C'est Brusca lui-même qui a appuyé sur le détonateur de la bombe qui a tué le juge Giovanni Falcone, sa femme et les policiers de son escorte le 23 mai 1992. Lui et son frère regardaient un film sur Falcone quand ils ont été arrêtés.

La Juventus remporte la Coupe des Champions aux tirs au but

Rome, mercredi 22
L'an passé, en finale de la Coupe d'Europe, l'Ajax dominait de loin l'équipe italienne du Milan AC. Cette fois-ci, le nouveau duel Italie-Pays-Bas a tourné à l'avantage du premier. Les Turinois ont souffert pour devenir rois d'Europe (1-1, puis 4 tirs au but à 2). Mais, pour contrarier la mécanique de l'Ajax, les Italiens ont utilisé leurs armes favorites : le marquage individuel et le réalisme. Après l'ouverture du score par Fabrizio Ravanelli, la « Juve » a été rejointe avant la mi-temps, Jari Litmanen égalisant pour son équipe. Il fallut attendre l'épreuve des tirs au but pour savoir quel serait le vainqueur. (→ 8.6)

Le Français Deschamps décroche ici son second titre en Ligue des Champions.

Vers l'A3XX d'Airbus, un très gros porteur

Europe, mercredi 22
Le consortium Airbus se lance dans la course au très gros porteur pour concurrencer Boeing sur son terrain et capter une part de ce marché très prometteur. L'étude d'un appareil de plus de cinq cents places a été officiellement lancée. Baptisé du nom encore provisoire de A3XX, il s'agit d'un avion à deux niveaux et totalement différent des Airbus qui volent actuellement. Il doit entrer en service vers 2003 et pourra franchir sans escale une distance de 12 000 km pour un poids de 476 tonnes, grâce à ses quatre moteurs. Le coût de ce programme est pour l'instant évalué à 50 milliards de francs.

Le GIA a exécuté les moines français

Cinq des sept trappistes français assassinés par les Groupes islamiques armés.

Algérie, jeudi 23
Adressé à une radio marocaine, un communiqué du GIA revendique l'assassinat des sept moines français enlevés le 27 mars dernier. Ce texte rédigé en arabe, qui porte le cachet habituel du Groupe islamique armé et la signature de Djamel Zitouni, son chef présumé, affirme que les trappistes ont été égorgés mardi dans la matinée parce que la France a déclaré qu'elle ne négocierait pas la libération de prisonniers. De son côté, le gouvernement français a formellement démenti avoir jamais eu le moindre contact avec le GIA et demande « solennellement » à tous les Français encore présents de quitter l'Algérie sans tarder. (→ 30)

Sans papiers et sans soutiens politiques

Paris, mercredi 22
Ils sont à peu près 1 500 à défiler pour soutenir les 400 Africains qui réclament la régularisation de leur situation. Le cortège, qui comprend quelques syndicalistes, des membres du collectif d'associations qui les soutiennent, est parti de République pour se diriger vers l'entrepôt de la SNCF où les familles africaines se sont réfugiées après leur expulsion de l'église Saint-Ambroise. Aucune figure politique d'envergure n'avait fait le déplacement. La préfecture dit examiner les dossiers. (→ 29.6)

Chantal Mauduit à l'assaut du Manaslu

Himalaya, vendredi 24
A 32 ans, Chantal Mauduit est une femme au sommet. L'alpiniste de Chamonix, kinésithérapeute de par sa profession, a réussi l'exploit de gravir le Manaslu (8 163 m). Son sherpa a préféré renoncer à deux cents mètres du but ! C'est vrai qu'il en faut plus pour la décourager. La Française compte à présent cinq « 8 000 » à son palmarès. En outre, quand elle s'attaque à ces sommets, Chantal Mauduit le fait sans l'aide d'oxygène. Une difficulté de plus pour cette alpiniste de défis.

Accord en vue des municipales à Mostar

Dans le secteur musulman à l'est.

Bosnie, samedi 25
La situation semble se débloquer dans cette ville partagée entre les Croates et les Musulmans. Sous l'égide de l'Union européenne, qui administre la ville depuis près de deux ans, un accord est signé entre les représentants de Sarajevo et de Zagreb et en présence de l'Espagnol Ricardo Perez Casado. Il stipule que les élections municipales, prévues initialement pour le 31 mai et que la partie musulmane refusait, auront lieu « au plus tard le 30 juin 1996 ». Pour ne pas entériner la partition ethnique, les habitants recensés en 1991 pourront y participer. (→ 30.6)

La Ligue savoisienne réclame l'autonomie

Albertville, dimanche 26
Pour son premier congrès, la Ligue savoisienne a fait le plein. Ils sont 2 000 à écouter les discours de cette association, fondée en 1994 et qui réclame, en lieu et place des deux départements de Haute-Savoie et de Savoie, la création d'un Etat neutre et souverain. Si ces autonomistes, qui ont constitué un gouvernement en exil à Genève, se revendiquent non pas savoyards mais savoisiens, c'est d'abord pour se démarquer du « jacobinisme et du colonialisme français ». Ils affirment que Paris n'a jamais respecté les clauses du traité d'annexion de 1860.

Mutinerie militaire et civile contre les Français en Centrafrique

Hier à Bangui, manifestation de soutien aux Forces armées centrafricaines.

Bangui, dimanche 26
C'est sous la pression de la France que le président Ange-Félix Patassé a promis l'impunité et l'amnistie aux mutins. Leur reddition a été obtenue par le général Bernard Thorette qui a directement négocié avec eux dans la caserne où ils s'étaient retranchés. Commencée il y a huit jours, cette mutinerie d'une partie de l'armée s'était vite étendue à tout le pays. L'envoi massif de soldats par Paris pour protéger le rapatriement des étrangers avait retourné la colère populaire contre la France. Dans Bangui livrée aux combats de rue et au pillage, la foule accusait celle-ci de soutenir un régime notoirement corrompu et impopulaire.

Mai

1996

Lu	Ma	Me	Je	Ve	Sa	Di
		1	2	3	4	5
6	7	8	9	10	11	12
13	14	15	16	17	18	19
20	21	22	23	24	25	26
27	28	29	30	31		

Chine, mardi 28
La police arrête deux dissidents, anciens leaders du printemps de Pékin en 1989. Ils avaient lancé une pétition pour la libération des prisonniers politiques et l'ouverture d'une enquête.

Inde, mardi 28
Le Premier ministre, Atal Behari Vajpayee, démissionne après treize jours de pouvoir : le plus court gouvernement de l'histoire de l'Inde moderne.

Paris, mardi 28
Hachette Livres, le deuxième éditeur français, annonce le rachat de Hatier, dernier grand éditeur indépendant, spécialisé dans le domaine scolaire.

France, mercredi 29
Retour de Michel Polnareff qui sort son nouveau disque, *Live at The Roxy*.

Londres, jeudi 30
Le divorce du duc d'York Andrew et de Sarah Ferguson est prononcé. Cela met fin à dix ans de mariage.

Paris, jeudi 30
En adoptant le volet de la réforme judiciaire présentée par Jacques Toubon sur la détention provisoire, les sénateurs y introduisent une innovation électronique : un bracelet de surveillance qui permet d'éviter l'incarcération.

France, jeudi 30
Le groupe Bouygues lance son réseau de téléphone mobile. Il devient un véritable opérateur en télécommunications.

Paris, vendredi 31
Dans l'affaire du *Phocéa*, Bernard Tapie est condamné par le tribunal correctionnel : dix-huit mois de prison dont six mois fermes. (→ 9.7)

Zurich, vendredi 31
Le comité exécutif de la Fifa décide de confier l'organisation de la Coupe du monde de 2002 au Japon et à la Corée du Sud conjointement, décision inédite dans les annales du football.

DECES

Alger, jeudi 30
Léon-Etienne Duval, ancien cardinal d'Alger (*9.11.1903).

Etats-Unis, vendredi 31
Timothy Leary, figure de la contre-culture et chantre du LSD (*22.10.1920).

Smirnov et Smirnoff, la vodka en procès

Moscou, lundi 27
Andreï Kozyrev, ancien ministre des Affaires étrangères, avait un jour qualifié la vodka de « concept philosophique ». Plus prosaïque, le procès Smirnoff contre Smirnov, qui s'ouvre, tourne, lui, autour des concepts de marque et de propriété. S'affrontent, d'un côté, un groupe anglo-américain qui commercialise la célèbre vodka Smirnoff dans 138 pays et, de l'autre, Boris Smirnov, un Russe. Descendant du fondateur de la marque (au XIXe siècle), il veut être le seul à utiliser ce patronyme. L'enjeu est de taille : conquérir, seul, l'immense marché russe.

Chirac libère la classe 79 de la conscription

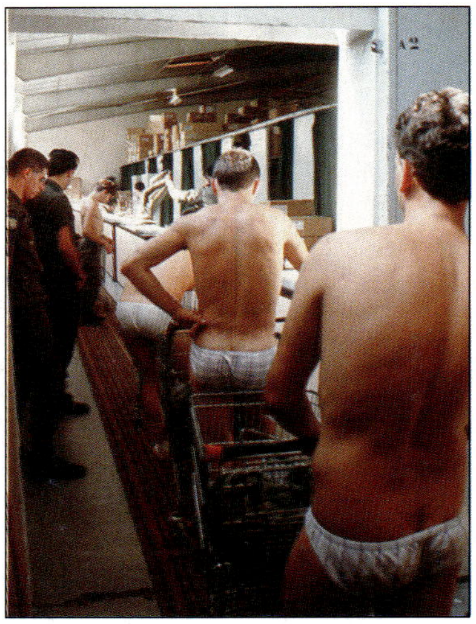

Plus de service militaire obligatoire.

France, mardi 28
Le président de la République, qui s'adresse aux Français à la radio et à la télévision, officialise la fin de la conscription. Cela dès le 1er janvier 1997. Autrement dit, les jeunes nés après le 1er janvier 1979 ne feront pas ce que (presque) tous leurs aînés depuis près d'un siècle ont effectué dans la joie ou la douleur, le service militaire obligatoire. Dès l'année prochaine, il sera remplacé par ce que Jacques Chirac a qualifié de « rendez-vous citoyen », ouvert aux filles dès 2002. Durant ces quelques jours, les jeunes subiront un examen de santé, des tests de niveau et se verront dispenser une information civique générale. (→ 4.6)

Des négociations au Kremlin pour un cessez-le-feu en Tchétchénie

Grozny, mardi 28
C'est autant en chef de l'exécutif qu'en candidat que Boris Eltsine a effectué une visite surprise dans la capitale tchétchène. Ce déplacement impromptu survient au lendemain de ses entretiens avec Zelimkhan Iandarbaïev, le nouveau leader des indépendantistes, et de la signature d'un cessez-le-feu. Cet accord a été paraphé au Kremlin et doit entrer en vigueur le 1er juin. Les rebelles, que les Russes traitaient naguère de « bandits » ou de « terroristes », ont enfin obtenu une reconnaissance. Les officiers et l'état-major russes sont furieux car ils n'ont jamais été consultés sur la question. (→ 25.6)

Eltsine discute directement avec Zelimkhan Iandarbaïev, chef des « rebelles ».

Hécatombe sur les courts à Roland-Garros

Leconte a été éliminé le premier jour.

Paris, mercredi 29
Le début du tournoi a décidément été marqué par des surprises, avec les éliminations d'André Agassi contre Chris Woodruff (4-6, 6-4, 6-7, 6-3, 6-2), son compatriote ; et de Sergi Bruguera, ancien vainqueur sur ces mêmes courts, contre Pete Sampras, actuel numéro un mondial (6-3, 6-4, 6-7, 2-6, 6-3). Et, le 27, battu au premier tour par le modeste Suédois Thomas Johansson, Henri Leconte, bientôt 33 ans, ne pouvait quitter « son » public comme cela. Spontanément, il a grimpé sur la chaise de l'arbitre et a prononcé quelques mots bien sentis. Leconte tournait la page, en larmes, après 15 ans au plus haut niveau. (→ 9.6)

Le 28 à Nœux-les-Mines (Pas-de-Calais), inauguration d'une piste de ski artificielle construite sur un terril (50 m d'altitude).

Une consultation sur le canal Rhin-Rhône

France, jeudi 30
En Alsace, en Bourgogne et surtout en Franche-Comté, la région la plus concernée par le projet, l'ouverture de la consultation publique sur le canal Rhin-Rhône devrait permettre l'expression de toutes les critiques que cet ouvrage suscite. Depuis un an, les rapports alarmistes se sont accumulés au sujet de cette voie d'eau à grand gabarit. Ils évoquent non seulement l'impact négatif sur l'environnement (ce que clament les écologistes depuis des années) mais aussi la rentabilité très hypothétique du canal. Seuls, le gouvernement et le maître d'ouvrage le soutiennent.

Netanyahou élu de justesse en Israël

Le chef du Likoud a obtenu 50,4 % des voix contre 49,5 % à Shimon Pérès.

Jérusalem, vendredi 31
Il aura fallu plus d'une journée de dépouillement pour départager les deux candidats. C'est seulement de 29 457 voix que le leader du Likoud, Benyamin Netanyahou, devance son rival, Shimon Pérès. Donné vainqueur mercredi soir à la clôture du scrutin, celui-ci a une nouvelle fois échoué à convaincre l'électorat de lui faire confiance. Netanyahou, connu pour être plus proche des « faucons » que des « colombes », a déjà annoncé qu'il ne cédera rien sur Jérusalem, le Golan ou Hébron. La victoire de ce nationaliste inflexible fragilise grandement le processus de paix dans la région. (→ 10.6)

Elections en Irlande du Forum de la paix

Irlande du Nord, jeudi 30
Du côté catholique comme du côté protestant, les résultats des élections marquent une forte progression des partis les plus activistes. Même si les formations modérées arrivent en tête, le Sinn Fein de Gerry Adams et le Democratic Unionist Party (DUP) du révérend Ian Paisley ont réalisé des scores qui les placent en seconde position dans les deux camps. Les électeurs désignaient les 110 membres du futur Forum de la paix, une assemblée qui supervisera le processus de paix et négociera avec Londres et Dublin. (→ 15.6)

Tribunal pénal pour le génocide rwandais

Tanzanie, jeudi 30
A Arusha, le Tribunal pénal pour le Rwanda, créé sur le modèle du TPI par l'ONU, voit comparaître son premier accusé. Il s'agit de Georges Rutaganda, 37 ans, ancien chef de milice hutu, accusé d'avoir distribué des armes et d'avoir participé en personne à des massacres. Deux ans après le début du génocide, la justice s'est enfin mise en marche. Le TPR manque cruellement de moyens pour accélérer les enquêtes. Comme le TPI, il aspire à juger non pas seulement les exécutants mais aussi les initiateurs des atrocités. (→ 25.7)

Elkabbach démissionne

Le départ du président de France Télévision conclut deux semaines de crise.

Paris, vendredi 31
Jean-Pierre Elkabbach, le P-dg de France Télévision, annonce devant les journalistes sa démission. C'est l'issue attendue, quasi inéluctable de la grave crise qui secoue le service public depuis plusieurs semaines. Cette démission intervient sur fond de règlements de comptes. Mais, s'il est encore trop tôt pour esquisser un bilan complet de son action à la tête de France Télévision durant deux ans et demi, les circonstances de son départ vont certainement le tenir éloigné un certain temps des écrans. C'est lui-même qui a tout déclenché en dénonçant les termes du contrat qui liait France Télévision à Jean-Luc Delarue. Par une réaction en chaîne prévisible, due en particulier aux révélations contenues dans un rapport parlementaire explosif sur les contrats passés entre les chaînes publiques et des animateurs, s'en est suivie une avalanche d'attaques et de menaces de procès. Des contrats ont été dénoncés, d'autres, comme celui de Delarue, ont été revus à la baisse. Nagui, Mireille Dumas et Arthur ont été mis en cause. Chaque partie a déballé ses chiffres et ses bilans, accusant l'autre de dilapider l'argent public. Dans ce ping-pong très médiatisé, l'opinion publique a servi d'arbitre. Pour Elkabbach, c'est un véritable engrenage de la disgrâce qui s'est mis en branle. Le P-dg a accumulé les erreurs comme celle de « sacrifier » trois de ses plus proches collaborateurs, assez peu appréciés du reste de la rédaction. Jean-Pierre Elkabbach a beau crier au complot, il faut qu'il s'en prenne d'abord à lui-même. (→ 2.6)

Mystères autour des moines assassinés

Algérie, jeudi 30
Les corps des sept moines trappistes sont retrouvés à quelques kilomètres de Médéa. Ce qui dément toutes les rumeurs sur leur transfert dans une autre région durant leur détention. Il y a deux jours, le gouvernement français, embarrassé, a dû enfin se résoudre à reconnaître qu'il avait bien échangé avec un émissaire du GIA des documents sur les sept hommes. La rencontre s'est faite à l'ambassade de France à Alger. En dépit de ses dénégations, Paris a donc bien répondu aux demandes de négociations. Ces révélations provoquent de vives attaques contre la DGSE, rendue responsable de la rupture des contacts. (→ 15.7)

Mardi, 10 000 Parisiens ont rendu un hommage aux trappistes d'Algérie.

Juin

1996

Lu	Ma	Me	Je	Ve	Sa	Di
					1	2
3	4	5	6	7	8	9
10	11	12	13	14	15	16
17	18	19	20	21	22	23
24	25	26	27	28	29	30

Paris, dimanche 2
Le CSA désigne Xavier Gouyou-Beauchamps, jusqu'ici directeur de France 3, à la présidence de France Télévision, 48 heures après la démission de Jean-Pierre Elkabbach. (→23.10)

République tchèque, dimanche 2
A l'issue des législatives, le parti du Premier ministre Vaclav Klaus, le Parti démocratique civique, arrive en tête avec 29,7 % des voix, talonné par les sociaux-démocrates, qui obtiennent 26,4 %. Cette place inattendue prive Klaus de la majorité au Parlement.

France, mardi 4
Selon le secrétariat général de la Défense, les dépenses pour l'armée sont de 4 240 francs par habitant et par an. C'est le taux le plus élevé d'Europe. (→13)

Bassin parisien, mercredi 5
Le site de Beauvilliers, dans la Beauce, est retenu par le gouvernement pour accueillir le futur et troisième aéroport international de Paris.

Cambodge, jeudi 6
Des informations contradictoires circulent autour de la mort de Pol Pot. Le chef historique des Khmers rouges, responsable du génocide cambodgien dans les années 70, aurait succombé à une crise de paludisme. (→9.8)

France, vendredi 7
Les pouvoirs publics présentent deux rapports scientifiques admettant les risques de transmission de l'ESB à l'homme. Ces conclusions sont connues depuis un mois, ce qui n'a pas empêché Jacques Chirac de plaider à Londres pour un assouplissement de l'embargo. (→14)

Ankara, vendredi 7
Le président Suleiman Demirel charge Necmettin Erbakan, le chef du parti islamique, le Refah, de former le prochain gouvernement. Mesut Yilmaz, le Premier ministre, a démissionné hier. (→8.7)

Lausanne, dimanche 9
Pour la première fois, un communiste, Joseph Zisyadis, est élu à la tête de l'exécutif du canton de Vaud, ce qui traduit un mécontentement profond en Suisse.

« Croisade des enfants » aux Etats-Unis

Washington, samedi 1er
Les élus républicains sont partis en croisade contre l'Etat-providence. Plus de 200 000 personnes, dont une petite moitié d'adultes, ont défilé sur le Mall, cette immense esplanade au centre de la capitale fédérale, pour leur rappeler que la réduction des dépenses sociales visait en premier lieu les enfants. Une large partie de l'opinion estime que le Congrès va trop loin. Les manifestants, issus de la gauche libérale et des associations religieuses, ont lancé la « croisade des enfants » pour réclamer que les programmes d'aide à la jeunesse, la lutte contre la délinquance et contre les sévices, et enfin l'éducation aient des budgets en hausse. (→31.7)

Plus de 100 000 enfants dénoncent la réduction des aides sociales.

Toulouse champion de France de rugby

Paris, samedi 1er
Les Toulousains ont remporté leur troisième titre d'affilée comme champions de France. Il s'agit du treizième dans l'histoire du club. Pourtant, la victoire acquise face au surprenant CA Brive (20-13) a été longue à se dessiner. A la mi-temps, les joueurs corréziens menaient même de quatre points, par 10 à 6. Mais le Stade Toulousain, en équipe expérimentée, renverse la situation avec l'adresse de ses deux buteurs, Thomas Castaignède et Christophe Deylaud, seize points à eux deux, qui fait la différence. David Berty inscrivait même un essai à la fin.

Les Palois champions de France de basket

Pau, samedi 1er
Et de quatre pour Pau-Orthez ! Les Palois sont à nouveau devenus champions de France en dominant Villeurbanne (78-72). Un succès qui vient couronner le travail effectué par l'entraîneur Michel Gomez dont le départ a été annoncé après le match... Avec ce technicien hors pair, Pau-Orthez a remporté trois Tournois des as et deux titres de champion de France. Un palmarès exceptionnel pour la ville du Béarn. Villeurbanne, malgré l'adresse de Delaney Rudd (23 points), n'a pas réussi à s'imposer.

EDF/GDF, un comité d'entreprise efficace

« Recto-Verso », de Jacques Avot.

Paris, samedi 1er
C'est en 1946 que l'électricité et le gaz ont été nationalisés. C'est pour célébrer ce 50e anniversaire ainsi que les 60 ans des congés payés que le comité d'entreprise d'EDF/GDF, la CCAS (Caisse centrale d'activités sociales), a donné à son 9e concours national photographique un thème de circonstance : « activités sociales aujourd'hui ». C'est Jacques Avot qui a remporté le premier prix. Géré uniquement par les représentants du personnel, le comité d'entreprise a développé des actions en matière de santé, de formation, de vacances et de pratiques culturelles. Il touche près de 700 000 personnes. (→5)

Schumacher remporte sa première course sur Ferrari, en Espagne

Barcelone, dimanche 2
Cela devait arriver : toute l'équipe Ferrari guettait ce moment. Michael Schumacher a offert à la Scuderia une victoire en championnat du monde, la première de l'Allemand au volant de ces célèbres bolides italiens. Ce succès, on le pressentait depuis quelques courses. Après avoir signé deux *pole positions* à Monaco et à Imola, Schumacher a confirmé ses bonnes dispositions. Damon Hill ayant prématurément abandonné, il résista jusqu'au bout aux assauts répétés de Jean Alesi et de Jacques Villeneuve. Hill conserve la tête du championnat. Il compte désormais dix-sept points d'avance sur Villeneuve. (→16)

L'Allemand aux prises avec Jean Alesi (Benetton) sous des trombes d'eau.

Premier tir d'Ariane 5 : échec retentissant

Kourou, mardi 4
Pour son tir inaugural, la nouvelle fusée européenne Ariane 5 n'a pas, malheureusement, tenu toutes ses promesses : 37 secondes après son décollage, à 14 h 34, Ariane a dévié de sa trajectoire. Quatre secondes plus tard, à 3 400 m d'altitude, elle se brisait en deux et explosait. Ce sont les *boosters*, ces longs cylindres remplis de poudre, qui seraient à l'origine de la défaillance. Haute de 51 m, Ariane 5 pourra mettre en orbite des satellites de 6,8 tonnes. Depuis 1979, c'est le huitième échec pour Arianespace mais, malgré l'émotion, le programme, qui a déjà coûté 37 milliards de francs, n'est pas remis en cause. (→ 14)

Envol parfait... en image de synthèse.

Les électriciens contre la déréglementation

France, mercredi 5
Alors que près de 50 % des salariés d'EDF se mettent en grève pour la journée aux quatre coins du pays, le défilé parisien rassemble 30 000 personnes de la gare de l'Est à la place de l'Opéra. La manifestation se déroule dans une ambiance de fête et de kermesse. Les gaziers et électriciens se sont mobilisés contre la déréglementation de l'électricité voulue et imposée par les instances européennes. La mise en cause de leur statut et de celui, si particulier, de leur entreprise, l'ouverture du marché européen et l'imminence d'un accord franco-allemand sur la fin du monopole d'EDF, ont de quoi troubler les esprits.

Grosse mobilisation à EDF/GDF.

Aucun succès pour l'édition 96 du Sidaction

France, vendredi 7
A peine 40 millions de dons : pour son édition 1996, le Sidaction ne devrait recueillir qu'un quart des sommes obtenues lors de la soirée précédente. L'audience sur les six chaînes françaises, qui, hier soir, avaient un programme commun, a aussi baissé de moitié. L'évidence de l'échec saute aux yeux des divers responsables. Certains l'imputent à l'intervention de Christophe Martet, président d'Act Up. Celui-ci a très violemment pris à partie le ministre de la Culture, lui criant : « Pays de merde ! Assassin ! » Cette invective n'avait d'autre but que de réveiller les consciences. Elle n'a fait que choquer et a découragé la générosité des donateurs potentiels. (→ 7.7)

Rejet de la violence par les femmes corses

Pour la Cuncolta, des « hystériques ayant abandonné leurs tâches ménagères ».

Ajaccio, samedi 8
A l'appel du Manifeste pour la vie, un collectif contre la violence, 2 000 personnes, des femmes en majorité, défilent sur le cours Napoléon. Les seuls soutiens qu'elles ont reçus sont venus de la CGT et de FO. Ces femmes, qui en appellent à la fin de la violence, du terrorisme, du culte des armes et de la dérive mafieuse et réclament le dialogue, dérangent. Pour preuve, le tombereau d'injures et de mépris que déverse sur elles *U Ribombu*, l'organe de la Cuncolta, la façade officielle du FLNC. Traitées d'« hystériques » et de « laiderons », elles demandent que cesse enfin le jeu trouble et meurtrier dans lequel se complaisent les nationalistes, les clans et les élus. (→ 1.7)

Le match Angleterre-Suisse ouvre l'Euro 96

Quentin, Sheringham et Henchoz.

Londres, samedi 8
L'Angleterre et la Suisse ont fait match nul (1-1) en ouverture de l'Euro. Bien entendu, ce résultat a déçu les supporters anglais venus encourager leur équipe à Wembley. Paul Gascoigne et ses partenaires ont en effet péché par excès de confiance. Pourtant les joueurs de Terry Venables ont eu le bonheur d'ouvrir le score avec leur avant-centre Alan Shearer. Les Suisses, qui étaient solides à défaut d'être brillants, obtenaient l'égalisation sur penalty à quelques minutes de la fin. Kubilay Turkylmaz, avant-centre d'origine turque, se chargeait alors de transformer la sentence. (→ 10)

Un Russe gagne la finale à Roland-Garros

Paris, dimanche 9
Jamais un Russe ne s'était imposé sur la terre battue, et Kafelnikov est ainsi entré dans l'histoire. Il s'est débarrassé de Michael Stich en trois sets serrés, dont deux *tie-break* : 7-6 (7/4), 7-5, 7-6 (7/4). La victoire de Evgueni Kafelnikov, joueur solide au fond du court, est une surprise. On imaginait Thomas Muster ou Pete Sampras en finale, on a vu le Russe de 22 ans. Demi-finaliste en 1995, Kafelnikov a usé Stich, qui a signé son retour après une grave blessure. Steffi Graf a obtenu un nouveau titre (6-3, 6-7, 10-8) face à Arantxa Sanchez. Sa dix-neuvième victoire majeure ! Encore mieux que Martina Navratilova. (→ 7.7)

Evgueni Kafelnikov a battu Stich.

Juin

1996

Lu	Ma	Me	Je	Ve	Sa	Di
					1	2
3	4	5	6	7	8	9
10	11	12	13	14	15	16
17	18	19	20	21	22	23
24	25	26	27	28	29	30

Luxembourg, lundi 10
La Slovénie signe un accord d'association avec l'Union européenne. Son différend territorial avec l'Italie sur l'Istrie a été réglé.

Moscou, mardi 11
A quatre jours du premier tour de l'élection présidentielle, un attentat dans le métro fait quatre morts. (→16)

Paris, mardi 11
Le ministre des Transports, Bernard Pons, présente le plan de redécoupage de la SNCF. Un établissement public, propriétaire du réseau et de la dette d'infrastructure, louera ses lignes à la SNCF. Celle-ci, à laquelle restent rattachés les cheminots et le matériel, deviendra donc un simple exploitant.

France, mercredi 12
La CFDT prend la présidence de la CNAM (Caisse nationale d'assurance maladie) à Force Ouvrière. (→3.7)

Paris, jeudi 13
A la Bourse, le cours du dollar est à 5,20 francs. (→2.8)

Bruxelles, jeudi 13
Pour la première fois depuis 1966, un ministre français de la Défense, en l'occurrence Charles Millon, assiste de plein droit au conseil des seize ministres de la Défense de l'Alliance atlantique. (→1.7)

Guyane, vendredi 14
Les premières conclusions de l'enquête sur l'explosion d'Ariane 5 sont rendues publiques. Le lanceur est hors de cause. C'est la centrale inertielle, un appareil électronique, qui a mal fonctionné. (→23.7)

Istanbul, samedi 15
Les délégués des 185 pays participant à la Conférence de l'ONU sur les villes et l'habitat signent, après douze jours de dialogue, une déclaration commune reconnaissant le droit à un logement convenable pour tous.

France, samedi 15
La première chaîne française, TF1, célèbre les dix ans de sa privatisation au cours d'une soirée spéciale intitulée « Dix ans demain » à laquelle participent toutes les vedettes de la chaîne. (→23.10)

« Trou-déficit » de la Sécu : 49 milliards

France, lundi 10
Selon la Commission des comptes, le déficit de la Sécurité sociale va atteindre 48,6 milliards de francs en 1996. C'est trois fois plus que prévu par le plan de redressement présenté par Alain Juppé en novembre 1995 : 16,6 milliards. Deux sons de cloche se font entendre. Les organisations syndicales affirment que les mesures d'économie ont donc fait la preuve de leur inefficience. La Commission des comptes et le gouvernement ont calculé, au contraire, que sans ces mesures le déficit aurait atteint près de 80 milliards de francs. (→12)

Tsahal doit faire face à la paix au Liban

Les obsèques de colons tués la veille.

Liban, lundi 10
Il est aussi difficile d'évoquer une « paix sûre », promise par Benyamin Netanyahou, que de l'appliquer quand l'armée israélienne continue à perdre des soldats au Sud Liban. A l'aube, une patrouille de Tsahal a été prise sous le feu du Hezbollah. Cinq hommes ont été tués et six autres blessés durant l'accrochage. Les Israéliens ont aussitôt répliqué en bombardant massivement la zone contrôlée par la milice chiite. Dans la nuit, un couple de colons a été tué dans sa voiture près de Jérusalem. Le Hamas a récemment revendiqué des actions semblables. Ce regain de violence n'aide pas la paix. (→18)

Premier match des Français dans l'Euro 96

Newcastle, lundi 10
Les Tricolores ont réussi leur entrée en matière. Ils battent les Roumains 1 à 0, grâce à un but de Christophe Dugarry inscrit à la 24e minute. Les Français redoutaient ce premier match. Au cours des éliminatoires pour l'Euro, les routes de ces deux équipes s'étaient déjà croisée. Les Roumains avaient même terminé en tête de la poule devant la France. Après un début de partie difficile, Didier Deschamps et ses partenaires ont su se défaire de l'étreinte des Roumains. Ces derniers, emmenés par leur génial gaucher Georghe Hagi, ont posé jusqu'à la dernière minute de sérieux problèmes au Onze tricolore. (→22)

Desailly face aux Roumains (1-0).

Suites juridiques sur le Temple solaire

Grenoble, mercredi 12
Le chef d'orchestre suisse Michel Tabachnik est mis en examen après deux jours de garde à vue. Le juge Luc Fontaine, chargé de l'enquête sur la mort de seize personnes dans le Vercors en décembre 1995, l'a auditionné près de quatre heures. Tabachnik n'est pas mêlé au drame mais il lui est reproché d'avoir caché ses véritables fonctions au sein de la secte de l'Ordre du temple solaire. Alors qu'il se disait juste « proche » de l'Ordre, ce passionné d'alchimie et d'ésotérisme y aurait occupé la place de véritable « théoricien », très proche de Jo Di Mambro.

Abolition de la peine de mort en Belgique

Bruxelles, jeudi 13
La Chambre a approuvé l'abolition de la peine de mort en Belgique. Celle-ci est désormais remplacée par la réclusion à perpétuité. Pourtant, c'est dès 1863 que la peine tombe en quasi-désuétude. Source de tensions internationales, l'abolition facilite désormais les extraditions de tiers réclamées par le pays. Restent des débats en prévision afin d'étudier la révision des sanctions. La Belgique, bien que premier pays d'Europe à ne plus appliquer la sentence, restait la dernière à adopter la suppression de l'article 8 du Code pénal. C'est désormais chose faite.

Le 12 à Paris, le chef d'orchestre Michel Plasson dirige 1 250 exécutants avec deux orchestres – celui du Capitole de Toulouse et le Philarmonique de Dresde – dans une interprétation grandiose du *Requiem* de Berlioz.

Les Freemen posent les armes aux USA

Montana, jeudi 13
Retranché depuis 81 jours dans une ferme, le dernier carré des Freemen s'est enfin rendu sans qu'aucun coup de fusil n'ait été tiré. Membres d'une milice d'extrême droite, ils se sont livrés aux agents du FBI qui les encerclaient et doivent être inculpés pour diverses escroqueries, menaces de mort contre des fonctionnaires et assistance à des personnes en fuite. Le président Clinton s'est félicité de cette issue pacifique. Il est vrai que le FBI a tout fait pour éviter que se répète une bavure sanglante comme celle de Waco (80 morts) en 1993.

Londres ne veut pas abattre ses vaches

Grande-Bretagne, vendredi 14
Les autres membres de l'Union sont exaspérés, et le mot est faible pour décrire leur état d'esprit, face à la politique de blocage et d'obstruction systématique des Britanniques. Ces derniers refusent toujours le plan d'abattage concocté par le Comité vétérinaire européen. Tout cela sur fond de polémique sur les risques de contamination, sur les importations massives de farines animales de la Grande-Bretagne vers le continent et sur les négligences coupables des autorités agricoles tant européennes que nationales. (→ 22)

« The First Lady of Song » quitte son public

Ella Fitzgerald était âgée de 79 ans.

Beverly Hills, samedi 15
Ella Fitzgerald, la reine du *scat*, s'est éteinte à 79 ans dans sa superbe villa du quartier chic des divas, à Los Angeles. Treize Grammy Awards, deux cent cinquante disques, dix-huit premières places de meilleure chanteuse, et la complicité des dieux du jazz comme Armstrong, Basie, Ellington, Peterson, Gillespie et tant d'autres. Née le 25 avril 1917, « The First Lady of Song » est entrée dans la légende de son vivant. Grandie dans un orphelinat new-yorkais, elle se présente à un concours... de danse à 16 ans. Paralysée par le trac, elle se met à chanter. Le public l'ovationne. Une star était née.

Attentat de l'IRA au centre de Manchester

Manchester, samedi 15
Lorsque la bombe explose près du centre commercial d'Arndale, au cœur de Manchester, à 11 h 20, la police a déjà commencé à évacuer les lieux à la suite de quatre appels téléphoniques reçus dans la matinée. Caché dans une fourgonnette, cet engin a malgré tout blessé près de 206 personnes, dont 16 sont dans un état grave. Le quartier est dévasté. Dublin a mis en cause le Sinn Fein et a des doutes sur les négociations de paix. Les enquêteurs ne doutent pas un instant que l'IRA ait ici voulu profiter de l'afflux de journalistes provoqué par l'Euro 96. (→ 14.7)

Porsche prend les trois marches du podium aux 24 H du Mans

L'équipage Reuter-Jones-Wurz prend la première place sur une Porsche-Joest.

Le Mans, dimanche 16
Première place : Porsche ; deuxième : Porsche ; et troisième : Porsche ! L'écurie allemande a dominé sans aucun partage les 24 Heures du Mans. Manuel Reuter, Davy Jones et Alexander Wurz (âgé de 22 ans) ont offert un troisième succès à leurs couleurs sur le circuit sarthois. La Porsche TWR – un prototype – se place devant les Grand Tourisme, les Porsche GT1 de Hans Stuck, Thierry Boutsen et Bob Wollek d'une part ; et celle du Français Yannick Dalmas et de ses équipiers Scott Goodyear et Karl Wendlinger, troisième. Disputée sous la canicule, cette 64e édition a été impitoyable et marquée par plusieurs abandons.

Un premier tour démocratique de la présidentielle en Russie

Moscou, dimanche 16
Pour la première fois depuis la fin du communisme en Russie, près de 107 millions d'électeurs sont appelés à élire leur président selon les règles démocratiques. Boris Eltsine a pu déployer des trésors de séduction politicienne durant la campagne. Or il ne devance son rival communiste, Guennadi Ziouganov, que d'une courte tête : respectivement, ils ont atteint 34,82 % et 32,13 % des voix. La surprise est venue de la troisième place du général Alexandre Lebed. Avec 14,71 %, celui qu'Eltsine avait chassé de l'armée pour ses critiques sur l'intervention en Tchétchénie va être l'arbitre du second tour. Eltsine est prêt à tout promettre. (→ 20)

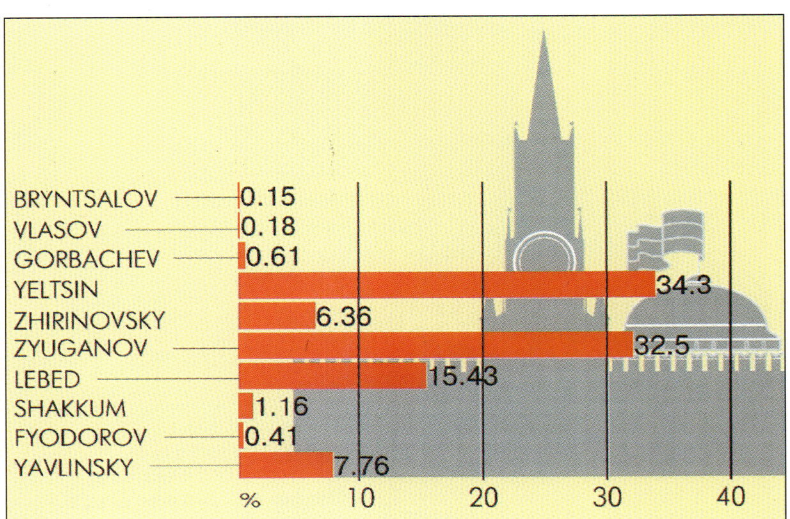

Damon Hill... Grand Prix du Canada

Montréal, dimanche 16
Williams-Renault a réussi un doublé au Canada grâce à Damon Hill et Jacques Villeneuve. Cette victoire permet au Britannique de s'envoler en tête dans le classement du championnat du monde. Hill possède vingt et un points d'avance sur son plus dangereux rival : son coéquipier Villeneuve. La course s'est résumée à un duel entre les deux meilleurs pilotes actuels. Sur le circuit qui porte le nom de son père, disparu en 1982, Jacques Villeneuve n'a pu monter sur la première marche du podium. Au grand dam de tous les Québécois. (→ 20)

Juin

1996

Lu	Ma	Me	Je	Ve	Sa	Di
					1	2
3	4	5	6	7	8	9
10	11	12	13	14	15	16
17	18	19	20	21	22	23
24	25	26	27	28	29	30

Israël, mardi 18
Benyamin Netanyahou présente à la Knesset son cabinet, constitué après de difficiles négociations. David Lévy, centriste, obtient les Affaires étrangères, tandis qu'Ariel Sharon, emblème de la droite « dure », se voit confier la charge des Infrastructures et des implantations. (→ 23)

Ile-de-France, mercredi 19
Le procureur de Créteil dessaisit le juge Eric Halphen de l'affaire du logement HLM du fils du maire de Paris, Jean Tiberi. Pour des questions de compétences territoriales, le dossier est confié au parquet de la capitale, qui l'avait déjà classé « sans suite ». (→ 29)

Italie, mercredi 19
En Toscane, dans la région de Lucca, des torrents en crue à la suite de pluies diluviennes dévastent plusieurs villages.

France, jeudi 20
Renault annonce son retrait de la Formule 1 pour la saison 1997. Les dirigeants de la firme déclarent ne pas « vouloir mener un combat de trop » après leur extraordinaire palmarès de victoires. (→ 30)

Floride, vendredi 21
Jean-Jacques Favier est le 6e astronaute français à partir dans l'espace, où il doit réaliser des expériences scientifiques. Il se trouve à bord de la navette spatiale *Columbia* qui s'envole de Cap Canaveral. (→ 2.9)

Paris, samedi 22
La Gay Pride, la marche de la fierté homosexuelle, qui réunit cette année environ 100 000 personnes, met en avant comme principale revendication l'instauration du contrat d'union sociale.

Le Caire, dimanche 23
Le sommet arabe, sous l'égide d'Hosni Moubarak, adresse une mise en garde à Benyamin Netanyahou, lui demandant de ne pas remettre en cause le processus de paix au Moyen-Orient. Les dirigeants arabes tentent aussi de mettre un terme à leurs dissensions. (→ 10.7)

DECES

Quimperlé, mardi 18
Glenmor, poète et chanteur breton (*1931).

Accord Chine-USA sur les « copyrights »

Pékin, lundi 17
La Chine et les Etats-Unis ont réussi à s'entendre sur la protection des droits intellectuels sur le territoire chinois le jour même où devaient entrer en vigueur plusieurs mesures de représailles américaines. Cette entente, réalisée *in extremis*, vise à lutter contre les contrefaçons et les piratages chinois dans les domaines des disques laser, des cassettes vidéo et des programmes informatiques. Pour les industriels américains, le manque à gagner est de 2,3 milliards de dollars par an... Pékin accepte enfin les règles du jeu.

Bayrou propose sa réforme universitaire

Vers une allocation sociale d'études ?

Paris, mardi 18
C'est dans le grand amphithéâtre de la Sorbonne que François Bayrou, le ministre de l'Education, présente les grandes orientations de sa réforme de l'enseignement supérieur. Elle s'inspire du bilan des états généraux qui se tiennent dans les universités depuis janvier. Le ministre annonce la mise en place d'un semestre qui sera consacré à l'orientation pour les premiers cycles, l'allongement de l'année universitaire et l'étude d'un statut de l'étudiant. Ont été aussi évoquées la recherche et l'insertion professionnelle. Cette réforme, qui se veut consensuelle et progressive, manque déjà de moyens. (→ 27.8)

Une révolution de palais au Kremlin

Russie, jeudi 20
Au terme d'une nuit de manœuvres, durant laquelle les rumeurs de coup d'Etat ont alterné avec les démentis, Alexandre Lebed continue de mener sa révolution de palais. Il obtient de Boris Eltsine le renvoi du chef de la garde présidentielle, de celui des services de sécurité et enfin d'un vice-Premier ministre : trois hommes considérés comme des « durs » et très impopulaires. Il y a deux jours, Lebed avait monnayé son ralliement à Eltsine en obtenant le poste de chef du système de sécurité, doté de pouvoirs élargis, et la démission du très contesté ministre de la Défense, Pavel Gratchev. Hier, il avait accusé cinq généraux de préparer un putsch et demandé une enquête. (→ 25)

Le général Alexandre Lebed a obtenu d'Eltsine le poste de chef de la sécurité.

Le 20 à Florence, un concert réunit Eric Clapton et... Luciano Pavarotti.

Levée de l'embargo sur les bovins anglais

Florence, samedi 22
Le sommet des Quinze s'achève sur un bilan mitigé. Hormis la question de la vache folle, il n'y a pas eu d'avancée significative sur les autres grands dossiers en suspens. Hier, un accord a pu être trouvé entre John Major et ses quatorze partenaires. Chacune des deux parties a pu crier victoire dans la plus pure tradition européenne. Londres augmente le nombre de vaches à abattre et les Quinze acceptent une levée partielle de l'embargo. La Commission doit se prononcer *in fine*. (→ 27)

Les Français iront en demi-finale de l'Euro

Lors de France - Pays-Bas, Karembeu (au sol) a reçu un second carton jaune.

Liverpool, samedi 22
Les footballeurs français font partie du Gotha européen. En battant les Pays-Bas (0-0, puis 5 tirs au but à 4), les joueurs d'Aimé Jacquet obtiennent leur billet pour affronter en demi-finale la République tchèque qui a éliminé le Portugal (1-0). Pour s'imposer contre les Hollandais, les partenaires de Didier Deschamps ont souffert. Inefficace en attaque et même timorée en milieu de terrain, l'équipe poursuit malgré tout son chemin grâce à sa défense de fer composée de Laurent Blanc, Marcel Desailly et du gardien Bernard Lama. Ce dernier s'est illustré en stoppant le tir au but de Clarence Seedorf. La qualification intervient quatre jours après la victoire (3-1) contre la Bulgarie. Et, en battant les Bulgares, les Français ont effacé l'humiliation des éliminatoires de la Coupe du monde en 1994. (→ 30)

Visite controversée du pape en Allemagne

Berlin, dimanche 23
Le premier voyage de Jean-Paul II dans l'Allemagne réunifiée s'achève au stade olympique devant plus de 100 000 fidèles dont un quart venus de Pologne. A chaque étape, la liesse a été au rendez-vous, comme les controverses les plus virulentes. Les catholiques allemands sont parmi les plus remuants. Une part d'entre eux reprochent au souverain pontife ses prises de position doctrinales et morales. L'an dernier, une pétition a recueilli plus d'un million et demi de signatures pour réclamer plus de dialogue au sein de l'Eglise. C'est l'autorité sans partage du Vatican qui est remise en cause. (→ 22.9)

La venue du Saint-Père est contestée.

Une femme Premier ministre au Bangladesh

Dacca, dimanche 23
Hasina Wajed est la seconde femme à devenir Premier ministre de ce pays musulman de 120 millions d'habitants. Agée de 49 ans, elle est la fille du « père de la nation », le fondateur du Bangladesh, cheikh Mujibur Rahman. Plus encore que Benazir Bhutto, avec son père Ali Bhutto, figure mythifiée de la scène politique pakistanaise, cette filiation explique largement son succès car son expérience politique est des plus limitées. Elle dirige la ligue Awami qui a obtenu la majorité relative au Parlement et s'est alliée au parti de son ancien ennemi, pour l'instant en prison, le général Ershad.

Hommage des Belges aux immigrés italiens

Bruxelles, dimanche 23
Cinquante ans après leur exil, les immigrés italiens fêtent le succès de leur intégration dans le pays. C'est à Rome, en 1946, que l'Italie et la Belgique ont conclu un accord. Fuyant l'après-guerre et le régime de Mussolini, les ouvriers italiens sont alors engagés dans les charbonnages wallons. L'arrivée du pétrole, dès 1958, va éclipser le charbon. De grands sites wallons ferment, des grèves éclatent et les licenciements se multiplient. Ils affronteront aussi la maladie : le saturnisme ainsi que la silicose.

Papandréou était le fondateur du Pasok

En campagne électorale en mai 1989.

Athènes, dimanche 23
Andréas Papandréou (*5.2.1919), malade et diminué depuis des mois, est décédé. Le chef historique des socialistes grecs avait fondé le Pasok (Parti socialiste panhellénique) en 1968 sous la dictature des colonels. Arrivé au pouvoir en 1981, il s'est maintenu pendant près de treize ans au poste de Premier ministre malgré les scandales en série. Adulé par ses partisans, populiste, nationaliste et volontiers antieuropéen, il a dirigé son gouvernement et son parti d'une main de fer. Sa disparition pourrait permettre à la Grèce d'accélérer son intégration à l'Union européenne.

Ce record du 200 mètres datait de 1979

Le sprinter américain Michael Johnson établit le nouveau record à 19 s 66/100.

Atlanta, dimanche 23
Qui arrêtera le coureur américain Michael Johnson ? En pulvérisant en 19 s 66 le vieux record détenu sur 200 m par Pietro Mennea (19 s 72), Johnson a confirmé ses prétentions pour les Jeux olympiques qui auront lieu dans moins d'un mois sur la même piste. La veille, « Superman » avait déjà accompli une très belle performance. Mais, en raison d'un vent jugé trop favorable, le résultat n'avait pas été homologué. Cette fois-ci, Johnson a réalisé une course parfaite dans son style si personnel : le buste très droit et la foulée courte. Les trois mille spectateurs présents pour ces sélections américaines ont applaudi longuement le prodige américain. (→ 4.8)

Juin

1996

Lu	Ma	Me	Je	Ve	Sa	Di
					1	2
3	4	5	6	7	8	9
10	11	12	13	14	15	16
17	18	19	20	21	22	23
24	25	26	27	28	29	30

Paris, mardi 25
Trois membres de la famille Oufkir débarquent à Orly. Le général Mohamed Oufkir avait été « liquidé » en 1972 après une tentative de coup d'Etat contre Hassan II. Sa famille, libérée de prison en 1991 et interdite de sortie, a dû quitter le Maroc clandestinement.

Moscou, mardi 25
Boris Eltsine annonce la création d'un Conseil politique consultatif. La purge continue : il limoge sept généraux et évoque un retrait total des troupes russes en Tchétchénie pour septembre. (→ 3.7)

Lyon, mardi 25
Une manifestation, à l'appel de plusieurs syndicats, réunit plus de 40 000 personnes. Ils demandent aux dirigeants du G7 de favoriser d'abord le plein emploi. (→ 29)

France, mardi 25
Plusieurs plans de licenciements massifs, touchant des milliers d'emplois, sont annoncés. Ils concernent Moulinex, le Crédit Lyonnais et les Arsenaux de Brest.

Newport, mercredi 26
Loïck Peyron remporte pour la deuxième fois une Transat anglaise émaillée d'incidents et d'avaries. Il y a deux jours, le leader de la course, le Français Francis Joyon, chavirait. (→ 19.8)

Paris, vendredi 28
La Cour de cassation rejette la demande de révision de l'affaire Guillaume Seznec, condamné il y a 73 ans aux travaux forcés sans preuve flagrante. C'est son petit-fils qui mène le combat pour sa réhabilitation. Très déçu, il compte se tourner vers la Cour européenne.

Pays-Bas, samedi 29
Le départ du Tour de France a lieu à s'Hertogenbosch (en français, Bois-le-Duc). C'est le Suisse Alex Zülle qui remporte le prologue. (→ 8.7)

Canaries, dimanche 30
Sur l'île de Tenerife est inauguré un nouveau télescope, Themis, financé à 80 % par le CNRS, en coopération avec l'Espagne et l'Italie. Il a comme objectif d'étudier le magnétisme et les anomalies solaires. (→ 1.10)

Attentat anti-américain avec un camion piégé en Arabie Saoudite

Dharan, mardi 25
L'attentat au camion piégé visait la zone résidentielle où sont logés les soldats alliés de la base aérienne du roi Abdul Aziz. Les morts sont tous américains. Parmi les 386 blessés se trouvent aussi bien des Américains, des Français, des Saoudiens et des Bangladais. C'est de cette base que partent les avions alliés chargés de surveiller l'espace aérien irakien. Il s'agit du second attentat en huit mois visant les intérêts américains en Arabie Saoudite. La monarchie wahhabite, affaiblie par une crise du pouvoir, est en proie à une agitation islamiste chronique. L'opposition, que les dirigeants disent à la solde de l'Iran, s'est radicalisée. (→ 5.8)

L'explosion – qui visait une base américaine – a fait au moins 19 morts.

Scandales autour de la Maison Blanche

Washington, lundi 24
Bill Clinton et son entourage sont décidément abonnés aux scandales. La capitale fédérale ne parle plus que de Craig Livingstone, qui est responsable de la sécurité intérieure de la présidence. Il avait demandé au FBI de lui remettre des dossiers sur près de deux cents personnalités républicaines. Après la découverte de ce fichier secret, il nie avoir voulu se doter de moyens de pression. A côté de cette « bombe », le fait que la *First Lady*, Hillary Clinton, ait pu « parler » avec des morts célèbres en compagnie de sa conseillère spirituelle peut paraître presque anodin.

Karadzic est mis en accusation à La Haye

Le dirigeant des Serbes de Bosnie.

Pays-Bas, jeudi 27
La première audience de mise en accusation de Radovan Karadzic et de son alter ego militaire Ratko Mladic devant le TPI s'ouvre sur un coup de théâtre. Après avoir, des mois durant, raillé les efforts du TPI pour l'inculper, le leader des Serbes de Bosnie a finalement décidé de mandater un avocat de Belgrade pour le représenter à La Haye, une manière détournée de reconnaître la légitimité du Tribunal pénal. Cet homme dont la République fédérale de Yougoslavie exige le limogeage, est accusé de génocide et de crimes contre l'humanité. La séance a donc commencé par l'insoutenable liste des exactions commises. (→ 30)

Enquête affinée sur les finances de l'ARC

France, mercredi 26
C'est à Orly, à sa descente d'avion, que la police a interpellé Jacques Crozemarie. Décidé par le magistrat instructeur de l'affaire, Jean-Pierre Zanoto, le coup de filet a permis de mettre la main sur une partie des personnes tenues pour responsables de la débâcle financière de l'ARC. La justice y voit désormais un peu plus clair dans le système mis en place par Crozemarie et ses amis. Contrairement à ses affirmations, l'ancien président y occupe une place centrale, premier bénéficiaire des surfacturations. (→ 10.10)

Rétrospective sur le peintre Francis Bacon

Exposé sur les murs de Beaubourg.

Paris, jeudi 27
Chairs déchirées, inquiètes. Corps distordus, insaisissables dans leurs mutilations obscènes. Des visages convulsés, tuméfiés d'une douleur muette. Mais de quelle torture, de quel martyre ? Les quelque 86 toiles accrochées au Centre Pompidou n'y répondent, pas plus que leur auteur ne le fit à travers d'incessantes contradictions, et pas davantage les exégètes et historiens d'art. Reste l'œuvre, forte, singulière, et elle se suffit à elle-même. Bacon aurait dû être un peintre maudit. Milliardaire, comptant parmi les artistes les plus courtisés, il fut, sa vie durant, un écorché de l'intérieur.

Des abats interdits à la consommation

France, jeudi 27
Le Premier ministre a pris lui-même la parole pour détailler les mesures décidées par le gouvernement en ce qui concerne l'encéphalopathie spongiforme bovine (ESB). Alain Juppé a annoncé que la cervelle et la moelle épinière des bovins et des ovins étaient désormais interdites à la vente. Le rapport scientifique sur lequel se fondent ces décisions a en effet désigné la zone anatomique de risque maximal : le système nerveux central des ruminants. Des règles plus draconiennes vont s'appliquer aux farines animales, données aux porcs et aux volailles (→ 15.7)

Saint-Bernard occupée par les sans-papiers

Paris, samedi 29
Après l'église Saint-Ambroise et les entrepôts SNCF de la rue Pajol, les familles de sans-papiers africains occupent désormais l'église Saint-Bernard-de-la-Chapelle, dans le 18e arrondissement. Leur mouvement de protestation, lancé le 18 mars dans l'indifférence quasi générale, a pris de l'ampleur et s'est trouvé de nouveaux soutiens. D'autres sans-papiers se sont installés dans le 13e, à l'église Saint-Hippolyte. Parents d'enfants nés en France et donc français (pour ceux avant janvier 1994), ils refusent l'expulsion. Le clergé est divisé : si certains curés parlent de charité, d'autres ne se réfèrent qu'à la légalité. (→ 30.7)

A l'église St-Bernard-de-la-Chapelle.

Dossier du fils Tiberi classé... sans suite

Paris, samedi 29
Loin des arguments de compétences territoriales, ceux qui ont vu une manœuvre bassement politique dans le dessaisissement du juge Halphen avaient finalement raison. L'affaire de l'appartement HLM du fils de Jean Tiberi a été classée sans suite par le parquet de Paris. Il y a deux jours, Olivier Foll, directeur de la police judiciaire parisienne, a refusé de suivre et de faire accompagner par ses hommes Eric Halphen dans la perquisition qu'il effectuait au domicile des Tiberi. Le tollé est énorme. Jacques Toubon est accusé d'étouffer les affaires. (→ 2.7)

Un sommet du G7 qui craint les inégalités de la mondialisation

Lyon, samedi 29
Pour la première fois, les sept pays les plus industrialisés de la planète ont admis officiellement dans leur communiqué que la mondialisation pouvait avoir des effets pervers. En réaffirmant que ce phénomène était en lui-même globalement positif, ils ont admis qu'il pouvait accroître les inégalités, qu'il ne profitait pas à tous les pays et qu'il contribuait à l'instabilité financière mondiale. Mais le G7 a seulement préconisé un aménagement de la dette des pays les plus pauvres : un bilan plutôt maigre, critiqué par le contre-G7 qui se tenait à Lyon. Les Américains ont échoué à faire du terrorisme l'enjeu central du sommet. (→ 30.7)

A Lyon, capitale de la gastronomie, Helmut Kohl aux prises avec un cuisinier.

Elections à Mostar... test pour la Bosnie

Mostar, dimanche 30
Les élections municipales y sont le premier scrutin organisé en Bosnie depuis le début de la guerre. Tous les habitants de cette ville, partagée entre les Croates et les Musulmans, avaient le droit de voter dans leur quartier d'origine. Organisées par l'Union européenne et protégées par l'Otan, ces élections ont permis qu'enfin se réalise, le temps d'une journée, le libre passage d'une partie à l'autre de la ville. Mais il est resté très symbolique. Les votants ont passé la ligne de démarcation en bus sous la protection des soldats et sont aussitôt repartis. (→ 2.7)

Victoire de l'Allemagne dans l'Euro 96

Londres, dimanche 30
Deux buts d'Oliver Bierhoff ont permis aux Allemands de devenir champions d'Europe. Au stade de Wembley, ils ont battu 2 à 1 une équipe tchèque, heureuse d'être parvenue en finale en éliminant la France au tour précédent, le 26 (0-0, 6 tirs au but à 5). Le second but de Bierhoff va rester dans l'histoire comme étant le premier *golden goal.* En effet, il avait été décidé de tester au cours de l'Euro la règle du but en or, l'équipe marquant la première dans les prolongations devant être déclarée vainqueur. Un sixième grand titre pour la « Mannschaft » : trois Coupes du monde, trois Euro.

Le 2e but de Bierhoff à la 95e min.

A Damon Hill le GP de F1 à Magny-Cours

Magny-Cours, dimanche 30
Damon Hill est le vainqueur, et les moteurs de Renault sont présents aux quatre premières places grâce au pilote anglais et à ses suivants : Jacques Villeneuve, Jean Alesi et Gerhardt Berger. Du jamais vu en Formule 1. Pourtant ce triomphe pour Renault Sport est peut-être le dernier. La firme se retire de la compétition après dix-neuf années de présence. Cette nouvelle n'a pas perturbé l'appétit de Damon Hill. Il signe sa sixième victoire de la saison, la dix-neuvième depuis le début de sa carrière. Seul Villeneuve peut le menacer encore au classement du championnat du monde. (→ 14.7)

Le départ du Grand Prix de France.

Juillet

1996

Lu	Ma	Me	Je	Ve	Sa	Di
1	2	3	4	5	6	7
8	9	10	11	12	13	14
15	16	17	18	19	20	21
22	23	24	25	26	27	28
29	30	31				

France, lundi 1er
Les seize Mirage IV de la Force de dissuasion tactique ne sont plus en alerte nucléaire. Ils restent en service, reconvertis dans des missions de reconnaissance. (→ 15.9)

Paris, lundi 1er
Les services du Premier ministre annoncent et entérinent la prochaine fusion de l'Aérospatiale et de Dassault. Les modalités doivent en être connues au 1er janvier.

Suisse, lundi 1er
L'armée fédérale met fin à une vieille tradition. Les 450 derniers pigeons voyageurs encore en service sont « démobilisés » pour des raisons d'économies.

Etats-Unis, mardi 2
Une immense panne d'électricité, due vraisemblablement à la chaleur caniculaire, touche dix-sept Etats de l'ouest du pays et certaines régions du Canada et du Mexique.

France, mercredi 3
La Caisse nationale d'assurance maladie (CNAM) publie les chiffres des dépenses de santé pour 1995 : elles s'élèvent à 11 987 francs par Français.

Chine, mercredi 3
Les inondations que subissent les provinces du Sud et de l'Est sont les plus destructrices que le pays ait connues depuis un demi-siècle. Touchant près de 14 millions de personnes, elles ont déjà fait plus de 300 morts et 1,2 milliard de dollars de dégâts. L'armée a dépêché 400 000 soldats dans ces régions.

Kansas, mercredi 3
A Independence, inauguration de l'usine Cessna, qui reprend la production du fameux monomoteur C-172.

Libye, vendredi 5
Une mutinerie éclate dans une prison de détenus politiques, où sont incarcérés des étudiants contestataires et des militants islamistes. La répression, très violente, fait plus d'une centaine de morts parmi les mutins.

Europe, vendredi 5
L'Irlande prend pour six mois la présidence de l'Union européenne.

Attentat mortel à la voiture piégée sur le Vieux-Port de Bastia

Corse, lundi 1er
Depuis le début des violences sur l'île en 1975, c'est la première fois qu'une voiture piégée explose au milieu de la foule. Cet attentat a fait un mort, Pierre-Louis Lorenzi, qui est membre du comité exécutif de la Cuncolta naziunalista, et un blessé grave, Charles Pieri, l'un des deux chefs de ce même mouvement. Une dizaine de passants, également, ont été touchés. Plusieurs hypothèses sont envisageables, dont celle d'un règlement de comptes contre ce qui est la vitrine légale du FLNC-Canal historique. Mais cet acte terroriste sort de l'« ordinaire » des attentats nationalistes qui épargnent toujours la population. Un nouveau degré de violence a été atteint. (→ 12)

L'explosion visait des dirigeants du mouvement A Cuncolta naziunalista.

Tiberi perquisitionné par le juge Halphen

Paris, mardi 2
La perquisition effectuée par Eric Halphen chez les Tiberi continue de faire des vagues. La Fasp, syndicat majoritaire chez les policiers, décide de porter plainte après le refus de la police judiciaire, soutenue par Jean-Louis Debré, de collaborer avec le juge. Le maire de Paris a, de son côté, porté plainte pour violation du secret de l'instruction. La presse a révélé en effet les résultats de la perquisition : des dossiers de police et un rapport de 20 pages de Xavière Tiberi, payé 200 000 francs par le département de l'Essonne. (→ 6.11)

Scandale en Belgique autour du cancer

G. Ziant, ancien directeur de l'ACC.

Bruxelles, mardi 2
Le docteur Georges Ziant, ancien directeur de l'Association contre le cancer, est interpellé à son domicile par la BSR. Le personnel de l'ACC a déposé une plainte contre lui. Il est accusé de faux, usage de faux et abus de confiance. Aucune inculpation n'est jusqu'ici retenue contre lui. La BSR a également perquisitionné le siège de l'ACC. En 1995, le docteur Ziant est licencié pour faute grave. Mais il est blanchi par le conseil d'administration. Il reçoit alors 15 millions de francs d'indemnités. Et il toucherait, chaque année, 2 % des recettes brutes de l'ACC. Une affaire qui rappelle celle de l'ARC.

Transfert de pouvoirs de Karadzic à Plavsic

Bosnie, mardi 2
A Pale, capitale de la Republika Srpska (entité serbe de Bosnie), les autorités ont confirmé au médiateur européen, Carl Bildt, que Radovan Karadzic avait transféré toutes ses fonctions et tous ses pouvoirs à la vice-présidente Biljana Plavsic. La confusion règne sur la réalité de la mise à l'écart du leader serbe. Il y a deux jours, il a été désigné comme candidat aux élections générales du 14 septembre. Les Occidentaux, qui veulent toujours le juger, craignent que cette fausse retraite politique ne le mette à l'abri de poursuites. (→ 11)

Le 2 à Paris, retour d'une rock star à l'Olympia, l'Américaine Patti Smith, pour deux concerts.

Vers l'interdiction de l'amiante en France

France, mercredi 3
Le gouvernement a pris la décision que tous les spécialistes des dangers de l'amiante attendaient depuis des années. A compter du 1er janvier 1997, la fabrication, l'importation et l'utilisation de ce matériau, brut ou associé à d'autres produits, seront interdites. Cette décision, brutale et bien tardive par rapport aux autres pays occidentaux, s'imposait. Les dangers de l'amiante sont connus depuis des décennies. Un rapport de l'Inserm, prévoyant l'augmentation des cancers causés par l'amiante, a accéléré la décision. (→ 15)

Eltsine est élu président de la Russie

Moscou, mercredi 3
Boris Eltsine est donc réélu à la tête de la Fédération de Russie. Avec 53,5 % des suffrages, il a réussi à creuser son avance sur Guennadi Ziouganov, son rival, candidat du Parti communiste qui obtient 40,5 % des voix. Viktor Tchernomyrdine, son Premier ministre, a aussitôt été reconduit dans ses fonctions. Les villes ont voté pour Eltsine alors que le sud et les zones rurales ont mieux réussi à Ziouganov. Les luttes des clans au sommet du pouvoir ne vont pas cesser pour autant, ravivées par les rumeurs sur le mauvais état de santé du président et les questions, pour l'instant sans réponse, sur les pouvoirs d'Alexandre Lebed. (→ 12)

A minuit, le score était de 52,32 % pour Eltsine et 41,08 % pour Ziouganov.

Le colonel belge Luc Marchal est acquitté

Bruxelles, jeudi 4
L'arrêt rendu par la cour militaire décharge le colonel Luc Marchal de toute responsabilité dans la mort des dix casques bleus de la Minuar. Le colonel a été mis en accusation pour homicide involontaire par défaut de prévoyance et de précaution. D'après la cour, l'ordre d'escorter le Premier ministre rwandais Agathe Uwilingyimana le 7 avril 1994 est justifié. Le colonel sort donc blanchi de ce procès. Mais il reste encore d'autres éventuels responsables qui n'ont pas été cités. Les familles des victimes tuées à Kigali, ainsi que les libéraux, réclament une commission d'enquête parlementaire.

Mise en examen de Loïk Le Floch-Prigent

Paris, jeudi 4
Le président de la SNCF passe la nuit en prison. Le juge Eva Joly lui a signifié sa mise en examen pour « recel d'abus de confiance et abus de biens sociaux ». C'est l'affaire Elf-Bidermann qui a rattrapé Loïk Le Floch-Prigent. Les reproches à l'ancien P-dg du groupe pétrolier sont d'avoir couvert, sinon favorisé, le renflouement de la société textile Bidermann par Elf, qu'il présidait à l'époque. Ajouté à des opérations immobilières douteuses et à des avantages en nature, cela a coûté 772 millions de francs à Elf. (→ 23)

Des églises noires américaines incendiées

Etats-Unis, jeudi 4
Dans le Sud profond, ces contrées religieuses à l'extrême qui forment la « Bible Belt », trente églises ont été incendiées depuis le début de l'année, une soixantaine depuis deux ans. Ces actes criminels ravivent les vieux démons que personne n'a l'air de vouloir oublier. Pour la majorité d'entre eux, ces sinistres touchent des églises fréquentées par les Noirs. Certes, des incendiaires, des Blancs et des Noirs, ont été arrêtés. Mais la police est incapable de dire s'il s'agit d'actes racistes et concertés.

7 juin : Charlotte (Caroline du Nord).

Sida et conférence...

Canada, dimanche 7
La 11e Conférence internationale sur le sida s'est ouverte à Vancouver sur une petite note d'optimisme. Les résultats des nouvelles trithérapies, des médicaments associant plusieurs molécules, sont très prometteurs en effet. Ils font baisser de manière spectaculaire la charge virale dans le sang. Mais ce nouvel espoir ne peut faire oublier la progression continue de l'épidémie (8 500 contaminations par jour dans le monde) et le fossé grandissant entre les pays riches et ceux d'Afrique et d'Asie.

Le 4 à Paris, deux concerts sont à l'affiche : les Sex Pistols au Zénith (ci-dessus) et Neil Young à Bercy.

« Shocking » pour la famille royale à la finale de Wimbledon

Londres, dimanche 7
Il se passe toujours quelque chose sur le central du célèbre tournoi sur herbe. Avant les premiers échanges entre Richard Krajicek et Malivai Washington, une jeune femme a traversé le court dans le plus simple appareil... Mais cet « incident » n'a pas du tout entamé la concentration de Krajicek. Le Néerlandais (13e joueur mondial), s'appuyant sur son service, a vite pris ses distances face à l'Américain. Ce dernier, contracté par l'enjeu, vit défiler les jeux très rapidement : 6-3 et 6-4 pour Krajicek dans les deux premiers sets. Malgré plusieurs interruptions dues à la pluie, le grand Néerlandais (1,96 m) empocha la dernière manche (6-3). Il est le premier Batave à gagner un titre du Grand Chelem. (→ 8.9)

Face à Krajicek (vainqueur) et Washington... une jeune femme sur le central.

Juillet

1996

Lu	Ma	Me	Je	Ve	Sa	Di
1	2	3	4	5	6	7
8	9	10	11	12	13	14
15	16	17	18	19	20	21
22	23	24	25	26	27	28
29	30	31				

Avignon, mardi 9
Le Festival de théâtre ouvre ses portes. Il fête cette année son cinquantenaire. (→ 4.8)

Cameroun, mardi 9
Au sommet de l'OUA à Yaoundé, le gouvernement rwandais proteste contre les lenteurs de la justice internationale à instruire le procès des principaux responsables du génocide de 1994. (→ 25)

Paris, mardi 9
A l'hôtel des ventes de Drouot, un manuscrit de François Mitterrand, une nouvelle érotico-sentimentale écrite en 1940 alors qu'il avait 23 ans, est adjugé 38 000 francs.

Tchétchénie, mercredi 10
Les combats redoublent d'intensité et les pertes s'élèvent à plusieurs centaines de morts. L'armée russe a reçu l'ordre d'arrêter ou de « neutraliser » le leader indépendantiste, Zelimkhan Iandarbaïev. (→ 7.8)

France, mercredi 10
Un rapport alarmiste sur la population carcérale établit que les prisons françaises n'ont jamais été aussi pleines depuis la fin de la guerre : 58 616 détenus pour 49 552 places.

Varsovie, jeudi 11
La Pologne devient le 28ᵉ membre de l'OCDE. Cette décision est l'aboutissement de sept années de réformes économiques radicales.

Aveyron, vendredi 12
A Millau, un policier municipal dresse un procès-verbal à un SDF pour « stationnement gênant ». Le procédé fait scandale mais la municipalité l'estime fondé. (→ 2.8)

Berlin, samedi 13
La grande fête mondiale de la musique techno, la « Love Parade », réunit 700 000 personnes, jeunes et moins jeunes, qui défilent dans les rues de la ville jusqu'au milieu de la nuit.

Bosnie, dimanche 14
Le ministre français de la Défense, Charles Millon, rend visite au contingent français de l'Ifor. Il demande l'arrestation des criminels de guerre recherchés ou déjà inculpés par le Tribunal pénal international de La Haye. (→ 6.8)

Un islamiste chef du gouvernement turc

Ankara, lundi 8
Après des mois de crise politique, Necmettin Erbakan est devenu le premier chef de gouvernement à se réclamer d'une obédience islamiste depuis la fondation de la république laïque turque en 1923. Il a obtenu la confiance des députés à une faible majorité, bénéficiant d'une alliance entre sa formation, le Parti de la prospérité (le Refah), et le Parti de la juste voix (conservateur) de l'ex-Premier ministre, Tansu Ciller. Face à ce populiste, à la tête d'un pays membre de l'Otan qui demande son entrée dans l'UE, les Occidentaux sont dans l'expectative. (→ 11.8)

Etape du Tour annulée à cause de la neige

Des coureurs en voiture à Val-d'Isère.

Alpes, lundi 8
Du brouillard, des rafales de vent et de la neige ! Jamais les coureurs du Tour n'avaient connu des conditions météorologiques aussi dures. En plein mois de juillet ! L'ascension de deux cols hors catégorie, l'Iseran (2 770 m) et le Galibier (2 640 m), a été annulée pour ne pas prendre de risques inutiles. L'étape qui a mené le peloton en Italie, à Sestrières, a été réduite à quarante-six kilomètres au lieu de cent quatre-vingt-neuf. Le Danois Bjarne Riis s'est imposé en solitaire au terme de cette étape de folie. Il endosse le maillot jaune qu'il a ravi au Russe Evgueni Berzin. Ce dernier prend la deuxième place, à quarante secondes. (→ 21)

Double verdict pour Tapie et Carignon

France, mardi 9
Le même jour, deux personnalités contestées du monde politique et en délicatesse avec la justice voient celle-ci se prononcer à leur égard. A Lyon, la cour d'appel a finalement aggravé la peine d'Alain Carignon dans l'affaire *Dauphiné-News*. Il écope de cinq ans de prison dont quatre fermes, à quoi s'ajoutent cinq ans de privation des droits civiques. A Paris, Bernard Tapie, qui ne cesse de multiplier les recours suspensifs, voit la Cour de cassation confirmer sa faillite et sa liquidation judiciaire personnelle. Ses mandats électoraux le protègent encore de la prison.

Netanyahou durcit sa position sur la paix

Devant le Congrès aux Etats-Unis.

Washington, mercredi 10
Que ce soit devant le Congrès ou au cours des entretiens bilatéraux entre le Premier ministre israélien et Bill Clinton, le courant n'est pas passé entre Benyamin Netanyahou et ses interlocuteurs américains. Censée rapprochée les deux hommes, cette visite a, au contraire, creusé le fossé qui les séparait et a donné de quoi alimenter les pires inquiétudes des partisans de la paix. Pressé par le président américain et par Warren Christopher d'annoncer un gel de la colonisation juive dans les territoires palestiniens, Netanyahou y a opposé une fin de non-recevoir. Il a aussi prôné une politique de fermeté à l'égard de la Syrie. (→ 29)

Mandats d'arrêt pour Mladic et Karadzic

La Haye, jeudi 11
Le Tribunal pénal international pour l'ex-Yougoslavie délivre deux mandats d'arrêt internationaux. Ils visent Radovan Karadzic et Ratko Mladic, accusés de génocide, de crimes contre l'humanité et de crimes de guerre. Une décision prise un an jour pour jour après la chute aux mains des Serbes de l'enclave musulmane de Srebrenica. Tous les Etats membres de l'ONU doivent, en théorie, arrêter les deux hommes s'ils se trouvent sur leur territoire. L'Ifor précise que son mandat ne l'autorise pas à les traquer. (→ 14)

Défilé haute couture automne-hiver 1996

Carla Bruni en Dior.

Paris, vendredi 12
Comme d'habitude, avec la fin des défilés, les mauvais esprits peuvent évoquer les pannes d'inspiration, les redites et l'usage exagéré de la citation historique. Pourtant la haute couture a une nouvelle fois prouvé qu'elle savait se renouveler. Les dentelles étaient en vedette, de même que les voiles transparents, les lignes droites et les variations infinies du marron. L'exubérant John Galliano a été très applaudi pour sa première collection chez Givenchy, alors que Gianfranco Ferré présentait la dernière qu'il signait pour Dior.

Embargo américain contre Cuba contesté

Bruxelles, jeudi 11
Jacques Santer, le président de la Commission européenne, demande à Clinton de surseoir pour six mois à l'application de la loi Helms-Burton. Cette nouvelle disposition, très controversée, doit permettre à tout citoyen américain d'attaquer les firmes étrangères commerçant avec Cuba. Ces sociétés risquent non seulement des millions de dollars de pénalités mais aussi un boycott de la part des Etats-Unis. Les Européens et les Sud-Américains estiment que cette loi est en violation avec les règles internationales et menacent les USA de représailles. (→ 16)

Attentat dans un bus au centre de Moscou

Russie, vendredi 12
Un nouveau trolleybus est la cible d'un attentat à la bombe en l'espace de deux jours. Hier, la bombe n'a fait que cinq blessés, mais celle de ce jour a tué un passager et en a blessé trente autres. Aucune revendication n'est parvenue aux autorités ou aux organes de presse. Les rumeurs et les hypothèses vont donc dans deux directions : l'une évoque une mise en garde des milieux mafieux contre l'intensification annoncée de la lutte contre le crime organisé ; quant à l'autre, elle privilégie la piste des terroristes tchétchènes. Les attentats ont en tout cas permis à Alexandre Lebed de promulguer de nouveaux décrets anticriminalité. (→ 15)

Un mort et sept passagers blessés.

Des peines de prison plus lourdes en Corse

Ajaccio, vendredi 12
Serait-ce le signe de cette nouvelle politique de fermeté prônée par le gouvernement ? Deux militants et membres de factions nationalistes, arrêtés en possession d'un pistolet-mitrailleur, d'armes de poing et de gilets pare-balles, ont été condamnés à quatorze et douze mois de prison ferme par le tribunal correctionnel. Normales, car prévues par le Code pénal, ces sentences sont largement supérieures à la jurisprudence locale qui, d'ordinaire, fait preuve de plus de mansuétude à l'égard des armes à feu. Deux autres nationalistes armés ont été arrêtés. (→ 17)

Mandela invité d'honneur de la France

Paris, dimanche 14
Nelson Mandela, qui est sûrement le dernier héros positif de cette fin de XXe siècle, commence une visite officielle de quatre jours en France. Après un séjour d'une semaine en Grande-Bretagne, il est l'hôte de la France pour le défilé du 14 Juillet. Arrivé hier, il a déjà eu un entretien avec Jacques Chirac. Très chargé, le programme du président d'Afrique du Sud prévoit la remise du diplôme de docteur *honoris causa*, à la Sorbonne, et des rencontres avec des dirigeants politiques et des chefs d'entreprise. En effet, à côté des hommages, Mandela veut plaider pour un renforcement de l'aide et des relations commerciales. (→ 21.8)

Il reste toujours en chemise colorée.

Villeneuve prend la victoire à Hill chez lui

Silverstone, dimanche 14
Sur ses terres, Damon Hill était présenté comme le grand favori. Mais c'est Jacques Villeneuve, son coéquipier de l'écurie Williams-Renault qui a triomphé. Ce pied de nez du Québécois à son leader a le mérite de relancer l'intérêt du championnat du monde. Hill ne possède plus que quinze points d'avance sur Villeneuve. Le titre va se jouer entre ces deux pilotes. Les autres sont trop loin. Villeneuve a ainsi réalisé une excellente opération en Angleterre en s'imposant devant Gerhardt Berger et Mika Hakkinen. Les autres favoris, dont Hill, Jean Alesi et Michael Schumacher, ont abandonné. (→ 28)

Le Canadien s'offre un second GP.

Drame de la spéléo dans le Vercors

Isère, dimanche 14
Pour le gouffre Berger, l'un des plus profonds d'Europe, les équipes de spéléologues venant du monde entier réservent leur tour près de trois ans à l'avance. L'exploration tentée par quatre Hongrois et deux Anglais a tourné à la tragédie. Le dernier des quatre rescapés, en état de choc, a été remonté en début d'après-midi. L'alerte a été donnée lundi dernier. L'énorme opération de sauvetage mise en place aura mobilisé 230 hommes. Surpris par une crue, deux des spéléologues sont morts à 1 000 m de profondeur.

Semaine d'émeutes violentes en Irlande conclue par un attentat

Manifestation des Orangistes à Belfast face aux barrages dressés par la police.

Ulster, dimanche 14
Une voiture piégée explose devant un grand hôtel d'Enniskillen, dans le sud-ouest de Belfast. C'est un appel anonyme qui a permis de l'évacuer mais l'explosion a fait une quinzaine de blessés. L'IRA dément être à l'origine de cet acte criminel qui clôt une semaine d'extrême violence en Ulster. C'est l'organisation loyaliste protestante des Orangistes qui a tout déclenché. Elle exigeait depuis le début de la semaine de défiler dans le ghetto catholique de Portadown. Ces ultras ont finalement pu le faire jeudi matin. Ulcérés, les catholiques ont aussitôt et violemment réagi. De graves émeutes ont suivi. (→ 6.8)

Juillet

1996

Lu	Ma	Me	Je	Ve	Sa	Di
1	2	3	4	5	6	7
8	9	10	11	12	13	14
15	16	17	18	19	20	21
22	23	24	25	26	27	28
29	30	31				

Bruxelles, lundi 15
C'est par centaines que les éleveurs de bovins wallons envahissent les rues de la ville pour réclamer une aide des pouvoirs publics. (→ 1.8)

Haute-Savoie, lundi 15
La région est touchée par un tremblement de terre d'une magnitude de 5,2. Le séisme n'a fait qu'un blessé léger mais a provoqué de nombreux dégâts.

Pays-Bas, lundi 15
Un Hercules C130 de la Force aérienne belge s'écrase lors de son atterrissage à Eindhoven. Le bilan est lourd : trente-deux morts et neuf blessés.

New York, mardi 16
L'ONU publie le classement des pays selon l'IDH (Indicateur de développement humain) qui synthétise espérance de vie, cadre de vie, revenu et niveau d'instruction. Le Canada est premier, la France septième.

Washington, mardi 16
Bill Clinton recule face à la résolution de l'Union européenne d'appliquer des représailles. Il décide de retarder de six mois l'application de la très controversée loi Helms-Burton contre Cuba.

Etats-Unis, mardi 16
L'organisme chargé de vendre les actifs du Crédit Lyonnais annonce que le milliardaire américain Kirk Kerkorian a racheté MGM pour 1,3 milliard de dollars, soit deux fois moins que le prix payé par le Lyonnais pour l'acquérir.

France, jeudi 18
Selon l'Insee, le salaire médian est de 8 500 francs. Cela signifie que la moitié des salariés se situe sous ce chiffre.

Bruxelles, samedi 20
La Chambre des représentants adopte la révision des trois lois-cadres sur l'emploi et la compétitivité.

Italie, dimanche 21
En Sardaigne, une procession de bateaux participant à une fête votive reçoit la cargaison d'eau d'un Canadair.

DECES

Fresnes, mercredi 17
Paul Touvier (*3.4.1915).

Un Boeing de la TWA explose en vol

Etats-Unis, mercredi 17
L'avion, un Boeing 747 de la TWA, effectuait la liaison New York-Paris. Il a explosé en plein vol au large de Long Island à 20 h 40, heure locale, avant de s'abîmer en mer quelques instants plus tard, à 110 km à l'est de Manhattan. Aucun survivant n'a été retrouvé par les nombreux navires de secours dépêchés sur les lieux. Une quarantaine de Français font partie des 228 victimes (17 membres d'équipage et 211 passagers). Le FBI et le département d'Etat se sont refusés à privilégier une quelconque hypothèse dans l'horrible alternative qui occupe tous les esprits : une très grave défaillance technique ou un attentat à la bombe. (→ 25)

Accident ou attentat à 48 heures de l'ouverture des JO ?... 228 victimes.

L'amiante est aussi proscrite à Jussieu

Paris, lundi 15
Il n'y aura plus d'étudiants dans le campus de Jussieu d'ici à « la fin de l'année », à cause des risques liés à l'amiante. Cette nouvelle, annoncée hier par Jacques Chirac, au cours du traditionnel entretien du 14 Juillet entre le chef de l'Etat et quelques journalistes, a vraiment surpris le monde universitaire. Le ministre de l'Education, François Bayrou, va devoir gérer ce dossier qui concerne près de 40 000 étudiants et 10 000 salariés.

Luttes internes des islamistes du GIA

Algérie, lundi 15
Dans un communiqué transmis à l'AFP, le conseil consultatif du GIA annonce que Djamel Zitouni aurait été évincé de la direction du Groupe islamique armé. Zitouni, tenu pour responsable de l'attaque contre un Airbus français en décembre 1994 et de l'assassinat des sept moines de Tibéhirine, est considéré comme un « dur ». Cela confirme le fait que le GIA, comme tous les groupes de la mouvance islamique, est en proie à de graves luttes internes. (→ 27)

Un poste clé pour les libéraux en Russie

Moscou, lundi 15
Alors que la guerre de succession fait rage dans son entourage, Boris Eltsine rappelle à ses côtés Anatoli Tchoubaïs, le « héros » de la faction libérale. Economiste, âgé de 41 ans, Tchoubaïs, qui a été le très efficace trésorier de la campagne électorale du président, est surtout connu pour avoir conduit les privatisations. Il est pour cette raison honni par les nationaux-communistes. Il occupe désormais la tête de l'administration présidentielle. (→ 9.8)

Baisse des Bourses après Wall Street

Europe, mardi 16
Quand Wall Street s'enrhume, toute la planète boursière fait chorus et se met à tousser. Paris et Londres ont perdu chacune près de 2 %, et plus de 3 % pour Francfort. De Tokyo à Hong Kong, en passant par Buenos Aires, la chute a été générale. C'est la théorie des dominos appliquée à la finance internationale. La Bourse de New York a perdu 2,9 % hier tout simplement parce que des sociétés de haute technologie ont révisé leurs bénéfices à la baisse, et les analystes craignent un désengagement massif des épargnants. En quinze jours, le Dow Jones est presque redescendu à son niveau de janvier.

Le 16, le groupe américain Eagles (reformé) en concert à Londres.

Juppé en Corse : menaces et cadeaux

Ajaccio, mercredi 17
Pour son premier discours devant l'Assemblée de Corse, Alain Juppé se livre à un véritable plaidoyer pour le respect de l'Etat de droit et des principes républicains en Corse. Mais, après ce rappel à l'ordre sur la loi et le droit et une mise en garde à peine voilée adressée aux élus, le Premier ministre peut détailler les cadeaux fiscaux accordés à l'île. En plus de la zone franche, qui attend l'aval de Bruxelles, le gouvernement annonce de nouvelles aides pour les agriculteurs, un emprunt territorial et une charte culturelle qui visera à protéger la langue corse. Tout cela a un coût : 2,5 milliards. (→ 25.8)

Un Danois remporte le Tour de France

Paris, dimanche 21
A 32 ans, Bjarne Riis entre dans la légende du Tour. L'ancien équipier de Laurent Fignon, devenu leader de la formation allemande « Telekom », remporte la Grande Boucle. Ce Danois, résidant à Luxembourg, a attendu son heure pour enlever sa première grande épreuve. Coureur complet, Riis a su exploiter, avec l'appui de Jan Ullrich, la défaillance de Miguel Indurain, qui termine 11e, et l'abandon de Laurent Jalabert au cours de la 10e étape. Les supporters français se consolent cette année avec la troisième place obtenue par Richard Virenque, juste derrière Ullrich, révélation du Tour.

Cent ans pour les Jeux olympiques

La cérémonie d'ouverture des 26es JO s'est déroulée le vendredi 19 à Atlanta.

Atlanta, dimanche 21
La flamme allumée par Muhammad Ali d'une main tremblante, à cause de la maladie de Parkinson, brûle sur le stade olympique. Ces Jeux du centenaire rassemblent, durant trois semaines, 10 700 concurrents venus de 197 pays. Les Français ont bien commencé en gagnant 8 médailles en deux jours, dont deux en or avec le judoka David Douillet (lourds) et la cycliste Jeannie Longo dans l'épreuve sur route. Les Belges ont brillé en natation avec la victoire de Frédéric Deburghgraeve dans le 100 m brasse, nouveau recordman du monde (1 min 0 s 60/100). Et Ulla Werbrouck, sa compatriote, s'impose en judo (- 72 kg). (→27)

B. Riis dans la côte de Superbesse.

Le 20, la Belgique décroche son premier titre olympique avec Deburghgraeve.

De l'or pour Douillet (judo/ + 95 kg).

Le roi Albert II rejette tous les séparatismes

Bruxelles, dimanche 21
Le jour de la fête nationale, le roi Albert II prononce le traditionnel discours du 21 juillet. Le texte royal met en exergue la condamnation du séparatisme. La Belgique fédérale est un exemple pour l'Europe. Mais la recrudescence du nationalisme reste une menace. Ces déclarations font suite à la volonté séparatiste flamande exprimée à la Chambre ces dernières semaines. Le roi condamne ainsi les extrémistes néo-fascisants et insiste sur le refus de voir la Belgique divisée. Des propos qui sont cautionnés par le Premier ministre flamand Jean-Luc Dehaene.

Le 21 à Douarnenez s'achève le rassemblement des gréements traditionnels commencé à Brest le samedi 13, avec la participation de 2 500 bateaux de 30 pays. La grande régate entre les deux ports (ci-dessus) s'est déroulée le 17.

Juillet

1996

Lu	Ma	Me	Je	Ve	Sa	Di
1	2	3	4	5	6	7
8	9	10	11	12	13	14
15	16	17	18	19	20	21
22	23	24	25	26	27	28
29	30	31				

France, mardi 23
Le rapport d'enquête sur l'accident d'Ariane 5 est rendu public. L'échec est dû au dysfonctionnement d'un logiciel mais les experts soulignent aussi le manque de concertation et d'échanges d'informations au sein de ce consortium international.

Mer Rouge, mardi 23
Un touriste britannique est sauvé par des dauphins alors qu'il était attaqué par des requins au large du Sinaï.

France, mardi 23
Louis Gallois, jusqu'ici président de l'Aérospatiale, est nommé à la tête de la SNCF en remplacement de Loïk Le Floch-Prigent.

Algérie, samedi 27
Un communiqué du GIA annonce que l'un de ses chefs déchus, Djamel Zitouni, a été tué dans une embuscade tendue par une faction rivale.

Creuse, lundi 29
Dans un bois, à la manière corse, mais sans armes ni cagoules, des dirigeants du département tiennent une conférence de presse pour demander la création d'une zone franche pour la Creuse, en voie de désertification humaine et économique. (→ 15.8)

Israël, lundi 29
Ariel Sharon, chef de file des « faucons » et ministre des Infrastructures, annonce la construction prochaine de deux autoroutes en Cisjordanie, qui ne pourront être empruntées que par des voitures israéliennes. (→ 12.8)

Paris, mardi 30
Les restes d'un aqueduc gallo-romain et d'une conduite datant, elle, de la Renaissance sont mis au jour sur le chantier de la ZAC Montsouris, dans le 14e arrondissement.

Washington, mercredi 31
Le président Clinton annonce qu'il ratifie le projet de loi républicain qui réforme et démantèle le système d'aides sociales américain.

France, mercredi 31
L'Insee publie les chiffres du chômage pour juin. Il a augmenté de 0,7 % et le nombre de sans-emploi s'élève désormais à 3 065 600.

Coup d'Etat d'un militaire tutsi qui renverse un Hutu au Burundi

Bujumbura, jeudi 25
Démissionnaire *de facto*, selon le communiqué de l'armée, Sylvestre Ntibantunganya est remplacé à la tête du Burundi par Pierre Buyoya. Ntibantunganya est réfugié depuis mardi soir à l'ambassade américaine après avoir été violemment pris à partie, le jour même, aux funérailles des 341 victimes tutsies du massacre de samedi dernier. La « Convention de gouvernement », qui permettait depuis 1994 la cohabitation entre un président élu, hutu et modéré, et les partis tutsis, a volé en éclats. Les Hutus, majoritaires mais longtemps tenus à l'écart, n'avaient eu accès à un pouvoir partagé qu'en 1993. De massacres en représailles, le pays est devenu une poudrière. (→ 8.8)

Le 27, une manifestation de soutien au nouveau régime réunit 3 000 personnes.

Bombes de l'ETA sur les sites touristiques

Espagne, mercredi 24
La « campagne d'été » de l'ETA a un objectif des plus clairs : frapper le gouvernement au portefeuille en s'en prenant à la première industrie du pays, le tourisme. Jusqu'à ce jour et depuis le 9 juillet, douze bombes ont frappé des objectifs touristiques, situés essentiellement sur les côtes méditerranéennes. L'attentat le plus grave a eu lieu samedi dernier en Catalogne à l'aéroport de Reus. Là, la bombe a blessé 35 touristes, dont 25 Britanniques. La police a arrêté un commando et la France a assuré Madrid de sa pleine coopération.

Le pouvoir garde la main sur la justice

Paris, mercredi 24
Sur proposition de Jacques Toubon, garde des Sceaux, le gouvernement entérine les nominations de sept nouveaux procureurs généraux. Ces magistrats du parquet, dépendant directement de la Chancellerie, sont ceux qui requièrent les peines mais aussi jugent, seuls, de l'opportunité d'engager des poursuites. Deux des personnes nommées, le procureur général de Paris et celui près la Cour de cassation, sont des proches du RPR. De quoi verrouiller les embarras judiciaires de la majorité en Ile-de-France.

Les boîtes noires du Boeing retrouvées

New York, jeudi 25
Bill Clinton et son épouse se sont personnellement rendus auprès des proches des victimes. Le président américain annonce un renforcement des mesures de sécurité dans tous les aéroports. Cela devrait conforter les partisans de la thèse de l'attentat. Cette intervention survient après la découverte, la nuit dernière, par les plongeurs de l'US Navy, des deux boîtes noires du Boeing de la TWA. Les premiers décryptages laissent entendre, selon les enquêteurs, un son « bref et inexpliqué ». Il leur faut désormais analyser ce bruit. (→ 23.8)

Reprise des combats des clans en Somalie

Mogadiscio, vendredi 26
Les deux « seigneurs de la guerre » que sont Ali Mahdi Mohamed et Mohamed Farah Aïdid s'affrontent de nouveau pour le contrôle de la capitale somalienne. Le second a été blessé au cours des violents combats qui opposent leurs troupes. Alliés lors du renversement de Siad Barré en 1991, ces deux hommes se sont partagé le nord et le sud de la ville. Les soldats de Mahdi Mohamed se sont emparés dans la journée de l'aéroport de Ballidogle à 90 km à l'ouest. Cette guerre clanique a fait 30 000 victimes depuis cinq ans.

Trois marches pour Renault en Allemagne

« Schum », quatrième sur ses terres.

Hockenheim, dimanche 28
Les supporters de Schumacher sont déçus, mais Damon Hill rayonne. L'Anglais s'est imposé. Il remporte son septième Grand Prix pour cette saison et conforte sa place de leader au classement. Un scénario parfait pour le pilote de l'écurie Williams-Renault. Le constructeur français était à la fête en plaçant trois de ses moteurs Renault sur le podium. En effet, derrière Hill, on trouve Jean Alesi (Benetton-Renault) et Jacques Villeneuve, coéquipier de Hill. Avec sa Ferrari, Schumacher, idole d'un peuple et champion du monde en titre, n'a pu faire mieux que prendre la quatrième place. (→ 11.8)

Attentat mortel au centre d'Atlanta

Atlanta, samedi 27
Ces Jeux olympiques devaient être ceux de la sécurité absolue. C'est malheureusement raté. A 1 h 20 du matin, heure locale, dans le parc du Centenaire où avait lieu un concert, une bombe artisanale a explosé au milieu de la foule des spectateurs. L'engin, caché dans un sac à dos, était très rudimentaire, un tube de métal rempli de poudre et de clous, selon les enquêteurs. Cela a suffi pourtant pour tuer deux personnes, un caméraman turc et une touriste américaine, et en blesser 110 autres. L'Amérique est sous le choc. Et la police, dont l'efficacité n'a pas été remise en cause, privilégie la piste de l'extrême droite locale. (→ 30)

La police enquête sur les lieux de l'explosion dans le parc du Centenaire.

Dernier des essais nucléaires chinois

Pékin, lundi 29
Les autorités chinoises annoncent qu'elles se rallient au moratoire sur l'interdiction des tests nucléaires. La déclaration est intervenue quelques heures après un ultime essai dans le nord-ouest du pays à Lop Nor. Les Australiens, qui ont favorablement accueilli l'annonce du moratoire tout en protestant contre ce dernier essai, estiment que la puissance de la charge était de 1 à 5 kilotonnes. La Corée du Sud et le Japon ont, eux aussi, « regretté » ce test. Il reste à convaincre l'Inde et le Pakistan de se joindre aux négociations globales sur le Traité d'interdiction totale des essais nucléaires. (→ 14.8)

Fin de la grève de la faim dans les prisons turques, douze morts

Turquie, dimanche 28
Entrée dans son 70e jour, la « grève de la faim jusqu'à la mort » des 314 détenus politiques d'extrême gauche se termine sur un compromis avec les autorités. Douze d'entre eux sont morts pour finalement obtenir une amélioration de leurs conditions de détention, la fermeture de la prison de haute sécurité d'Eskisehir en Anatolie centrale, surnommée « le cercueil », le droit de visite et la fin des transferts incessants. Cette crise a provoqué une intense mobilisation politique et syndicale. La violence s'est déchaînée lors des manifestations de soutien. Des intellectuels ont formé un comité de vigilance.

Le 23 à Istanbul, une manifestation de soutien aux grévistes est réprimée.

Un sommet du G7 contre le terrorisme

Paris, mardi 30
La réunion spéciale du G7 sur la menace terroriste a débouché sur 25 mesures. Pour l'essentiel, elles concernent le renforcement de la coopération pour la recherche, l'étude des risques, les enquêtes, les nouveaux réseaux informatiques, la formation des enquêteurs, l'entraide judiciaire, la détection des explosifs et l'harmonisation des législations. Voulu et imposé par Bill Clinton lors du sommet du G7 de Lyon en juin, ce mini sommet a rassemblé les ministres des Affaires étrangères et de l'Intérieur du G7. (→ 5.8)

Française, elle était une reine à Hollywood

La Barbade, mardi 30
Cléopâtre, c'était elle ! Américaine jusqu'au bout des cils, la reine de légende était née Lily Chauchoin à Saint-Mandé près de Paris, le 13 septembre 1905. Elle émigre à l'âge de 5 ans avec son pâtissier de père. Hollywood métamorphose la fausse ingénue, mais vraie ambitieuse, en Claudette Colbert. Pétillante petite brune pétrie de talent, la comédie lui va comme un gant. Le péplum de Cecil B. De Mille en fait une star en 1934. Après une riche carrière de soixante films, la France se souvient d'elle en 1988 pour un hommage et une Légion d'honneur au Festival du film américain de Deauville.

Claudette Colbert dans « Cléopâtre ».

Protestations en faveur des sans-papiers

France, mardi 30
Après des mois d'indifférence des médias, la mobilisation en faveur des sans-papiers prend de l'ampleur. A Paris, dans l'église Saint-Bernard, dix-sept grévistes entrent dans leur 27e jour de grève de la faim, et les médecins qui les suivent ne cachent pas leurs inquiétudes, tellement leur détermination semble forte. Dans un presbytère de Tours, la grève en est à son 18e jour. A côté des actions de jeûne et des manifestations, qui se multiplient dans tout le pays, le collège des médiateurs veut pousser le gouvernement à la négociation. Mais ce dernier garde le silence et table sur un pourrissement. (→ 9.8)

Le mouvement prend de l'ampleur.

Moisson des Français en médailles d'or aux JO

Laura Flessel et l'Italienne Elisa Uga lors de la finale de l'épée par équipes.

Florian Rousseau, champion du kilomètre départ arrêté, en 1 min 2 s 712.

Donovan Bailey à l'arrivée du 100 m.

Atlanta, mardi 30

A cinq jours de la clôture des Jeux, les Français ont déjà fait mieux qu'à Barcelone, quatre ans avant. Les Tricolores totalisent trente médailles dont douze en or ! La trentième a été obtenue par Nathalie Lancien-Even. La cycliste bretonne a enlevé ici la médaille d'or de la course aux points. Décidément, le vélodrome de Stone Mountain réussit bien aux Français puisque Félicia Ballanger, en vitesse, et l'équipe masculine de poursuite, composée de Moreau, Monin, Cappelle et Ermenault, ont remporté le titre olympique ce week-end. Florian Rousseau, vainqueur de l'épreuve du kilomètre arrêté, leur avait montré le chemin à suivre. Depuis onze jours, *la Marseillaise* retentit un peu partout. Depuis les tatamis, grâce à David Douillet, Djamel Bouras et aussi Marie-Claire Restoux, jusqu'aux pistes d'escrime, où le bilan est exceptionnel. Laura Flessel, médaille d'or en individuel à l'épée, a conduit ses deux camarades Valérie Barlois et Sophie Moressée au titre par équipes. Et la moisson continue avec les médailles d'or qui ont été décrochées ce week-end par Jean-Pierre Amat (tir à la carabine) et par le tandem Franck Adisson-Wilfrid Forgues en canoë-kayak (slalom) ! Mais le feu d'artifice ne s'arrêtera certainement pas là, puisque Marie-José Pérec, qui a conservé son titre sur 400 mètres, vise le doublé en s'alignant sur le 200 mètres... (→ 4.8)

Carl Lewis, l'or au saut en longueur.

Rebondissement dans l'affaire des profanations à Carpentras

Avignon, mercredi 31

Les cinq auteurs présumés de la profanation de la tombe de Félix Germon dans le cimetière juif de Carpentras ont été arrêtés. L'un d'entre eux est passé aux aveux. Il a révélé le nom de ses complices. Tous sont proches d'un groupuscule d'extrême droite néo-nazi. Après six ans d'enquête, souvent malmenée, de vraies-fausses pistes, de rumeurs et de révélations « fracassantes » qui toutes se révélèrent sans fondement, la police en est revenue à son point de départ : l'acte antisémite, pur et abject. Le Front national avait crié à la machination, la télévision avait évoqué la piste de la jeunesse dorée se livrant à des jeux de rôles. Non, simplement la haine...

Le 10 mai 1990 était découverte la profanation du carré juif du cimetière.

Un opéra interactif au Lincoln Center

New York, mercredi 31

Les revues spécialisées, branchées classique ou lyrique, n'en ont soufflé mot. Mais le public en rêve encore ! *The Brain Opera*, première œuvre interactive du genre, a surtout conquis une clientèle jeune, nourrie au « net ». L'auditoire est invité à composer la musique du spectacle auquel il assiste, à partir d'appareils aussi ludiques qu'inattendus. Forêt de l'esprit, chevalet à mélodie, arbres parleurs et chanteurs ou à rythme et autre mur de gestuelle, sont nés des cogitations délirantes du très sérieux Marvin Minsky, l'un des pères respectés de l'intelligence artificielle !

Août

1996

Lu	Ma	Me	Je	Ve	Sa	Di
			1	2	3	4
5	6	7	8	9	10	11
12	13	14	15	16	17	18
19	20	21	22	23	24	25
26	27	28	29	30	31	

Paris, jeudi 1er
Le président colombien Ernesto Samper est reçu par Jacques Chirac. *Persona non grata* aux Etats-Unis, il est fortement soupçonné d'être lié aux cartels de la drogue, et de nombreux pays européens ont fait savoir qu'ils ne souhaitaient pas le recevoir.

Atlanta, jeudi 1er
Marc Dollendorf bat le record de Belgique du 400 m haies en 48 secondes 91 centièmes. (→ 4)

Grande-Bretagne, jeudi 1er
Un rapport confirme la transmission de l'ESB de la vache à son veau par voie intra-utérine. Ces conclusions alarmantes devraient conduire à une prolongation de l'embargo. (→ 30)

Bordeaux, vendredi 2
Jean-Pierre Papin quitte le Bayern de Munich pour rejoindre le club de football des Girondins.

France, vendredi 2
Trois arrêtés municipaux interdisant la mendicité sont annulés par la justice. Les maires de Béziers, Montpellier et Prades font aussitôt savoir qu'ils vont en prendre de nouveaux en les formulant de manière différente. (→ 8)

Paris, vendredi 2
Le ministère des Finances annonce les modalités et le lancement de la privatisation de Thomson SA.

New York, vendredi 2
Le dollar connaît un nouvel accès de faiblesse. Son cours est de 5,02 francs.

Belgique, samedi 3
Dans le cadre de l'enquête sur la « mafia des hormones », Théo Goossens, éleveur de bétail à Lokeren, est arrêté. Il est soupçonné d'avoir commandité l'assassinat de l'inspecteur vétérinaire Karel Van Noppen.

Golfe Persique, samedi 3
La tension est vive entre les Etats-Unis et l'Iran. Les troupes américaines stationnées dans la région sont en état d'alerte maximum. Washington, qui tient Téhéran pour responsable des attentats contre ses bases en Arabie Saoudite, évoque la possibilité d'un raid de représailles contre l'Iran. (→ 5)

Mgr Claverie, évêque d'Oran, est assassiné

Oran, jeudi 1er
Quelques heures seulement après le départ d'Hervé de Charette pour Paris, une bombe a tué Mgr Pierre Claverie, évêque de la ville, et son chauffeur. Nommé à Oran en 1981, cet homme, qui avait protégé des militants du FLN à Paris durant la guerre d'Algérie, était très respecté. A l'image de l'Eglise en Algérie, il était proche des démunis et prônait l'engagement social des catholiques. Son assassinat, non revendiqué, est sûrement dû aux islamistes. Il était leur ennemi déclaré. Une riposte à la première visite officielle française en Algérie depuis trois ans ? (→ 17)

Le « père » de la Ve République disparaît

Michel Debré, baron du gaullisme.

Paris, vendredi 2
En apprenant le décès de Michel Debré (*15.1.1912) Philippe Seguin, président de l'Assemblée nationale, a déclaré que « tout gaulliste se sent aujourd'hui orphelin ». Critiquant la IVe République, Debré avait œuvré pour le retour au pouvoir du général de Gaulle en mai 58 après les événements d'Alger, et il avait été chargé d'élaborer la nouvelle Constitution en 1958. En janvier 1959, il devient le premier chef de gouvernement de la Ve République, jusqu'en 1962. Elu de l'île de la Réunion, maire d'Amboise, plusieurs fois ministre, il ne recueillera que 1,6 % des voix à la présidentielle de 1981. Disparaît avec lui une certaine idée de l'Etat.

Verdict scandaleux à Rome pour Priebke

Italie, jeudi 1er
Erich Priebke est bien coupable mais il est sorti libre, par une porte dérobée, du tribunal militaire de Rome. Les juges ont en effet décidé de lui accorder et de lui reconnaître les « circonstances atténuantes » pour sa participation au massacre des Fosses ardéatines en 1944, qui avait fait plus de 335 victimes. Selon les magistrats, l'inculpation de l'ex-capitaine SS tombait sous le coup de la prescription. Le choc est énorme face à ce verdict. Priebke est gardé en prison pour calmer la colère des familles des victimes.

Rencontre intercontinentale au Chiapas

Le sous-commandant Marcos.

Mexique, vendredi 2
Au fin fond de la jungle, dans la boue et le brouillard, les zapatistes ont gagné leur pari : faire venir des centaines de personnes de 43 pays différents – intellectuels, artistes, cinéastes et sympathisants – à la très médiatisée Rencontre intercontinentale pour l'humanité et contre le néolibéralisme. Sept jours durant, répartis dans plusieurs camps pour briser l'encerclement de l'armée mexicaine, les participants ont parlé et échangé leurs opinions avec les Indiens. Ils ont essayé, non sans frictions, de confronter leurs idées. Le charisme du sous-commandant Marcos valait le déplacement. (→ 29)

Démesure pour la cinquantième édition du Festival d'Avignon

Avignon, dimanche 4
Le gâteau du cinquantième Festival d'Avignon s'avère indigeste avec plus de quarante spectacles en un mois. Les pièces ne pouvant tenir l'affiche suffisamment longtemps, le public reste sur sa faim malgré quelques créations sortant du lot. Bernard Faivre d'Arcier va devoir défendre âprement la prolongation de son mandat de directeur jusqu'en l'an 2000. La cité des papes sera alors sacrée « capitale culturelle de l'Europe ». Quoi qu'il en soit, le nerf de la guerre – les crédits – reste à trouver si l'on veut atteindre un niveau de production à la hauteur de la réputation d'une véritable scène internationale.

Répétition de « la Cour des comédiens », création unique présentée le 28 juillet.

Cinquième rang mondial pour la France avec

Au 200 m dames couru en 22 s 12/100, Marie-José Pérec (nº 3) réalise un doublé (avec le 400 m), devant la Jamaïcaine Merlene Ottey (nº 5), à 2/100.

Avec un temps de 19 s 32/100 au 200 m messieurs, Michael Johnson décroche l'or en battant son propre record mondial du 23 juin dernier à 19 s 66/100.

37 médailles aux XXVIes Jeux olympiques

Jean Galfione remporte l'or au saut à la perche et établit un nouveau record olympique en passant 5,92 m, devant le Russe Igor Trandenkov (argent).

Atlanta, dimanche 4
Les Jeux du centenaire sont finis. La cérémonie de clôture a mis un point final à trois semaines d'émotions, d'exploits et de records. Rendez-vous est pris à Sydney dans quatre ans. A l'heure du bilan, les Français peuvent être fiers. Avec trente-sept médailles ramenées en France, dont quinze en or, le sport tricolore a réalisé la meilleure de ses moissons olympiques. C'est en cyclisme que la récolte a été la plus prolifique avec neuf médailles, dont cinq en or. Et, dans la mesure où pour la première fois 197 nations participaient aux Jeux, les résultats d'ensemble sont remarquables. Honneur aux dames avec les Françaises qui symbolisent la réussite bleu, blanc, rouge. A 37 ans, Jeannie Longo ajoute à son palmarès exceptionnel un premier titre olympique en or sur route, et l'argent dans le contre-la-montre. Marie-Jo Pérec, star de l'athlétisme, a été exacte au rendez-vous. Dans le 400 m, sa médaille d'or était bien sûr attendue, mais en gagnant aussi sur 200 m Pérec a démontré l'étendue de son talent. Que dire aussi de l'éclosion de l'épéiste Laura Flessel? Championne en individuel et par équipes, elle a agréablement surpris. Grâce au cyclisme, à l'escrime et au judo (avec David Douillet, Djamel Bourras et Marie-Claire Restoux), la France a réussi à enlever vingt-deux médailles sur trente-sept. La voile et l'équitation, en revanche, n'ont pas eu leur réussite habituelle, sauf avec Alexandra Ledermann qui sauve l'honneur avec le bronze au saut d'obstacles individuel. Quant à la natation, elle a sombré corps et âme. Les handballeurs, quatrièmes, et les footballeurs, cinquièmes, ont déçu leurs supporters. Mais d'autres les ont enflammés. Donovan Bailey, le sprinter canadien, a décroché l'or sur 100 m et au relais 4 x 100 m. Michael Johnson a «imité» Marie-Jo Pérec en réalisant le doublé sur 200 et 400 m, et était surnommé «Bioman» après ce double exploit. Et personne n'oubliera Carl Lewis. A 34 ans, celui qui fut champion olympique à Los Angeles (1984), Séoul (1988) et Barcelone (1992) s'est offert une neuvième médaille d'or! King Carl, en enlevant le saut en longueur, a ému des millions de téléspectateurs. (→ 15)

La cérémonie de clôture, le 4 août.

▷

1996 Atlanta

Athlétisme hommes

100 m
1- Bailey CAN 9.84
2- Fredericks NAM 9.89
3- Boldon TRI 9.90

200 m
1- Johnson USA 19.32
2- Fredericks NAM 19.68
3- Boldon TRI 19.80

400 m
1- Johnson USA 43.49
2- Black GBR 44.41
3- Kamoga OUG 44.53

800 m
1- Rodal NOR 1.42.58
2- Sepeng AFS 1.42.74
3- Onyancha KEN 1.42.79

1 500 m
1- Morceli ALG 3.35.78
2- Cacho ESP 3.36.40
3- Kipkorir KEN 3.36.72

5 000 m
1- Nyongabo BUR 13.07.96
2- Bitok KEN 13.08.16
3- Boulami MAR 13.08.37

10 000 m
1- Gébrésélassié ETH 27.07.34
2- Tergat KEN 27.08.17
3- Hissou MAR 27.28.59

110 m haies
1- Johnson USA 12.95
2- Crear USA 13.09
3- Schwarthoff ALL 13.17

400 m haies
1- Adkins USA 47.54
2- Matete ZAM 47.78
3- Davis USA 47.96

3 000 m steeple
1- Keter KEN 8.07.12
2- Kiptanui KEN 8.08.33
3- Lambruschini ITA 8.11.28

Hauteur
1- Austin USA 2,39 m
2- Partyka POL 2,37 m
3- Smith GBR 2,35 m

Longueur
1- Lewis USA 8,50 m
2- Beckford JAM 8,29 m
3- Greene USA 8,24 m

Triple saut
1- Harrison USA 18,09 m
2- Edwards GBR 17,88 m
3- Quesada CUB 17,44 m

Perche
1- Galfione FRA 5,92 m
2- Trandenkov RUS 5,92 m
3- Tiwontchik ALL 5,92 m

Poids
1- Barnes USA 21,62 m
2- Godina USA 20,79 m
3- Bagach UKR 20,75 m

Marteau
1- Kiss HON 81,24 m
2- Deal USA 81,12 m
3- Krikun UKR 80,02 m

Disque
1- Riedel ALL 69,40 m
2- Doubrochtchik BIE 66,60 m
3- Kaptioukh BIE 65,80 m

Javelot
1- Zelezny TCH 88,16 m
2- Backley GBR 87,44 m
3- Raty FIN 86,98 m

Décathlon
1- O'Brien USA 8.824 pts
2- Busemann ALL 8.706 pts
3- Dvorak TCH 8.664 pts

Marathon
1- Thugwane AFS 2 h 12.36
2- Lee Bong-Ju COR 2 h 12.39
3- Eric Wainaina KEN 2 h 12.44

Relais 4 x 100 m
1- Canada 37.69
2- Etats-Unis 38.05
3- Brésil 38.41

Relais 4 x 400 m
1- Etats-Unis 2.55.99
2- Grande-Bretagne 2.56.60
3- Jamaïque 2.59.42

20 km marche
1- Perez EQU 1.20.07
2- Markov RUS 1.20.16
3- Segura MEX 1.20.23

50 km marche
1- Korzeniowski POL 3h43.30
2- Chtchennikov RUS 3h43.46
3- Massana ESP 3h44.19

Athlétisme femmes

100 m
1- Devers USA 10.94
2- Ottey JAM 10.94
3- Torrence USA 10.96

200 m
1- Pérec FRA 22.12
2- Ottey JAM 22.24
3- Onyali NIG 22.38

400 m
1- Pérec FRA 48.25
2- Freeman AUS 48.63
3- Ogunkoya NIG 49.10

800 m
1- Masterkova RUS 1.57.73
2- Quirot CUB 1.58.11
3- Mutola MOZ 1.58.71

1 500 m
1- Masterkova RUS 4.00.83
2- Szabo ROU 4.01.54
3- Kiesl AUT 4.03.02

5 000 m
1- Junxia CHI 14.59.88
2- Konga KEN 15.03.49
3- Brunet ITA 15.07.52

10 000 m
1- Ribeiro POR 31.01.63
2- Junxia CHI 31.02.58
3- Wami ETH 31.06.65

100 m haies
1- Engquist SUE 12.58
2- Bukovec SLV 12.59
3- Girard-Léno FRA 12.65

400 m haies
1- Hemmings JAM 52.82
2- Batten USA 53.08
3- Buford-Bailey USA 53.22

Hauteur
1- Kostadinova BUL 2,05 m
2- Bakogianni GRE 2,03 m
3- Babakova UKR 2,01 m

Longueur
1- Ajunwa NIG 7,12 m
2- May ITA 7,02 m
3- Joyner-Kersee USA 7,00 m

Triple saut
1- Kravets UKR 15,33 m
2- Lasovskaïa RUS 14,98 m
3- Kasparkova TCH 14,98 m

Poids
1- Kumbernuss ALL 20,56 m
2- Xinmei CHI 19,88 m
3- Khoudorojkina RUS 19,35 m

Disque
1- Wyludda ALL 69,66 m
2- Sadova RUS 66,48 m
3- Zvereva BIE 65,64 m

Javelot
1- Rantanen FIN 67,94 m
2- McPaul AUS 65,54 m
3- Hattestad NOR 64,98 m

Heptathlon
1- Shouaa SYR 6.780 pts
2- Sazanovich BIE 6.563 pts
3- Lewis GBR 6.489 pts

Marathon
1- Roba ETH 2 h 26.04
2- Egorova RUS 2 h 28.05
3- Arimori JAP 2 h 28.39

Relais 4 x 100 m
1- Etats-Unis 41.95
2- Bahamas 42.14
3- Jamaïque 42.24

Relais 4 x 400 m
1- Etats-Unis 3.20.91
2- Nigeria 3.21.04
3- Allemagne 3.21.14

10 km marche
1- Nikolaïeva RUS 41.49
2- Perrone ITA 42.12
3- Yan CHI 42.19

Aviron hommes

Skiff
1- Mueller SUI 6.44.85
2- Porter CAN 6.47.45
3- Lange ALL 6.47.72

Deux sans barreur
1- Grande-Bretagne 6.20.09
2- Australie 6.21.02
3- France 6.22.15

Deux de couple
1- Italie 6.16.98
2- Norvège 6.18.42
3- France 6.19.85

Quatre de couple
1- Allemagne 5.56.93
2- Etats-Unis 5.59.10
3- Australie 6.01.65

Quatre sans barreur
1- Australie 6.06.37
2- France 6.07.03
3- Grande-Bretagne 6.07.28

Huit
1- Hollande 5.42.74
2- Allemagne 5.44.58
3- Russie 5.45.77

Deux de couple poids légers
1- Suisse 6.23.47
2- Hollande 6.26.48
3- Australie 6.26.69

Quatre sans barreur poids légers
1- Dannemark 6.09.58
2- Canada 6.10.13
3- Etats-Unis 6.12.29

Aviron femmes

Skiff
1- Khodotovich BIE 7.32.21
2- Laumann CAN 7.35.15
3- Hansen DAN 7.37.20

Deux sans barreuse
1- Australie 7.01.39
2- Etats-Unis 7.01.78
3- France 7.03.82

Deux de couple
1- Canada 6.56.84
2- Chine 6.58.35
3- Hollande 6.58.72

Quatre de couple
1- Allemagne 6.27.44
2- Ukraine 6.30.36
3- Canada 6.30.38

Huit
1- Roumanie 6.19.73
2- Canada 6.24.05
3- Biélorussie 6.24.44

Deux de couple poids légers
1- Roumanie 7.12.78
2- Etats-Unis 7.14.65
3- Australie 7.16.56

Badminton

Simple hommes
1- Hoyer-Larsen DAN
2- Jiong CHI
3- Sidek MAL

Double hommes
1- Mainaky / Subagja INS
2- Kit / Hock MAL
3- Antonius / Kantono INS

Simple femmes
1- Hyun COR
2- Audina INS
3- Susanti INS

Double femmes
1- Fei / Jun CHI
2- Ah / Ock COR
3- Yiyuan / Yongshu CHI

Double mixte
1- Dong / Ah COR
2- Joo-Bong / Kyung COR
3- Qin / Tang CHI

Base-Ball

1- CUB / 2- JAP / 3- USA

Basket-Ball

Hommes
1- USA / 2- YUG / 3- LIT

Femmes
1- USA / 2- BRE / 3- AUS

Beach-Volley

Hommes
1- Kiraly / Steffes USA
2- Dodd / Whitmarsh USA
3- Child / Heese CAN

Femmes
1- Pires / Silva BRE
2- Rodrigues / Samuel BRE
3- Cook / Pottharst AUS

Boxe

48 kg (mi-mouche)
1- Bojilov BUL
2- Velasco PHI
3- Kiryukhin UKR
+ Lozano ESP

51 kg (mouche)
1- Romero CUB
2- Dzumadilov KZK
3- Pakeev RUS
+ Lunka ALL

54 kg (coq)
1- Kovacs HON
2- Mesa CUB
3- Malakhbekov RUS
+ Khadpo THA

57 kg (plume)
1- Kamsing THA
2- Todorov BUL
3- Chacon ARG
+ Mayweather USA

60 kg (légers)
1- Soltani ALG
2- Tontchev BUL
3- Cauthen USA
+ Doroftei ROU

63,5 kg (super-légers)
1- Vinent CUB
2- Urkal ALL
3- Niyazymbetov KAZ
+ Missaoui TUN

67 kg (welters)
1- Saitov RUS
2- Hernandez CUB
3- Simion ROU
+ Santos PUR

71 kg (super-welters)
1- Reid USA
2- Duvergel CUB
3- Tulaganov OUZ
+ Ibzaimov KAZ

75 kg (moyens)
1- Hernandez CUB
2- Beyleroglu TUR
3- Bahari ALG
+ Wells USA

81 kg (mi-lourds)
1- Jirov KZK
2- Lee COR
3- Tarver USA
+ Ulrich ALL

91 kg (lourds)
1- Savon CUB
2- Defiagbon CAN
3- Jones USA
+ Frasniqi ALL

+ 91 kg (super-lourds)
1- Klichko UKR
2- Wolfgram TON
3- Lezin RUS
+ Dokiwari NIG

Canoë-Kayak

Course en ligne hommes

C1 500 m
1- Doktor TCH
2- Knazovicky SLO
3- Pulai HON

C1 1 000 m
1- Doktor TCH
2- Klementyev LAT
3- Zala HON

C2 500 m
1- HON / 2- MOL / 3- ROU

C2 1 000 m
1- ALL / 2- ROU / 3- HON

K1 500 m
1- Rossi ITA
2- Holmann NOR
3- Markiewicz POL

K1 1 000 m
1- Holmann NOR
2- Bonomi ITA
3- Robinson AUS

K2 500 m
1- ALL / 2- ITA / 3- AUS

K2 1 000 m
1- ITA / 2- ALL / 3 BUL

K4 1 000 m
1- ALL / 2- HON / 3- RUS

Course en ligne femmes

K1 500 m
1- Koban HON
2- Brunet CAN
3- Idem ITA

K2 500 m
1- SUE / 2- ALL / 3- AUS

K4 500 m
1- ALL / 2- SUI / 3- SUE

Slalom eaux vives hommes

Canoë monoplace
1- Martikan SLV
2- Pollert TCH
3- Estanguet FRA

Canoë biplace
1- Adisson / Forgues FRA
2- Rohan / Simek TCH
3- Ehrenberg / Senft ALL

Kayak monoplace
1- Fix ALL
2- Vehovar SLO
3- Becker ALL

Slalom eaux vives femmes

Kayak monoplace
1- Hilgertova SLO
2- Chladek USA
3- Fox-Jerusalmi FRA

Cyclisme hommes

Course sur route
1- Richard SUI
2- Sorensen DAN à 0.00
3- Sciandri GBR à 0.002

Contre-la-montre sur route
1- Indurain ESP
2- Olano ESP à 0.12
3- Boardman GBR à 0.31

Kilomètre contre la montre
1- Rousseau FRA 1.02.712
2- Hartwell USA 1.02.940
3- Jumanji JAP 1.03.261

Vitesse
1- Fiedler ALL
2- Nothstein USA
3- Harnett CAN

Course aux points
1- Martinello ITA
2- Walton CAN
3- O'Grady AUS

Poursuite
1- Collinelli ITA
2- Ermenault FRA
3- McGee AUS

Poursuite par équipes
1- FRA / 2- RUS / 3- AUS

VTT Cross-Country
1- Brentjens HOL
2- Frischknecht SUI
3- Martinez FRA

Cyclisme femmes

Course sur route
1- Longo FRA
2- Chiappa ITA à 0.25
3- Hughes CAN à 0.51

Contre-la-montre sur route
1- Zabirova RUS
2- Longo FRA à 0.20
3- Hughes CAN à 0.33

Vitesse
1- Ballanger FRA
2- Ferris AUS
3- Haringa HOL

Course aux points
1- Even-Lancien FRA
2- Haringa HOL
3- Sharman AUS

Poursuite
1- Bellutti ITA
2- Clignet FRA
3- Arndt ALL

VTT Cross-Country
1- Pezzo ITA
2- Sydor CAN à 1.07
3- DeMattei USA à 1.45

Equitation

Concours complet par équipes
1- Australie 203,85
2- Etats-Unis 261,10
3- Nouvelle-Zélande 268,55

Concours complet individuel
1- Tait (Ready Teddy) NZE 56,80
2- Clark (Squirrel Hill) NZE 60,40
3- Millikin (Out and About) USA 73,70

Dressage par équipes
1- Allemagne 5.553
2- Hollande 5.437
3- Etats-Unis 5.309

Dressage individuel
1- Werth (Gigolo) ALL 235,09
2- Grunsven (Bonfire) HOL 233,02
3- Rothenberger (Weyden) HOL 224,94

Saut d'obstacles par équipes
1- Allemagne 1,750
2- Etats-Unis 12,000
3- Brésil 17,250

Saut d'obstacles individuel
1- Kirchhof (Jus de pomme) ALL
2- Melliger (Calvaro) SUI
3- Ledermann (Rochet) FRA

Escrime hommes

Épée
1- Beketov RUS
2- Perez CUB
3- Imre HON

Épée par équipes
1- ITA / 2- RUS / 3- FRA

Fleuret
1- Puccini ITA
2- Plumenail FRA
3- Boidin FRA

Fleuret par équipes
1- RUS / 2- POL / 3- CUB

Sabre
1- Pozdnyakov RUS
2- Sharikov RUS
3- Touya FRA

Sabre par équipes
1- RUS / 2- HON / 3- ITA

Escrime femmes

Épée
1- Flessel FRA
2- Barlois FRA
3- Horvathne-Szalay HON

Épée par équipes
1- FRA / 2- ITA / 3- RUS

Fleuret
1- Badea ROU
2- Vezzali ITA
3- Trillini ITA

Fleuret par équipes
1- ITA / 2- ROU / 3- ALL

Football

Hommes
1- NIG / 2- ARG / 3- BRE

Femmes
1- USA / 2- CHI / 3- NOR

Gymnastique hommes

Concours général équipes
1- Russie 576,778 pts
2- Chine 575,539 pts
3- Ukraine 571,541 pts

Concours général individuel
1- Xiaoshuang CHI 58,423 pts
2- Nemov RUS 58,374 pts
3- Scherbo BIE 58,197 pts

Sol
1- Melissanidis GRE 9,850 pts
2- Xiaoshuang CHI 9,837 pts
3- Nemov RUS 9,800 pts

Cheval d'arçons
1- Li SUI 9,875 pts
2- Urzica ROU 9,825 pts
3- Nemov RUS 9,787 pts

Anneaux
1- Chechi ITA 9,887 pts
2- Csollany HON 9,812 pts
+- Burinca ROU 9,812 pts

Saut de cheval
1- Nemov RUS 9,787 pts
2- Hong-Chul COR 9,756 pts
3- Scherbo BIE 9,724 pts

Barres parallèles
1- Sharipov UKR 9,837 pts
2- Lynch USA 9,825 pts
3- Scherbo BIE 9,800 pts

Barres fixes
1- Wecker ALL 9,850 pts
2- Dounev BUL 9,825 pts
3- Scherbo BIE 9,800 pts
+ Fan CHI 9,800 pts
+ Nemov RUS 9,800 pts

Gymnastique femmes

Concours général équipes
1- USA 389,225 pts
2- Russie 388,404 pts
3- Roumanie 388,246 pts

Concours général individuel
1- Podkopaieva UKR 39,255 pts
2- Gogean ROU 39,075 pts
3- Amanar ROU 39,067 pts
+ Milosovici ROU 39,067 pts

Sol
1- Podkopaieva UKR 9,887 pts
2- Amanar ROU 9,850 pts
3- Dawes USA 9,837 pts

Saut de cheval
1- Amanar ROU 9,825 pts
2- Mo CHI 9,768 pts
3- Gogean ROU 9,750 pts

Barres asymétriques
1- Khorkina RUS 9,850 pts
2- Bi CHI 9,837 pts
3- Chow USA 9,837 pts

Poutre
1- Miller USA 9,862 pts
2- Podkopaieva UKR 9,825 pts
3- Gogean ROU 9,787 pts

GRS

Concours général équipes
1- Espagne 38,933 pts
2- Bulgarie 38,866 pts
3- Russie 38,365 pts

Concours général individuel
1- Serebryanskaya UKR 39,683 pts
2- Batyrchina RUS 39,382 pts
3- Vitrichenko UKR 39,331 pts

Haltérophilie

54 kg
1- Mutlu TUR 287,5 kg
2- Xiangsen CHI 280,0 kg
3- Minchev BUL 277,5 kg

59 kg
1- Ningsheng CHI 307,5 kg
2- Sabanis GRE 305,0 kg
3- Pechalov BUL 302,5 kg

64 kg
1- Suleymanoglu TUR 335,0 kg
2- Leonidis GRE 332,5 kg
3- Jiangang CHI 322,5 kg

70 kg
1- Xugang CHI 357,5 kg
2- Myong-Nam CON 345,0 kg
3- Feri HON 340,0 kg

1996 Atlanta

76 kg
1- Lara CUB 367,5 kg
2- Yotov BUL 360,0 kg
3- Jon-Ho CON 357,5 kg
83 kg
1- Dimas GRE 392,5 kg
2- Huster ALL 382,5 kg
3- Cofalik POL 372,5 kg
91 kg
1- Petrov RUS 402,5 kg
2- Kokas GRE 390,0 kg
3- Caruso ALL 390,0 kg
99 kg
1- Kakhiachvilis GRE 420,0 kg
2- Khrapaty KZK 382,5 kg
3- Gotfrid UKR 372,5 kg
108 kg
1- Taimazov UKR 431,0 kg
2- Sirtsov RUS 420,0 kg
3- Vlad ROU 420,0 kg
Plus de 108 kg
1- Tchemerkine RUS 457,5 kg
2- Weller ALL 455,0 kg
3- Botev AUS 450,0 kg

Handball

Hommes
1- CRO / 2- SUE / 3- ESP
Femmes
1- DAN / 2- COR / 3- HON

Hockey

Hommes
1- HOL / 2- ESP / 3- AUS
Femmes
1- AUS / 2- COR / 3- HOL

Judo hommes

Plus de 95 kg
1- Douillet FRA
2- Perez ESP
3- Van Barneveld BEL
+ Moeller ALL
Moins de 95 kg
1- Nastula POL
2- Kim COR
3- Traineau FRA
+ Fernandes BRE
Moins de 86 kg
1- Ki-Young COR
2- Bagdasarov OUZ
3- Spittka ALL
+ Huizinga HOL
Moins de 78 kg
1- Bouras FRA
2- Koga JAP
3- Lipparteliani GEO
+ In-Chul COR
Moins de 71 kg
1- Nakamura JAP
2- Dae-Sung COR
3- Pedro USA
+ Gagliano FRA
Moins de 65 kg
1- Quellmaz ALL
2- Nakamura JAP
3- Hernandez CUB
+ Guimaraes BRE
Moins de 60 kg
1- Nomura JAP
2- Giovinazzo ITA
3- Narmlandakh MON
+ Trautman ALL

Judo femmes

Plus de 72 kg
1- Funming CHI
2- Rodriguez CUB
3- Cicot FRA
+ Hagn ALL
Moins de 72 kg
1- Werbrouck BEL
2- Tanabe JAP
3- Scapin ITA
+ Luna CUB
Moins de 66 kg
1- Min-Sun COR
2- Szczepanska POL
3- Wang CHI
+ Zwiers HOL
Moins de 61 kg
1- Emoto JAP
2- Vandecaveye BEL
3- Gal HOL
+ Sung-Sook COR
Moins de 56 kg
1- Gonzales CUB
2- Sun-Yong COR
3- Lomba BEL
+ Fernandez ESP
Moins de 52 kg
1- Restoux FRA
2- Sook-Hee COR
3- Verdecia CUB
+ Sugawara JAP
Moins de 48 kg
1- Sun CON
2- Tamura JAP
3- Savon CUB
+ Soler ESP

Lutte gréco-romaine

48 kg
1- Kwon-Ho COR
2- Pavlov BIE
3- Gouliov RUS
52 kg
1- Nazarian ARM
2- Paulson USA
3- Kalachnikov UKR
57 kg
1- Melnichenko KZK
2- Hall USA
3- Zetian CHI
62 kg
1- Zawadzki POL
2- Delis CUB
3- Pirim TUR
68 kg
1- Wolny POL
2- Yalouz FRA
3- Tretiakov RUS
74 kg
1- Aguilera CUB
2- Asell FIN
3 Tracz POL
82 kg
1- Yerlikaya TUR
2- Zander ALL
3- Tsilent BIE
90 kg
1- Oleynik UKR
2- Fafinski POL
3- Bullmann ALL
100 kg
1- Wronski POL
2- Lichtvan BIE
3- Ljungberg SUE
130 kg
1- Kareline RUS
2- Ghaffari USA
3- Moureiko MOL

Lutte libre

48 kg
1- Kim COR
2- Mkrchyan ARM
3- Perdomo CUB
52 kg
1- Jordanov BUL
2- Abdullaye AZE
3- Mamyrov KZK
57 kg
1- Gross USA
2- Sissaouri CAN
3- Sam-Ri CON
62 kg
1- Brands USA
2- Jang COR
3- Tedeyev UKR
68 kg
1- Bogiyev RUS
2- Saunders USA
3- Zazirov UKR
74 kg
1- Saytyev RUS
2- Park COR
3 Ota JAP
82 kg
1- Magomedov RUS
2- Hyun-Mo COR
3- Kadhem IRA
90 kg
1- Kadhem Azghadi IRA
2- Khadartsev RUS
3- Kurtanidze GEO
100 kg
1- Angle USA
2- Jadidi IRA
3- Sabejew ALL
130 kg
1- Demir TUR
2- Medevedev BIE
3- Baumgartner USA

Natation hommes

50 m libre
1- Popov RUS 22.13
2- Hall USA 22.26
3- Scherer BRE 22.29
100 m libre
1- Popov RUS 48.74
2- Hall USA 48.81
3- Borges BRE 49.02
200 m libre
1- Loader NZE 1.47.63
2- Borges BRE 1.48.08
3- Kowalski AUS 1.48.25
400 m libre
1- Loader NZE 3.47.97
2- Palmer GBR 3.49.00
3- Kowalski AUS 3.49.39
1500 m libre
1- Perkins AUS 14.56.40
2- Kowalski AUS 15.02.43
3- Smith GBR 15.02.48
100 m brasse
1- Deburghgraeve BEL 1.00.65
2- Linn USA 1.00.77
3- Warnecke ALL 1.01.33
200 m brasse
1- Rosza HON 2.12.57
2- Guttler HON 2.13.03
3- Korneyev RUS 2.13.17
100 m dos
1- Rouse USA 54.10
2- Falcon-Cabrera CUB 54.98
3- Bent CUB 55.02
200 m dos
1- Bridgewater USA 1.58.54
2- Schwenk USA 1.58.99
3- Merisi ITA 1.59.18
100 m papillon
1- Pankratov RUS 52.27
2- Miller AUS 52.53
3- Kulikov RUS 53.13
200 m papillon
1- Pankratov RUS 1.56.51
2- Malchow USA 1.57.44
3- Goodman AUS 1.57.48
200 m 4 nages
1- Czene HON 1.59.91
2- Sievinen FIN 2.00.13
3- Myden CAN 2.01.13
400 m 4 nages
1- Dolan USA 4.14.90
2- Namesnik USA 4.15.25
3- Myden CAN 4.16.28
Relais 4 x 100 m libre
1- Etats-Unis 3.15.41
2- Russie 3.17.06
3- Allemagne 3.17.20
Relais 4 x 200 m libre
1- Etats-Unis 7.14.84
2- Suède 7.17.56
3- Allemagne 7.17.71
Relais 4 x 100 m 4 nages
1- Etats-Unis 3.34.84
2- Russie 3.37.55
3- Australie 3.39.56

Natation femmes

50 m libre
1- Van Dyken USA 24.87
2- Le CHI 24.90
3- Volker ALL 25.10
100 m libre
1- Le CHI 54.50
2- Volker ALL 54.88
3- Martino USA 54.93
200 m libre
1- Poll COS 1.58.16
2- Van Almsick ALL 1.58.57
3- Hase ALL 1.59.56
400 m libre
1- Smith IRL 4.07.25
2- Hase ALL 4.08.30
3- Vlieghuis HOL 4.08.70
800 m libre
1- Bennet USA 8.27.89
2- Hase ALL 8.29.91
3- Vlieghuis HOL 8.30.84
100 m brasse
1- Heyns AFS 1.07.73
2- Beard USA 1.08.09
3- Riley AUS 1.09.18
200 m brasse
1- Heyns AFS 2.25.41
2- Beard USA 2.25.75
3- Kovacs HON 2.26.57
100 m dos
1- Botsford USA 1.01.19
2- Hedgepeth USA 1.01.47
3- Kriel AFS 1.02.12
200 m dos
1- Egerszegi HON 2.07.83
2- Hedgepeth USA 2.11.98
3- Rund ALL 2.12.98
100 m papillon
1- Van Dyken USA 59.13
2- Liu CHI 59.14
3- Martino USA 59.23
200 m papillon
1- O'Neil AUS 2.07.76
2- Thomas AUS 2.09.82
3- Smith IRL 2.09.81
200 m 4 nages
1- Smith IRL 2.13.93
2- Limpert CAN 2.14.35
3- Lin CHI 2.14.74
400 m 4 nages
1- Smith IRL 4.39.18
2- Wagner USA 4.42.03
3- Egerszegi HON 4.42.53
Relais 4 x 100 m libre
1- Etats-Unis 3.39.29
2- Chine 3.40.38
3- Allemagne 3.41.48
Relais 4 x 200 m libre
1- Etats-Unis 7.59.87
2- Allemagne 8.01.55
3- Australie 8.05.47
Relais 4 x 100 m 4 nages
1- Etats-Unis 4.02.88
2- Australie 4.05.08
3- Chine 4.07.34

Natation synchronisée

Ballet d'équipes
1- Etats-Unis 99,720 pts
2- Canada 98,367 pts
3- Japon 97,753 pts

Pentathlon moderne

1- Parygin KZK 5,551 pts
2- Zenovka RUS 5,530 pts
3- Martinek HON 5,501 pts

Plongeon hommes

Tremplin
1- Xiong CHI 701,460 pts
2- Yu CHI 690,930 pts
3- Lenzi USA 686,490 pts
Haut vol
1- Saoutine RUS 692,340 pts
2- Hempel ALL 663,270 pts
3- Xiao CHI 658,200 pts

Plongeon femmes

Tremplin
1- Fu CHI 547,680 pts
2- Lashko RUS 512,190 pts
3- Pelletier CAN 509,640 pts
Haut vol
1- Mingxia CHI 521,580 pts
2- Walter ALL 479,220 pts
3- Clark USA 472,950 pts

Softball

1- USA / 2- CHI / 3- AUS

Tennis

Simple hommes
1- Agassi USA
2- Bruguera ESP
3- Paes IND
Double hommes
1- AUS / 2- GBR / 3- ALL
Simple femmes
1- Davenport USA
2- Sanchez-Vicario ESP
3- Novotna TCH
Double femmes
1- USA / 2- TCH / 3- ESP

Tennis de table

Simple hommes
1- Guoliang CHI
2- Tao CHI
3- Rosskopf ALL
Double hommes
1- CHI / 2- CHI / 3- COR
Simple femmes
1- Yaping CHI
2- Chen TAI
3- Hong CHI
Double femmes
1- CHI / 2- CHI / 3- COR

Tir hommes

Pistolet à air comprimé
1- Di Donna ITA 684,2 pts
2- Wang CHI 684,1 pts
3- Kiriakov BUL 683,8 pts
Pistolet libre
1- Kokorev RUS 666 pts
2- Basinski BIE 662 pts
3- Di Donna ITA 661 pts
Pistolet vitesse olympique
1- Schumann ALL 698 pts
2- Milev BUL 692 pts
3- Vokhmyanin KZK 691 pts
Carabine air comprimé 10 m
1- Khadzhibekov RUS 695,7 pts
2- Waibel AUT 695,2 pts
3- Amat FRA 693,1 pts
Carabine cible mobile 10 m
1- Yang CHI 685 pts
2- Xiao CHI 679 pts
3- Janus TCH 678 pts
Carabine 3 positions
1- Amat FRA 1.273 pts
2- Belaiaev KZK 1.272 pts
3- Waibel AUT 1.269 pts
Carabine 50 m position couchée
1- Klees ALL 704.8 pts
2- Beliaev KZK 703.3 pts
3- Gonci SLO 701.9 pts
Skeet
1- Falco ITA 149 pts
2- Rzepkowksi POL 148 pts
3- Benelli ITA 147 pts
Fosse olympique
1- Diamond AUS 149 pts
2- Lakatos (28) USA 147 pts
3- Bade(27) USA 147 pts
Double trap
1- Mark AUS 189 pts
2- Pera ITA 183 pts
3- Zhang CHI 183 pts

Tir femmes

Pistolet à air comprimé
1- Klochneva RUS 490.1 pts
2- Logvinenko RUS 488.5 pts
3- Grozdeva BUL 488.5 pts
Pistolet sport
1- Li CHI 687 pts
2- Yorgova BUL 684 pts
3- Logvinenko RUS 684 pts
Carabine à air comprimé
1- Mauer POl 497.6 pts
2- Horneber ALL 497.4 pts
3- Ivosev YOU 497.2 pts
Carabine 3 positions
1- Ivosev YOU 686.4 pts
2- Gerasimenok RUS 680.1 pts
3- Mauer POL 679.8 pts
Double trap
1- Rhode USA 141 pts
2- Kiermayer ALL 139 pts
3- Huddleston AUS 139 pts

Tir à l'arc

Individuel hommes
1- Huisch USA
2- Petersson SUE
3- Oh COR
Par équipes hommes
1- USA / 2- COR / 3- ITA
Individuel femmes
1- Kim COR
2- He CHI
3- Sadovnycha UKR
Par équipes femmes
1- COR / 2- ALL / 3- POL

Voile hommes

Planche à voile
1- Kaklamanakis GRE 17 pts
2- Espinola ARG 19 pts
3- Friedman ISR 21 pts
Finn
1- Kusznierewicz POL 32 pts
2- Godfroid BEL 45 pts
3- Heiner HOL 50 pts
Laser
1- Scheidt BRE 26 pts
2- Ainslie GBR 37 pts
3- Moberg NOR 46 pts
470
1- Ukraine 40 pts
2- Grande-Bretagne 61 pts
3- Portugal 62 pts
Soling
1- ALL / 2- RUS / 3- USA
Star
1- Brésil 25 pts
2- Suède 29 pts
3- Australie 32 pts
Tornado
1- Espagne 30
2- Australie 42
3- Brésil 43

Voile femmes

Planche à voile
1- Lee HOK 16 pts
2- Kendall NZE 24 pts
3- Sensini ITA 28 pts
Europe
1- Roug NZE 24 pts
2- Matthijsse HOL 30 pts
3- Becker-Dey USA 39 pts
470
1- Espagne 25 pts
2- Japon 36 pts
3- Ukraine 38 pts

Volley-Ball

Hommes
1- HOL / 2- ITA / 3- YOU
Femmes
1- CUB / 2- CHI / 3- BRE

Water-Polo

1- ESP / 2- CRO / 3- ITA

TABLEAU FINAL DES MÉDAILLES

PAYS	OR	AR.	BR.	Total
Etats-Unis	44	32	25	101
Russie	26	21	16	63
Allemagne	20	18	27	65
Chine	16	22	12	50
France	***15***	***7***	***15***	***37***
Italie	13	10	12	35
Australie	9	9	23	41
Cuba	9	8	8	25
Ukraine	9	2	12	23
Corée du S.	7	15	5	27
Pologne	7	5	5	17
Hongrie	7	4	10	21
Espagne	5	6	6	17
Roumanie	4	7	9	20
Hollande	4	5	10	19
Grèce	4	4	0	8
R.Tchèque	4	3	4	11
Suisse	4	3	0	7
Danemark	4	1	1	6
Turquie	4	1	1	6
Canada	3	11	8	22
Bulgarie	3	7	5	15
Japon	3	6	5	14
Kazakhstan	3	4	4	11
Brésil	3	3	9	15
N. Zélande	3	2	1	6
AF. du Sud	3	1	1	5
Irlande	3	0	1	4
Suède	2	4	2	8
Norvège	2	2	3	7
Belgique	***2***	***2***	***2***	***6***
Nigeria	2	1	3	6
Corée du N.	2	1	2	5
Algérie	2	0	1	3
Ethiopie	2	0	1	3
G. Bretagne	1	8	6	15
Biélorussie	1	6	8	15
Kenya	1	4	3	8
Jamaïque	1	3	2	6
Finlande	1	2	1	4
Indonésie	1	1	2	4
Yougoslavie	1	1	2	4
Iran	1	1	1	3
Slovaquie	1	1	1	3
Arménie	1	1	0	2
Croatie	1	1	0	2
Portugal	1	0	1	2
Thaïlande	1	0	1	2
Burundi	1	0	0	1
Costa Rica	1	0	0	1
Equateur	1	0	0	1
Hong-Kong	1	0	0	1
Syrie	1	0	0	1
Argentine	0	2	1	3
Slovénie	0	2	0	2
Namibie	0	2	0	2
Autriche	0	1	2	3
Malaisie	0	1	1	2
Moldavie	0	1	1	2
Ouzbékistan	0	1	1	2
Azerbaïdjan	0	1	0	1
Bahamas	0	1	0	1
Lettonie	0	1	0	1
Philippines	0	1	0	1
Taiwan	0	1	0	1
Tonga	0	1	0	1
Zambie	0	1	0	1
Géorgie	0	0	2	2
Maroc	0	0	2	2
Trinidad	0	0	2	2
Inde	0	0	1	1
Israël	0	0	1	1
Lituanie	0	0	1	1
Mexique	0	0	1	1
Mongolie	0	0	1	1
Mozambique	0	0	1	1
Ouganda	0	0	1	1
Porto-Rico	0	0	1	1
Tunisie	0	0	1	1
TOTAL	**271**	**273**	**298**	**842**

Août

1996

Lu	Ma	Me	Je	Ve	Sa	Di
			1	2	3	4
5	6	7	8	9	10	11
12	13	14	15	16	17	18
19	20	21	22	23	24	25
26	27	28	29	30	31	

Bruxelles, lundi 5
Visite officielle du Premier ministre zaïrois, Kengo Wa Dondo. La Belgique et le Zaïre veulent normaliser leurs relations.

Bosnie, mardi 6
Après plusieurs semaines d'indécisions et de pourparlers, l'Union européenne arrache aux Croates et aux Musulmans un accord sur l'administration de la ville de Mostar. (→ 27)

Paris, jeudi 8
La RATP décide d'interdire la vente à la criée des journaux de SDF. Pour préserver la tranquillité des usagers, explique-t-elle.

Rwanda, jeudi 8
Suivant l'exemple des pays voisins, la Tanzanie et le Kenya, qui ont décidé de sanctionner le Burundi en l'isolant, le Rwanda ferme ses frontières et suspend toutes les liaisons aériennes, terrestres et ferroviaires avec ce pays. (→ 17)

Paris, vendredi 9
Les sans-papiers de Saint-Bernard entament leur 36ᵉ jour de grève de la faim. Jean-Louis Debré refuse pour l'instant de négocier une éventuelle régularisation. (→ 12)

Chypre, dimanche 11
Des manifestations organisées par les Chypriotes grecs pour protester contre la partition de l'île dégénèrent en très violents affrontements avec la police turque, appuyée par des militants nationalistes. Un Grec est tué, battu à mort par les Turcs.

Bavière, dimanche 11
La polémique bat son plein entre les autorités régionales et les scientologues. Ceux-ci, soutenus par des parlementaires américains, accusent la Bavière de discrimination « religieuse » parce que le Land a mis en garde le public contre le film *Mission impossible*, joué et produit par un scientologue avéré, Tom Cruise. (→ 22.11)

Russie, dimanche 11
Le général Alexandre Lebed, nommé représentant direct du président en Tchétchénie, est arrivé sur place. A Grozny, les Russes n'ont toujours pas repris le contrôle de la ville. (→ 14)

Clinton sanctionne l'Iran et la Libye

Washington, lundi 5
Les Européens protestent contre le texte de loi signé dans la journée par le président américain. Il prévoit en effet de sévères mesures de rétorsion économique et financière contre la Libye et l'Iran, deux pays accusés de soutenir le terrorisme international. Les sociétés étrangères investissant plus de 200 millions de francs par an dans le secteur des hydrocarbures dans ces pays seront passibles de sanctions. Rappelons que 20 % du pétrole consommé en Europe vient de Libye.

Echec des négociations en Irlande du Nord

Escarmouches à Londonderry le 10.

Belfast, mardi 6
Nationalistes et unionistes se sont séparés sur un constat de complet désaccord. Le but de cette réunion était de trouver un accommodement sur le déroulement et le parcours de la grande parade des Orangistes de samedi prochain, le 10 août. Celle-ci doit clore la « saison des marches », pendant laquelle toutes les factions et confréries protestantes célèbrent les victoires remportées il y a trois siècles sur les catholiques. Ce défilé doit longer un quartier catholique. Les autorités de celui-ci craignent que ce déploiement revanchard crée des affrontements. (→ 23.9)

Un bacille inconnu et mortel au Japon

Japon, mardi 6
Il s'agit de la plus grave et de la plus vaste intoxication alimentaire qu'ait connue ce pays. Désigné du nom de code 0-157, ce bacille, ou plutôt cette bactérie pathogène, a déjà tué sept personnes et en a infecté près de 9 000 autres. Ce sont des enfants et des enseignants qui sont atteints en majorité. L'épidémie concerne la région d'Osaka. Mystérieuse et mal identifiée, la bactérie 0-157 a obligé le gouvernement à prendre plusieurs mesures drastiques de surveillance des commerces d'alimentation et des entreprises de restauration. La population est inquiète.

Des traces fossiles de vie sur Mars ?

Etats-Unis, mardi 6
Les chercheurs de Stanford rendent publique leur découverte avec un luxe de précautions. Il y a de quoi ! Etudiant un fragment de météorite, découvert dans l'Antarctique où il serait tombé il y a 13 000 ans et, surtout, censé provenir de Mars, ils y ont découvert des traces ovoïdes qui, le conditionnel est de rigueur, pourraient ressembler à des fossiles de bactérie primitive, sous l'œil d'un microscope électronique. Le monde scientifique est très excité malgré les doutes et les questions encore en suspens. L'exploration martienne redevient une priorité. (→ 17.11)

Le centre de Grozny pris par les rebelles

Tchétchénie, mercredi 7
Les indépendantistes ont infligé un terrible camouflet à l'armée russe. En moins de 48 heures, plusieurs centaines de rebelles, équipés de leurs armes légères et de quelques lance-roquettes, tablant sur leur seule mobilité, ont repris le contrôle du centre et des rues de la capitale. L'offensive a été lancée hier contre Argoun, Goudermès et Grozny, les trois principales villes tchétchènes. En une seule journée, les Russes ont perdu cinq hélicoptères. C'est une véritable humiliation. L'étau dans lequel Moscou voulait coincer les rebelles a volé en éclats. (→ 11)

Le 5 en Egypte, une imposante statue de Ramsès II en granite rose est découverte au pied de la pyramide de Mykérinos.

En août, *la Macarena*, lancée par M6, triomphe dans toute l'Europe comme tube de l'été face à la sambolera de TF1 et au boï bumba de France 2.

Coulée de boue mortelle sur le camping de Biescas en Espagne

Aragon, mercredi 7

La petite vallée de Biescas, lieu de séjour apprécié des randonneurs et aux montagnes couvertes de pins, est devenue un enfer. Le torrent qui longe le camping Las Nieves est brutalement sorti de son lit endigué pour tout ravager sur son passage. La catastrophe s'apparente autant à un raz de marée qu'à une énorme coulée de boue. Un pont en amont a retenu un moment la crue. L'eau, la boue, les troncs d'arbres et un amas de branches se sont accumulés avant que l'ouvrage ne cède. Ce magma destructeur s'est ensuite précipité sur les campeurs.

La violence des flots de boue n'a rien épargné au camping Las Nieves : 83 morts.

Défections massives des Khmers rouges

Cambodge, vendredi 9

Des représentants de Hun Sen sont entrés dans la zone contrôlée par la guérilla pour négocier le ralliement de Ieng Sary et de deux divisions khmères rouge. Ce sont près de 3 000 maquisards et deux généraux qui ont donc décidé de passer dans le camp gouvernemental. Mais c'est surtout la défection de l'ancien bras droit de Pol Pot qui a fait le plus d'effet. La propagande polpotiste a confirmé hier la « trahison » de Ieng Sary. Le Premier ministre Hun Sen peut se targuer d'un succès. (→ 14.9)

Nouvelle disparition d'une fillette belge

Neufchâteau, vendredi 9

C'est à Bertrix, dans la province de Luxembourg, que Laetitia Delhez, 14 ans, disparaît. Elle a quitté la piscine communale au début de la soirée. Laetitia prévient une de ses amies qu'elle rentre chez elle. Ne la voyant pas, ses parents, inquiets, préviennent la police. Une vaste opération est alors mise sur pied. La gendarmerie, la Croix-Rouge et les pompiers se mobilisent. Très vite, la diffusion de son signalement est répercutée dans toute la région par l'association « Marc et Corine ». Les autorités ne négligent aucune piste. Depuis le rapt de Julie et de Mélissa, en juin 1995, Laetitia est le septième enfant qui disparaît. (→ 17)

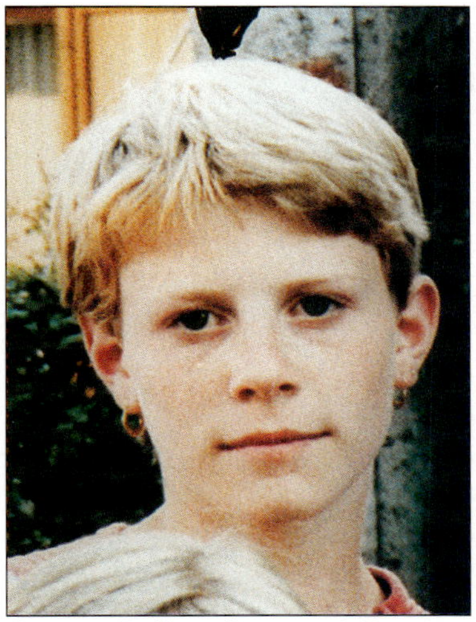

Laetitia Delhez, disparue à Bertrix.

Serment d'Eltsine pour un second mandat

Moscou, vendredi 9

La prestation de serment de Boris Eltsine, qui devait être un grand moment de pompe et de faste post-soviétiques et néotsaristes, a tourné à la pantalonnade. La cérémonie aura été expédiée en moins de vingt minutes. Les téléspectateurs ont vu et entendu un Eltsine parlant d'une voix monocorde, hachée et presque inaudible, se déplaçant comme un automate avant de recevoir enfin la bénédiction d'Alexis II, patriarche de toutes les Russies. (→ 10.9)

A Villeneuve la 12e manche devant Hill

Budapest, dimanche 11

En gagnant en Hongrie, Jacques Villeneuve relance en même temps l'intérêt du championnat. Sa victoire lui permet de garder le contact avec son principal rival... et coéquipier, Damon Hill. A quatre épreuves de la fin, tout reste possible entre les deux pilotes. Les Williams-Renault ont encore dominé tout le monde sur le circuit du Hungaring. Grâce à ce doublé avec Villeneuve et Hill, l'écurie est assurée d'enlever le titre mondial des constructeurs. Et, pour le titre des pilotes, le duel promet encore des surprises. (→ 25)

Le 8 à Paris, le pont Charles-de-Gaulle, le trente-sixième ouvrage sur la Seine, est ouvert à la circulation entre les XIIIe et XIIe arrondissements.

Le pilote canadien est désormais à 17 points de Hill au championnat du monde.

Août

1996

Lu	Ma	Me	Je	Ve	Sa	Di
			1	2	3	4
5	6	7	8	9	10	11
12	13	14	15	16	17	18
19	20	21	22	23	24	25
26	27	28	29	30	31	

Corée du Sud, lundi 12
Des manifestations dégénèrent en violents affrontements avec la police anti-émeute. Les étudiants réclament la réunification du pays. Le gouvernement crie à la manipulation nordiste. (→ 26)

France, mardi 13
L'Insee annonce que l'indice des prix à la consommation a baissé de 0,2 % en juillet. Cette nouvelle alimente les inquiétudes sur les risques de déflation.

Tchétchénie, mercredi 14
Le cessez-le-feu provisoire connaît son premier accroc. Un raid des soldats russes contre un village fait 35 morts parmi les civils. Le jour même, Boris Eltsine signe le décret accroissant les pouvoirs d'Alexandre Lebed pour négocier avec les indépendantistes. (→ 25)

France, mercredi 14
Le nord et l'est du pays connaissent une sécheresse persistante. Le déficit pluviométrique atteint presque les records de 1976.

Belgique, mercredi 14
A Mellet, près de Gosselies, des gangsters attaquent un fourgon de transport de fonds : un mort et un blessé. Cela survient treize jours après la décision du ministre de l'Intérieur, Johan Vande Lanotte, d'autoriser à nouveau de tels transports pendant les heures de jour, couverts par de nouvelles mesures de sécurité.

Jordanie, vendredi 16
A Karak et dans plusieurs autres villes du royaume hachémite, l'annonce d'une hausse du prix du pain, imposée par le FMI, provoque de violentes émeutes. Le roi Hussein dénonce la « main de l'étranger ».

DECES

Lisbonne, mardi 13
Antonio de Spinola, maréchal, premier président du Portugal démocratique et l'une des figures de la Révolution des œillets (*11.4.1910).

Paris, jeudi 15
Sergiu Celibidache, chef d'orchestre allemand d'origine roumaine (*28.6.1912).

Dix grévistes de la faim sont évacués de l'église Saint-Bernard

Paris, lundi 12
Ce matin à l'aube, trois cents CRS ont investi l'église Saint-Bernard pour en évacuer les dix sans-papiers africains en grève de la faim depuis le 4 juillet. Ils ont été hospitalisés de force. La préfecture justifie cette opération en mettant en avant son « caractère humanitaire ». En fin de journée, ces dix personnes avaient toutes regagné leur lieu de jeûne, qui est toujours occupé par deux cent quatre-vingt-dix autres sans-papiers. Un médiateur juge cette évacuation « scandaleuse et stupide ». Plusieurs membres d'associations de soutien et d'autres Africains ont décidé de se joindre à eux pour une grève de la faim tournante. (→ 23)

Douze Africains sans papiers entament une grève pour remplacer les évacués.

Des maisons de colons de nouveau autorisées en Cisjordanie

Israël, lundi 12
C'est la plus forte impulsion donnée depuis quatre ans à la colonisation juive dans les territoires occupés. Le gouvernement Netanyahou autorise l'installation de trois cents maisons mobiles en Cisjordanie et à Gaza. Elles accueilleront en septembre des élèves et du personnel administratif. C'est la première mesure concrète de Benyamin Netanyahou dans ce domaine. Par ailleurs, le ministre de l'Intérieur a promis aux colons de les dédommager pour les « gênes occasionnées par le processus de paix » ! Les Palestiniens, et à leur tête Yasser Arafat, ont toutes les raisons d'être inquiets. Cela s'appelle jeter de l'huile sur le feu. (→ 22)

Cette relance de la colonisation inquiète les Palestiniens (ici à West Bank).

Hold-up de haute volée sur l'aéroport de Perpignan-Rivesaltes

Perpignan, mardi 13
Le temps des diligences n'est plus. Ce sont les avions qui sont attaqués désormais. Il est 18 h 20. Le vol IT 5243 d'Air Inter Europe vient de se poser sur l'aéroport de Perpignan, en provenance de Paris. Ce que les passagers ignorent, mais que tout l'équipage sait, c'est qu'il transporte des fonds pour la Brinks. Ils ne sont pas les seuls à le savoir. Il y a deux camionnettes qui attendent l'avion en bout de piste. Six, peut-être sept, hommes s'avancent. Deux tiennent les pilotes en respect avec leurs armes tandis que les autres foncent vers la soute arrière. Ils s'emparent de 27 kg de billets et disparaissent.

L'Airbus A320 du vol Air Inter Europe 5243 immobilisé après le « braquage ».

Le monstre Dutroux révolte l'opinion en Belgique

Charleroi, samedi 17
Le pédophile Marc Dutroux passe aux aveux. Son témoignage permet la découverte des corps de Julie et Mélissa à Sars-la-Buissière. Et de celui d'un de ses complices, Bernard Weinstein. C'est dès le mercredi 14 que l'enquête est enfin relancée. La gendarmerie remonte jusqu'à un suspect, Marc Dutroux. Celui-ci, condamné en 1989 pour viol sur des mineures, est relâché depuis le mois d'avril 1992. Une perquisition est menée à son domicile de Marcinelle. Sabine Dardenne, 12 ans, et Laetitia Delhez, 14 ans, sont retrouvées au fond d'une cave. Elles auraient subi des sévices sexuels. Marc Dutroux, Michèle Martin et Michel Lelièvre sont arrêtés. Un mandat d'arrêt pour enlèvement et séquestration est délivré. Michel Lelièvre avoue avoir participé au rapt de An Marchal et Eefje Lambrechs. Les jeunes filles avaient disparu à Ostende le 22 août 1995. Les Belges sont boulversés. Ils exigent par une pétition des peines incompressibles pour tous les délinquants sexuels. (→ 25)

Les cadavres de Julie et Mélissa, disparues depuis 14 mois, sont découverts dans la maison de Dutroux à Sars-la-Buissière.

L'Inde bloque le désarmement nucléaire

Genève, mercredi 14
La Conférence sur le désarmement nucléaire, organisée sous l'égide de l'ONU, ne peut que constater son échec. Elle a officiellement renoncé à obtenir l'unanimité. C'est l'Inde, imitée en cela par le Pakistan et l'Iran, qui a opposé un veto définitif à la signature de ce traité historique. Les Etats-Unis ont vivement réagi, accusant ce pays de vouloir saboter quarante ans d'efforts pour mettre fin à la course aux armements. Si l'impasse paraît totale, Washington espère encore soumettre le texte à l'Assemblée de l'ONU. (→ 24.9)

Le 15 à Atlanta, début des Jeux paralympiques avec 3 500 athlètes (→ 25).

La Creuse refuse la désertification rurale

Mortroux, jeudi 15
Le maire du village, comme soixante des deux cent soixante édiles de ce département, va tourner le buste de Marianne qui trône dans sa mairie face au mur. Il y restera jusqu'à ce que le gouvernement se décide enfin à lutter contre la désertification des zones rurales. La Creuse se meurt lentement. Terre d'élevage, elle a été touchée de plein fouet par la crise bovine. La population vieillit et ne cesse de baisser. Il s'ensuit bien sûr une baisse des recettes fiscales. Ce qui empêche le conseil général de lancer des actions d'envergure.

Durcissement du blocus sur le Burundi

Ouganda, samedi 17
Réunis à Kampala, les ministres des Affaires étrangères des pays voisins ou proches du Burundi décident de durcir l'embargo contre ce pays. Ils réclament unanimement le retour à « l'ordre constitutionnel », en clair le départ des putschistes et de leur chef, le major tutsi Pierre Buyoya, et le retour du président déchu, le Hutu Sylvestre Ntibantunganya. Enclavé, le Burundi est coupé du monde. Le dernier vol de la Sabena est parti mercredi. (→ 27.10)

Nouveaux égorgements barbares en Algérie

Algérie, samedi 17
A Batna, dans la région des Aurès, un commando non identifié d'une centaine d'hommes a dressé un faux barrage. Deux autocars s'arrêtent. Ils demandent alors leurs papiers aux passagers : 63 personnes, toutes originaires de la ville voisine, sont forcées à descendre et sont aussitôt égorgées. Parmi elles, des femmes, des enfants et des vieillards. Il y a deux jours, 17 jeunes gens ont aussi été égorgés, accusés de ne pas s'être enrôlés dans le GIA. (→ 6.11)

Août

1996

Lu	Ma	Me	Je	Ve	Sa	Di
			1	2	3	4
5	6	7	8	9	10	11
12	13	14	15	16	17	18
19	20	21	22	23	24	25
26	27	28	29	30	31	

Irak, lundi 19
Dans le nord du pays, de violents combats éclatent entre factions kurdes rivales. (→31)

Etats-Unis, lundi 19
L'avocat Ralph Nader devient le candidat des écologistes pour la présidentielle. (→28)

Mexique, mercredi 21
Une énorme purge frappe la police. Ce sont 737 officiers et sous-officiers de la police judiciaire qui sont révoqués pour extorsions de fonds et corruption. Certains sont aussi accusés de braquages, de trafic de drogue et d'enlèvements.

Grande-Bretagne, jeudi 22
Le gouvernement présente un projet de carte d'identité facultative qui mécontente tout le monde : les eurosceptiques et les nationalistes écossais ou gallois, à cause du drapeau européen avec l'Union Jack.

Israël, jeudi 22
Shimon Pérès rencontre Yasser Arafat. Ce dialogue agace le gouvernement israélien. Les relations entre celui-ci et l'Autorité palestinienne se détériorent chaque jour. (→29)

Europe, jeudi 22
L'annonce conjointe d'une baisse des taux directeurs de la Bundesbank et de la Banque de France apaise les tensions sur les marchés monétaires. Un mark vaut 3,409 francs. (→22.9)

Bruxelles, vendredi 23
Lors du Memorial Van Damme, le coureur marocain Salah Hissou bat le record du monde du 10 000 m en 26 min 38 s 8/100.

Washington, vendredi 23
Entouré d'enfants, Bill Clinton annonce officiellement qu'il accepte les recommandations de la *Food and Drugs Administration* qui classe le tabac parmi les drogues.

France, dimanche 25
Selon un sondage commandé par le ministère de la Défense, 79 % des Français approuvent la professionnalisation de l'armée. (→15.9)

DECES

France, mardi 20
André-Georges Haudricourt, historien, ethnologue et linguiste (*17.1.1911).

A Peyron la transat Québec - Saint-Malo

Saint-Malo, lundi 19
Loïck Peyron arrive en vainqueur dans la cité des corsaires. En même temps, le skipper de La Baule bat le record de la traversée détenu par Serge Madec. Il a fallu sept jours, vingt heures et vingt-quatre minutes à l'équipage de *Fujicolor II* avant d'arriver à bon port. Dans cette course, disputée dans des conditions très difficiles, les concurrents ont affronté quatre jours de tempête. Ce qui permet à Loïck Peyron, 36 ans, de se constituer l'un des plus beaux palmarès de la voile. (→3.11)

Guerre des logiciels entre Clark et Gates

Etats-Unis, lundi 19
La partie qui se joue entre Jim Clark et Bill Gates, le contrôle des accès et de la circulation dans l'Internet, est sans doute l'un des plus gros enjeux industriels de cette fin de siècle. Clark est à la tête de Netscape. Son coup de génie a été de diffuser son logiciel de navigation gratuitement. Quatre internautes sur cinq utilisent donc Explorer. Derrière lui, Gates et Microsoft veulent le rattraper. Les deux hommes et leurs partisans en sont même à s'insulter par réseau et serveurs interposés.

Apartheid... De Klerk demande pardon

Afrique du Sud, mercredi 21
Au nom du Parti national, qui avait instauré l'apartheid en 1948, et en son nom propre, l'ancien président Frederik De Klerk a officiellement et avec une sincère émotion reconnu les erreurs du passé. Il a également exprimé son profond « repentir ». L'événement, suivi par tout le pays, a lieu au Cap, devant la commission Vérité et Réconciliation, présidée par Mgr Desmond Tutu, prix Nobel de la paix. Cette instance examine les crimes commis durant et au nom de l'apartheid. (→26.9)

Boudouani devient champion du monde WBA des superwelters

Cannet-Rocheville, mercredi 21
Laurent Boudouani entre dans la cour des grands en décrochant le titre de champion du monde. Ce Savoyard robuste, médaillé d'argent aux Jeux de Séoul en 1988, n'a pas raté son rendez-vous mondial. Il a infligé à Julio Cesar Vasquez, tenant du titre, le premier KO de toute sa carrière. Au cinquième round, avec un terrible uppercut du droit au menton, Vasquez, assommé, mit un genou à terre. Il cédait quelques instants plus tard. Avec ce titre de champion du monde, le travail de Boudouani est récompensé. Il a atteint son but en mettant son talent au service de l'entraînement. (→8.9)

Laurent Boudouani, 29 ans (à gauche), face à l'Argentin Julio Cesar Vasquez.

La police vide l'église Saint-Bernard

Paris, vendredi 23
Attendue depuis plusieurs jours, l'intervention des forces de l'ordre a eu lieu ce matin à 7 h 50. Près de 1 500 hommes avaient été mobilisés pour évacuer les 300 sans-papiers africains qui occupaient cette église du 18e arrondissement. Les grévistes de la faim ont été hospitalisés et 210 personnes ont été embarquées dans les fourgons de la police. Au vu des gros moyens déployés par celle-ci, la résistance des sans-papiers et des personnes qui les soutiennent et qui étaient présentes dans l'église n'a pas été très longue. Bousculades, coups de matraques, l'évacuation ne s'est pas faite dans la douceur. A l'extérieur, les manifestants, furieux, étaient tenus à distance. (→26)

La porte défoncée à coups de bélier, Aboubakar Diop est traîné sur le parvis.

Traces d'explosif sur le Boeing de la TWA ?

New York, vendredi 23
L'annonce fait la une du *New York Times* : le FBI a découvert des traces d'explosif sur des débris du Boeing de la TWA qui a explosé en plein vol le 17 juillet. Il s'agit là du premier indice allant dans le sens de la thèse criminelle. Ce sont des traces de PETN que les spécialistes du FBI ont découvertes. C'est un explosif très puissant, souvent employé pour les détonateurs et dans les missiles. Les responsables de l'enquête ont tenté de réduire la portée de cette découverte en déclarant que le FBI continuait ses analyses. Elle vient simplement s'ajouter à un faisceau de présomptions.

De troubles protections pour Dutroux

Marc Dutroux, déjà condamné, en 1989, pour enlèvement et viol de mineures.

Charleroi, dimanche 25
Georges Zicot, inspecteur principal de la police judiciaire de Charleroi, est interpellé par la gendarmerie à son domicile. Le policier a été placé sous mandat d'arrêt car il aurait couvert Marc Dutroux, le meurtrier de Julie et de Mélissa, dans l'affaire des voitures volées. Le jeudi 22, les deux fillettes ont eu des funérailles nationales à Liège. Quant à An et Eefje, il reste encore un espoir de les retrouver. Mais des manquements dans l'enquête ont été révélés. On reproche à Melchior Wathelet, ex-ministre de la Justice, d'avoir signé une libération conditionnelle pour le pédophile en 1992. Une enquête sur l'enquête est prévue. (→ 4.9)

Des négociations confuses en Tchétchénie

Russie, dimanche 25
Alexandre Lebed décide de rentrer à Moscou. Les pourparlers avec les indépendantistes en vue de conclure un accord politique ont échoué. Il a néanmoins réussi à éviter l'assaut contre Grozny que les Russes se préparaient à lancer en signant un véritable cessez-le-feu mercredi 21. Des colonnes de civils fuyaient la ville que l'artillerie fédérale avait commencé à encercler. Lebed peut donc se targuer d'un premier succès alors même que le Kremlin est aux abonnés absents. Boris Eltsine, que Lebed exhorte à le soutenir, ne s'est pas montré depuis plusieurs jours. A Moscou courent les pires rumeurs sur son état de santé. (→ 17.10)

Un va-et-vient pour le général Lebed.

Fin des Xes Jeux paralympiques à Atlanta

Atlanta, dimanche 25
Les Etats-Unis ont également brillé aux Jeux paralympiques. Avec cent quarante-quatre médailles – dont 42 en or –, la délégation américaine a dominé son sujet. La France s'est bien comportée en terminant en cinquième position (93 médailles). Tout au long des compétitions, les sportifs handicapés ont démontré l'étendue de leur volonté. De très nombreux records du monde ont été battus en athlétisme et en natation. L'élévation du niveau est à mettre au compte de l'excellence de la préparation. C'est le cas de la nageuse française Béatrice Hess, sextuple médaille d'or. Elle s'entraîne au moins deux heures par jour.

Tony Volpentest, l'or au 100 m le 19.

Treizième attentat en Corse en douze jours

Corse, dimanche 25
Cette dernière explosion visait la mairie d'un village au sud de Bastia. Mais les précédentes s'en sont prises aussi bien à une capitainerie qu'à la DDE (Direction départementale de l'équipement). José Rossi, président UDF-PR du conseil général de la Corse-du-Sud, a lui aussi reçu une série d'avertissements de la part des plastiqueurs. La Cuncolta et son pendant clandestin, le FLNC-Canal historique, veulent ainsi marquer l'échec des fameuses tractations « secrètes » avec l'Etat. (→ 5.10)

Schumacher s'impose dans le Grand Prix de Belgique de F1

Hakkinen, Schum et Villeneuve arrosent Jean Todt, patron de l'écurie Ferrari.

Spa, dimanche 25
Au sein de l'écurie Ferrari, on a poussé un « ouf » de soulagement. La victoire de Michael Schumacher a redonné le sourire à toute l'équipe italienne. C'est le deuxième succès du champion du monde cette saison. A Spa-Francorchamps, l'Allemand ne partait pas favori aux côtés des Williams-Renault de Damon Hill et de Jacques Villeneuve. Très vite, dès le 14e tour, Hill perd ses illusions en sortant de la piste. Villeneuve resta longtemps leader de la course avant de voir revenir Schumacher. L'Allemand dépassera le Canadien pour s'imposer facilement. (→ 8.9)

Août

1996

Lu	Ma	Me	Je	Ve	Sa	Di
			1	2	3	4
5	6	7	8	9	10	11
12	13	14	15	16	17	18
19	20	21	22	23	24	25
26	27	28	29	30	31	

Paris, lundi 26
Selon une enquête de l'Insee, le bruit est la première nuisance pour les habitants de la capitale.

Paris, lundi 26
La justice annule quinze des arrêtés d'expulsion prononcés contre les grévistes de la faim de l'église Saint-Bernard.

Corée du Sud, lundi 26
Un tribunal de Séoul condamne les deux anciens présidents sud-coréens Chon Doo-hwan et Roh Tae-woo respectivement à la peine capitale et à 22 ans de prison, pour leur rôle dans le coup d'Etat militaire de 1979 et surtout pour avoir ordonné et couvert la sanglante répression de Kwanju en 1980. (→ 18.9)

Maroc, mardi 27
Les autorités marocaines confirment l'interdiction des pédalos sur les plages de Tanger pour limiter les tentatives d'émigration clandestine vers l'Espagne.

Chicago, mercredi 28
La Convention démocrate désigne sans surprise Bill Clinton et son colistier Al Gore comme candidats du parti à la présidence et à la vice-présidence. (→ 6.10)

Djakarta, vendredi 30
Le gouvernement philippin et les rebelles musulmans séparatistes de l'île de Mindanao concluent un accord de paix, négocié sous l'égide des autorités indonésiennes. (→ 2.9)

Bruxelles, samedi 31
Plus de 20 000 motards défilent pour protester contre la prochaine réglementation européenne les concernant. Elle doit limiter les émissions sonores des motos et imposer de nouvelles protections aux motards eux-mêmes.

Liban, samedi 31
Le Premier ministre Rafic Hariri lève les mesures d'exil qui frappaient le général Michel Aoun, réfugié en France. Celui-ci peut désormais revenir au pays des Cèdres. En pleine élection, c'est un geste électoral vers les chrétiens. (→ 2.9)

DECES

Paris, samedi 31
Christine Pascal, comédienne et réalisatrice de cinéma (*29.11.1953).

Rentrée scolaire pour les « rythmes Drut »

Strasbourg, mardi 27
Le ministre de la Jeunesse et des Sports est en Alsace pour étrenner la réforme des rythmes scolaires qui porte son nom. L'école Gutenberg est l'une des 170 écoles retenues comme sites pilotes. Il s'agit, pour les enfants, de libérer trois après-midi par semaine pour la pratique des disciplines de « sensibilité » : les sports, les arts plastiques et toutes les activités culturelles. Les matières traditionnelles sont concentrées le matin. La réforme concerne 113 000 enfants alors que 20 % des écoles ont choisi la semaine de quatre jours.

Tapie transformé en comédien par Lelouch

Tapie devient un avocat d'affaires dans « Hommes, femmes, mode d'emploi ».

France, mercredi 28
Tapie a beau faire l'histrion devant une caméra, il n'en perd pas pour autant le sens des affaires. En lieu et place d'un cachet qui eût aussitôt attiré les sollicitudes empressées de ses créanciers, il a mis son salaire en participation. Les 23,75 % qu'il s'est très généreusement octroyé sur les bénéfices seront en fait perçus par une société. A part ça Bernard Tapie se retrouve à l'écran, plus vrai que nature. Il incarne un avocat qui est aussi plein aux as que grande gueule. L'intrigue est au moins aussi touffue que l'imbroglio juridico-financier du citoyen Tapie. Il eût donné matière à un scénario autrement croustillant que ce happy end où le héros bafoué retrouve sa dignité. (→ 5.9)

Les municipales sont reportées en Bosnie

Bosnie, mardi 27
L'Organisation pour la sécurité et la coopération en Europe (OSCE) a décidé de reporter les municipales prévues le même jour que le scrutin général du 14 septembre. Plus que les élections présidentielles et que les législatives, fédérales et nationales, ce vote était le plus important car le moins prévisible et le plus lourd de conséquences immédiates pour la vie quotidienne des Bosniaques. Les Musulmans avaient même menacé de boycotter tous les votes si celui-ci n'était pas reporté. Leurs griefs sont clairs : les Serbes refusent d'inscrire les anciens résidents déplacés sur leurs listes électorales. (→ 9.9)

Décryptage de l'écriture de l'île de Pâques ?

Saint-Pétersbourg, mercredi 28
L'écriture des anciens habitants de la mystérieuse île de Pâques risque de garder ses secrets encore pas mal de temps. Les seuls vestiges dont on dispose se résument à vingt et une tablettes de bois, couvertes de signes indéchiffrables. Et ce ne sont pas les thèses contradictoires avancées par un Américain et deux Russes qui pourront éclaicir le problème. Ils proposent en effet des explications différentes quant au sens de ces étranges symboles, mais aucun n'en fournit une véritable traduction. L'aristocratie pascuane, décimée par les négriers péruviens en 1863, était la seule à les maîtriser.

Attaques des guérilleros de l'EPR contre l'armée au Mexique

Mexique, jeudi 29
Dans l'Etat de Guerrero, l'un des plus pauvres du pays, les soldats de l'Armée populaire révolutionnaire (EPR) lancent près d'une dizaine d'attaques contre des sites militaires et des postes de police. Dans les rangs gouvernementaux, ces actions ont fait treize morts. Ce sont les opérations les plus violentes que cette nouvelle force, apparue depuis le 28 juin, ait jamais effectuées. L'EPR a récemment déclaré vouloir prendre le pouvoir dans l'Etat de Guerrero. Les zapatistes du Chiapas se sont très vite démarqués de cette nouvelle guérilla, que certains disent manipulée par le pouvoir.

Un groupe de l'Armée populaire révolutionnaire (EPR) dans l'Etat de Guerrero.

Arafat lance un appel à la grève générale

Jérusalem, jeudi 29
Dans la partie orientale de la ville, comme dans toutes les grandes cités de Cisjordanie, l'appel à la grève a été largement suivi. Les boutiques sont fermées, les rues vides, et seuls patrouillent les soldats israéliens. Pour protester contre la reprise de la colonisation juive, Yasser Arafat se dit prêt à étendre le mouvement. Il doit aussi composer avec l'aile dure de l'Autorité palestinienne, tentée par une reprise de l'Intifada. En marge de ce coup de semonce, les contacts ont néanmoins repris entre Israéliens et Palestiniens. (→ 4.9)

Cri de colère et de désespoir des éleveurs de bovins à l'Elysée

Les éleveurs de la « marche de l'espoir », partis le 11 de Charroux (Vienne).

France, vendredi 30
Les cinq éleveurs de la « marche de l'espoir » ont un peu repris espoir. Représentants d'une profession plus que sinistrée par la crise de la vache folle et par celle, liée à la première, du marché bovin, ils ont été presque étonnés de l'accueil que les Parisiens leur ont réservé. Pendant que leurs vaches broutaient l'herbe du Champ-de-Mars, sous l'œil ravi des touristes et des photographes, ils ont été reçus par Jacques Chirac qui les a assurés de son soutien. La veille, d'autres syndicats agricoles ont effectué plus de 2 000 opérations sauvages pour contrôler les origines des cargaisons de viande importée. (→ 1.9)

Contre l'esclavage sexuel des enfants

Stockholm, samedi 31
Le premier Congrès mondial contre l'exploitation sexuelle des enfants achève ses travaux avec une longue déclaration mettant l'accent sur trois axes principaux : la prévention, la coopération internationale et la réinsertion des victimes. La réunion, organisée par la Suède et l'Unicef, a rassemblé des représentants de 126 pays et de nombreuses ONG. Son but n'était pas de tout résoudre mais de faire le point sur ce fléau qui touche tous les continents. Il s'agit autant du tourisme sexuel en Asie (300 000 enfants prostitués en Inde, 250 000 en Thaïlande) et également en Amérique latine que des affaires d'inceste et de pédophilie en Europe et aux Etats-Unis. Avec un nouveau défi, la surveillance d'Internet.

Triomphe des cyclistes français aux championnats du monde

Manchester, samedi 31
Visiblement, les héros d'Atlanta ne sont pas fatigués. Déjà en évidence aux Jeux olympiques, les pistards français se distinguent encore. La France a remporté quatre des douze titres mondiaux mis en jeu. Félicia Ballanger, le chef de file chez les femmes de la spécialité, a confirmé qu'elle est bien la plus rapide. Elle a gagné deux titres à elle toute seule. Marion Clignet n'était pas en reste en dominant l'épreuve de poursuite. Sur sa lancée, la Franco-Américaine envisage de s'attaquer au record de l'heure. Enfin, le prodigieux Florian Rousseau, âgé de 22 ans, champion olympique du kilomètre, a survolé le tournoi de la vitesse. Il n'a pas perdu une seule manche...

La Vendéenne Félicia Ballanger confirme son titre olympique de vitesse.

Saddam renvoie ses troupes au Kurdistan malgré l'interdit

Les hommes de Massoud Barzani (PDK) ont repris Erbil avec l'aide de Hussein.

Irak, samedi 31
L'armée irakienne a massivement pénétré au nord du 36e parallèle. Cette zone est théoriquement placée sous la protection des alliés depuis avril 1991, pour justement mettre les Kurdes à l'abri de toute incursion aérienne ou terrestre irakienne. Le président Saddam Hussein explique qu'il vient au secours du PDK, le Parti démocratique du Kurdistan, en conflit avec l'Union populaire du Kurdistan (UPK) pour le contrôle de la ville d'Erbil. Hussein, défiant ouvertement les Etats-Unis, peut, à sa décharge, invoquer l'ingérence iranienne pour reprendre pied dans une zone riche en pétrole. (→ 7.9)

Septembre

1996

Lu	Ma	Me	Je	Ve	Sa	Di
						1
2	3	4	5	6	7	8
9	10	11	12	13	14	15
16	17	18	19	20	21	22
23	24	25	26	27	28	29
30						

Bruxelles, dimanche 1er
Il apparaît de plus en plus que la Commission européenne a tout fait, entre 1990 et 1995, pour minimiser l'ampleur et la gravité de l'épidémie d'ESB afin de protéger le marché de la viande. (→ 9)

Belgique, dimanche 1er
La ceinture de sécurité devient obligatoire pour tous les enfants. Les parents devront veiller à la fixer qu'ils soient assis à l'avant ou à l'arrière.

Liban, lundi 2
Sans surprise, c'est la liste du Premier ministre Rafic Hariri qui remporte les élections législatives, marquées par une forte abstention.

France, mardi 3
L'Insee publie les résultats de son enquête sur le patrimoine des ménages : 5 % des Français possèdent 40 % du patrimoine national.

Lille, jeudi 5
La société belge d'exploitation Bert-Claeys inaugure un nouveau multisalles. Il s'agit d'un immense complexe de 23 salles de cinéma.

Paris, jeudi 5
Le Conseil constitutionnel constate la déchéance de Bernard Tapie de son mandat de député des Bouches-du-Rhône. Elle prend effet au 24 juillet et le rend inéligible pour cinq ans. (→ 7.11)

Paris, vendredi 6
Pierre Lescure annonce la fusion de Canal + et de Nethold, un consortium néerlandais et sud-africain qui est le troisième opérateur mondial de télévision à péage hors des Etats-Unis.

France, vendredi 6
Le marché du téléphone portable a beau connaître une très forte croissance, la France reste pourtant à la traîne avec un des taux de pénétration les plus faibles et 1 813 200 abonnés. (→ 8.10)

Las Vegas, dimanche 8
Le combat a duré 109 secondes. C'est le temps qu'il a fallu au boxeur Mike Tyson pour battre son compatriote Bruce Seldon en WBA et empocher 15 millions de dollars. Les spectateurs n'ont pas apprécié et ont crié au trucage. (→ 9.11)

Claudie André-Deshays revient de Mir

Kazakhstan, lundi 2
A peine est-elle sortie de la capsule Soyouz que la première cosmonaute française, Claudie André-Deshays, souriante et en pleine forme, se dit disponible pour une autre mission si tout se passe aussi bien que celle-ci. Les expériences en orbite durant la mission *Cassiopée* ont toutes été menées à leur terme. En particulier, celle concernant les pleurodèles, des amphibiens qui ont pondu des œufs en apesanteur. Les enregistrements vont maintenant être analysés par la quarantaine de laboratoires associés à cette mission. L'an prochain, la « doublure » de Claudie volera trois semaines et Mir devrait accueillir un Français pour 120 jours en 1999.

Elle a passé plus de 16 jours en orbite.

Paix aux Philippines avec la guérilla

Manille, lundi 2
Le président Fidel Ramos réussit là où ses prédécesseurs ont échoué : faire la paix avec le FMLN (Front Moro de libération nationale) et son leader, Nur Misuari. Le chef de la guérilla musulmane et le président philippin signent un traité de paix, négocié sous l'égide de l'Indonésie, qui met fin à 25 années de guerre (et 100 000 morts). Plusieurs régions de la grande île du sud, Mindanao, où sont concentrés les musulmans, ont droit à l'autonomie. Misuari, lui, rentre dans le rang. Les groupes terroristes et intégristes ont, eux, décidé de continuer la lutte.

Netanyahou serre la main d'Arafat... Le Likoud crie à la trahison

Israël, mercredi 4
Malgré le peu de sympathie que les deux hommes éprouvent l'un pour l'autre, Yasser Arafat et Benyamin Netanyahou devaient bien finir par se rencontrer. L'événement a eu lieu au poste frontière d'Erez. C'est le minimum qu'a pu faire le Premier ministre israélien pour satisfaire les Etats-Unis et les pays soutenant les accords d'Oslo. Une rapide poignée de mains a ouvert les entretiens, mais à l'issue de ceux-ci les deux hommes n'ont pas voulu renouveler leur geste. Cette rencontre n'a rien donné : pas de date ou d'engagement précis. Mais le Likoud estime que Netanyahou trahit sa cause. (→ 18)

C'est au point de passage d'Erez que les deux hommes se sont rencontrés.

De l'essence avec de l'eau et une plante...

New Delhi, mercredi 4
A force d'obstination, Ramer Pillaï est enfin pris au sérieux. L'Indian Institute of Technology, agissant pour le compte du ministère de la Science, teste son essence miracle qui fascine les scientifiques indiens. Il semblerait qu'elle donne entière satisfaction. Agé de 30 ans, cela fait sept années que Pillaï tentait de convaincre les incrédules : changer l'eau en essence. Cela grâce à une plante, dont l'identité est bien sûr gardée secrète. Mélangée avec de l'eau, elle donne une mixture qui, après des opérations chimiques très simples, aboutit à un hydrocarbure.

Découverte des corps d'An et Eefje à Jumet

Eefje Lambrechs et An Marchal.

Belgique, mercredi 4
Les ossements découverts à Jumet sont bien ceux de An et Eefje. Les Limbourgeoises, disparues depuis le 22 août 1995 sur la côte, ont été identifiées grâce à une montre et à des fragments de dentition. Lundi, Marc Dutroux a indiqué le lieu où étaient enterrés les corps. Il avoue alors avoir confié An et Eefje à son comparse Bernard Weinstein, qu'il a éliminé depuis. Ce dernier aurait brûlé les corps avant de les enterrer dans son hangar, sous une dalle en béton. Le roi Albert II a réitéré sa volonté de tout mettre en œuvre pour que la clarté soit faite dans l'enquête en cours sur les enlèvements. (→ 10)

Vers l'adhésion de la Pologne à l'UE ?

Varsovie, jeudi 12
Devant les deux Chambres de la Diète, Jacques Chirac prononce la phrase que les Polonais attendaient depuis des années : « Je souhaite que dès l'an 2000 la Pologne ait rejoint notre Union européenne. » Pour son premier voyage officiel dans un pays de l'ex-Europe de l'Est depuis son élection, Jacques Chirac s'est montré d'un optimisme débordant. Il a aussi plaidé pour l'adhésion de la Pologne à l'Otan en 1997. Mais, concernant l'UE, ses engagements laissent les spécialistes sceptiques. L'Europe a déjà fort à faire avec la réforme de Maastricht. (→ 3.11)

Premières élections législatives et présidentielles en Bosnie

Un meeting du Parti d'action démocratique (SDA), du président Izetbegovic.

Sarajevo, samedi 14
Selon les observateurs de l'OSCE (Organisation pour la sécurité et la coopération en Europe), le double scrutin s'est déroulé dans le calme et sans incidents notables. Il s'agissait d'élire la présidence collégiale (un président pour les communautés serbe, musulmane et croate) et la Chambre des représentants pour toute la Bosnie. La participation, qui oscille entre 60 % et 70 %, est moins forte que prévu. C'est le chassé-croisé des électeurs, pour ceux qui devaient aller voter sur leur ancien lieu de résidence, qui a posé le plus de problèmes : les Musulmans subissant les tracasseries incessantes et l'hostilité des Serbes. (→ 18)

Clinton réagit aux provocations irakiennes

Washington, samedi 14
Déterminé, le président américain menace Bagdad d'une riposte « très forte » et de lourdes représailles si l'Irak ne retire pas immédiatement ses missiles antiaériens. Jeudi, trois d'entre eux auraient été tirés contre des avions américains. Bill Clinton a confirmé l'envoi de bâtiments de guerre dans le Golfe et d'avions furtifs. L'armée de Saddam Hussein et ses alliés kurdes ont parachevé leur victoire éclair lundi dernier en prenant Souleimanieh, le bastion de l'Union patriotique du Kurdistan (UPK). Clinton doit également faire oublier le fiasco de la CIA qui avait rassemblé des centaines d'opposants en vue d'un putsch : ils n'ont pas eu le temps d'intervenir. (→ 16)

Le « Carl Vinson » dans le Golfe.

Strasbourg refuse les vols de nuit de DHL

Alsace, samedi 14
Il semble que le chantage à l'emploi n'émeuve pas vraiment les habitants de l'agglomération strasbourgeoise : 15 000 personnes descendent dans la rue pour manifester. Ils refusent en bloc l'implantation de la nouvelle plate-forme aéroportuaire de DHL, le géant américain du fret et du colis express, sur les pistes de l'aéroport d'Entzheim. C'est la défense de la tranquillité nocturne des riverains qui a abouti à cette mobilisation massive. Les 1 500 emplois promis par DHL d'ici à 2005 n'ont pas pesé bien lourd face à la qualité de la vie. Le long cortège a défilé au son de l'enregistrement d'un bruit de fond, capté en Belgique dans un village proche d'un site DHL.

Dix-sept vols sont prévus chaque nuit.

Fin d'alerte pour les missiles d'Albion

Haute-Provence, dimanche 15
L'armée de l'air met fin, comme annoncé, à la « posture d'alerte » du GMS, le premier Groupement de missiles stratégiques, du plateau d'Albion. D'une portée de 1 000 à 3 000 km, ses missiles visaient les principales villes russes depuis 1971. Leurs têtes nucléaires représentent mille fois la puissance d'Hiroshima. Les dix-huit silos en béton armé sont disséminés sur plusieurs centaines de kilomètres carrés. La dissuasion française ne repose plus que sur les sous-marins et l'aviation.

Parnevik gagne le 27e Trophée Lancôme

Saint-Nom-la-Bretèche, dimanche 15
Une carte de 268, soit douze en dessous du par, a permis au Suédois Jesper Parnevik de gagner l'épreuve devant l'Ecossais Montgomerie, le vainqueur en 1995, qui termine deuxième. Grâce à ses nerfs d'acier, le Suédois, âgé de 31 ans, a réussi à conserver la tête jusqu'au bout. A l'issue des trois premiers tours, alors qu'il jouait dans la même partie que Colin Montgomerie, Parnevik avait un coup d'avance. Il est parvenu à conserver ce mince avantage grâce à un birdie au trou 14. Le Trophée Lancôme avait alors trouvé son vainqueur.

Le Suédois empoche 870 000 francs.

Bossi veut constituer un Etat de Padanie

Venise, dimanche 15
C'est à quelques pas de la place Saint-Marc qu'Umberto Bossi, le bouillonnant leader de la Ligue du Nord, déclare l'indépendance de la Padanie. Ce néologisme créé par les léguistes désigne toutes les régions de la plaine du Pô. Avec son hymne, son gouvernement en exil et, enfin, sa garde nationale, la nation padane pourrait relever du folklore. Mais Bossi a déjà prouvé qu'il fallait le prendre au sérieux. Les partisans de l'unité ont été bien plus nombreux à manifester contre la sécession.

Septembre

1996

Lu	Ma	Me	Je	Ve	Sa	Di
						1
2	3	4	5	6	7	8
9	10	11	12	13	14	15
16	17	18	19	20	21	22
23	24	25	26	27	28	29
30						

Suisse, lundi 16
Le Conseil fédéral annonce l'abattage de 230 000 vaches, soit le tiers du cheptel bovin suisse. L'opération doit durer 30 mois et coûter 1,3 milliard de francs français. Cette mesure, dont l'ampleur a surpris les milieux vétérinaires, vise à éradiquer totalement l'ESB et assainir le marché de la viande. (→ 23.10)

Turquie, lundi 16
Un pont aérien évacue les 2 500 Kurdes irakiens réfugiés sur une base turque. Ils avaient été rassemblés par la CIA dans le cadre de son plan visant à renverser Saddam Hussein et à renforcer la résistance et l'opposition au régime de Bagdad. Ils seront hébergés sur l'île de Guam avant d'émigrer aux Etats-Unis.

Montereau, mardi 17
Un adolescent en tue un autre en exhibant et en manipulant un revolver devant ses camarades d'école. Ce drame relance le débat sur la sécurité dans les établissements scolaires.

Israël, mercredi 18
Le leader travailliste Shimon Pérès annonce son retrait de la vie politique. (→ 26)

Bordeaux, mercredi 18
La cour d'appel décide le renvoi de Maurice Papon devant les assises. Si son pourvoi en cassation échoue, il deviendra le premier haut fonctionnaire français à être jugé pour complicité de crimes contre l'humanité durant l'Occupation.

France, samedi 21
Neuf ans après la mort d'Edgar P. Jacobs, leur créateur, parution d'un nouvel album, le treizième, des aventures de Blake et Mortimer, *l'Affaire Francis Blake*, dû à Ted Benoît et Jean Van Hamme. (→ 17.10)

Nantes, dimanche 22
L'équipe de France de tennis se qualifie pour la finale de la Coupe Davis qui l'opposera à la Suède. Les Français ont éliminé *in extremis* l'Italie, trois victoires à deux. (→ 1.12)

DECES

Los Angeles, dimanche 22
Dorothy Lamour, actrice de cinéma (*10.12.1914).

Enquête en Suisse sur l'or des nazis

Berne, lundi 16
Le gouvernement suisse approuve un projet de loi qui va permettre de faire la lumière sur les agissements troubles des banques helvètes au cours de la dernière guerre. Malgré le lobbying intense des banquiers, ceux-ci vont devoir révéler à une commission *ad hoc* le contenu de leurs coffres. Cette enquête sur un sujet embarrassant concerne aussi bien les avoirs (essentiellement de l'or) déposés par les nazis que ceux de leurs victimes juives. (→ 25.10)

Record de plongée en apnée par Pelizzari

L'Italien a plongé à 131 mètres.

Sardaigne, lundi 16
Le nom d'Umberto Pelizzari est bien connu dans le monde de la plongée en apnée. Détenteur de plusieurs records, l'Italien ajoute une ligne à son palmarès avec une plongée à 131 mètres sous les flots accomplie en trois minutes et trente-deux secondes. Cet admirateur du film de Luc Besson, *le Grand Bleu*, a réalisé un véritable exploit. Privé d'entraînement depuis une semaine à cause du mauvais temps, Pelizzari a réussi son pari. En plongée, le cœur de cet adepte du yoga bat à vingt-cinq pulsations par minute...

Scandale à Monaco... et Stéphanie divorce

Monaco, lundi 16
Ses avocats l'annoncent de manière officielle : Stéphanie de Monaco va divorcer de Daniel Ducruet. Une ultime tentative de conciliation n'a rien donné. C'est la publication, il y a quinze jours, de photos des ébats de son mari avec une strip-teaseuse par la presse italienne qui aura tout déclenché. Ducruet parle de coup monté. Mais les photos – de celles que tout paparazzo rêve de prendre un jour – ne laissent aucun doute. Sur les bords d'une piscine, le mari volage semble très à l'aise avec son « amie » belge. Le prince Rainier n'aime guère les libertins.

Fily Houteman par qui le scandale...

Nouvelle accusation dans l'affaire Cools

Liège, mercredi 18
Trois inculpés dans l'assassinat d'André Cools citent le nom de Guy Mathot comme commanditaire. Il s'agit de Domenico Castellino, Carlo Todarello et Richard Taxquet. Ces accusations ont été confirmées par l'avocat de Taxquet. Le parquet de Liège n'a pas levé l'immunité parlementaire de Guy Mathot. Son avocat, Me Franchimont, dépose plainte. Le député wallon s'oppose vigoureusement à de telles attaques. Aussi réclame-t-il une confrontation avec ses détracteurs. (→ 22.11)

Izetbegovic est élu président en Bosnie

Sarajevo, mercredi 18
Avec 729 034 voix, Alija Izetbegovic arrive largement en tête de l'élection présidentielle bosniaque. C'est donc lui qui sera le premier président de la Bosnie indépendante. En fait, il conduira la présidence collégiale et tricéphale qui comprend également le Serbe Momcilo Krajisnik et le Croate Kresimir Zubak. Quant à la Chambre des représentants, les trois partis nationalistes sont gagnants dans les trois communautés. Les leaders l'ont martelé durant toute la campagne : il s'agissait d'apparaître uni face aux ennemis d'hier. C'est la raison pour laquelle les oppositions affichent des scores aussi faibles. Elles ont eu du mal à faire entendre leur voix face à la surenchère des partis nationalistes. (→ 30)

Honda vainqueur du Bol d'or sous la pluie

William Costes partage le guidon de la Honda n°3 avec Vieira et Lavieille.

Le Castellet, samedi 21
Le 60e Bol d'or a tenu toutes ses promesses. Honda y a signé son quatorzième succès. Au terme d'une épreuve marquée par des pluies abondantes, l'équipage français composé d'Alex Vieira, Christian Lavieille et William Costes devance de trois tours à l'arrivée la Suzuki de Rymer-Polen-Goddard. Cette moto avait occupé longtemps la tête de la course avant de céder la place à Honda lors d'un ravitaillement. En raison des pluies diluviennes, la course a été arrêtée pas moins de cinq fois. L'épreuve d'endurance a été marquée par l'accident de Serge Vieira sur Kawasaki. (→ 6.10)

Affaire d'espionnage sur les côtes de Corée

Corée du Sud, mercredi 18
La sidérante tentative d'infiltration nord-coréenne, la plus importante du genre, tourne au massacre. Hier, des pêcheurs et des soldats avaient découvert un sous-marin de poche échoué sur la côte. Une gigantesque chasse à l'homme, mobilisant des milliers de militaires, était aussitôt déclenchée. La traque a abouti à une macabre surprise : les corps de onze hommes, abattus. D'après un espion capturé, huit ou neuf hommes sont encore en cavale.

Les Quinze étudient l'avenir de l'euro

Dublin, dimanche 22
A chaque réunion des ministres des Finances de l'Union européenne, la mise en place de la future monnaie unique devient à chaque fois un peu plus irréversible. Les Quinze ont fini par adopter le principe du « pacte de stabilité » que les ministres français et allemand, Jean Arthuis et Theo Waigel, ont précisé et « verrouillé » au cours de la semaine dernière. A coups de déclarations et d'articles dans la presse internationale, les deux hommes ont expliqué les règles et la discipline budgétaires requises pour convaincre les marchés et tous les sceptiques que l'échéance du 1er janvier 1999 sera respectée. (→ 27)

A Villeneuve la manche du Portugal

Estoril, dimanche 22
Après le Grand Prix du Portugal remporté par Jacques Villeneuve, neuf points seulement séparent le pilote canadien du leader, Damon Hill, son coéquipier. Le suspense pour l'attribution du titre mondial reste complet avant la dernière course de la saison au Japon. Hill a dû laisser filer la victoire après un ravitaillement. Villeneuve, dont c'est la première saison en Formule 1, a piloté en virtuose pour enlever la course. Hill, remercié par Williams-Renault au mois d'août, compte bien prendre sa revanche à Suzuka. Il ne lui manque qu'un point pour gagner le titre. (→ 13.10)

Jean-Paul II est venu célébrer Clovis

Accueilli le 19 à Tours par Jacques Chirac, le pape s'est rendu le lendemain en Bretagne, à Sainte-Anne-d'Auray.

Reims, dimanche 22
Dernière étape de son voyage de quatre jours en France, la messe de Reims célèbre un mythe fondateur de la nation française, les 1 500 ans du baptême de Clovis. C'est parce qu'il a abandonné, avant tous les autres princes francs, le paganisme au profit du christianisme que la France s'est longtemps vu appeler la fille aînée de l'Eglise. Mais, plus que les polémiques sur l'opportunité d'une telle célébration, c'est la santé vacillante et la fatigue du souverain pontife qui ont retenu l'attention des fidèles et des observateurs. Après son arrivée à Tours et ses étapes en Bretagne, à Saint-Anne-d'Auray, et à Saint-Laurent-sur-Sèvre, en terre vendéenne, son discours de Reims est des plus consensuels. Il rend hommage aux composantes diverses de ce vieux pays, à la pluralité de ses identités. Ce faisant, il enterre la polémique sur Clovis et la laïcité sans pour autant renier ses positions morales rigoristes. Il n'y a pas de quoi ranimer la guerre religieuse.

Une tapisserie du baptême de Clovis.

Découverte d'outils en pierre vieux de 176 000 ans en Australie

L'aborigène Paddy Carlton sur le site de Jinmium, au nord-ouest du continent.

Australie, dimanche 22
Des archéologues rendent publics les résultats d'une découverte qui pourrait bouleverser les certitudes sur le peuplement de l'Australie et l'émergence de l'*homo sapiens* à la surface de notre Terre. Dirigée par Paul Tacon, autorité incontestée de l'Australian Museum, cette équipe a mis au jour dans le nord-ouest de ce continent-pays des cercles gravés dans la roche, vieux de 75 000 ans, selon les premières datations. Ces milliers de figures concentriques sont pour l'instant les plus vieilles traces humaines jamais exhumées. Mais les outils trouvés sur le site sont encore plus anciens : de 116 000 à 176 000 ans. Un sacré coup de vieux pour les aborigènes.

Septembre

1996

Lu	Ma	Me	Je	Ve	Sa	Di
						1
2	3	4	5	6	7	8
9	10	11	12	13	14	15
16	17	18	19	20	21	22
23	24	25	26	27	28	29
30						

Moscou, mercredi 25
L'équipe de médecins qui suit Boris Elstine affirme, après plusieurs semaines de tergiversations, que celui-ci devra subir un multiple pontage coronarien d'ici à la fin décembre. (→ 26)

Etats-Unis, jeudi 26
L'affaire fait la une des journaux. Un garçon de 6 ans a été expulsé quelques jours de son école pour avoir embrassé sur la joue une petite camarade qui, d'ailleurs, le lui avait demandé. Motif du renvoi : harcèlement sexuel.

Afrique du Sud, jeudi 26
Un ancien officier des services secrets sud-africains, Eugene De Kock, affirme devant la commission Vérité et Réconciliation que ce sont ces services qui ont commandité l'assassinat, jamais élucidé, de l'ancien Premier ministre suédois Olof Palme. (→ 11.10)

Dublin, vendredi 27
Les Quinze signent la Convention européenne sur l'extradition. Les infractions politiques et le droit d'asile pour motif idéologique ou politique n'existent plus entre les pays membres de l'Union.

Argentine, vendredi 27
Le plus important mouvement de mécontentement depuis l'élection de Carlos Menem s'achève : deux jours de manifestations et de grèves contre la politique de rigueur sociale et économique du gouvernement.

Europe, vendredi 27
L'Espagne et l'Italie adoptent le même jour des budgets d'austérité sans précédent. Leur objectif est d'assainir leurs finances publiques avec, en ligne de mire, la nécessité de se conformer aux critères de convergence économique édictés par le traité de Maastricht. (→ 7.10)

Espagne, dimanche 29
Trois Suisses remportent la Vuelta, le tour cycliste d'Espagne : Alex Zülle, Laurent Dufaux et Tony Rominger.

DECES

Japon, dimanche 29
Shusaku Endo, écrivain et penseur japonais (*1923).

Un plan pour réduire le déficit de la Sécu

Paris, lundi 23
Le ministre des Affaires sociales, Jacques Barrot, présente sa loi de financement de la Sécurité sociale. Alors que le plan Juppé, présenté en novembre 1995, prévoyait même un excédent en 1997, l'objectif de cette nouvelle série de mesures est, plus modestement, de ramener le déficit de 1997, évalué à 47 milliards, à 30 milliards de F. Le ministre table, pour trouver ces 17 milliards d'économies, sur des recettes classiques (hausse des taxes sur l'alcool et le tabac, règlement du contentieux avec l'EDF, encadrement plus serré de la progression des dépenses) que d'aucuns jugent timides. (→ 22.10)

Scotland Yard déjoue un attentat de l'IRA

Grande-Bretagne, lundi 23
La police et les services spéciaux britanniques peuvent être satisfaits de leurs prises. Lors de perquisitions effectuées à Londres, dans le Sussex et le Yorkshire, ils ont mis la main sur dix tonnes d'explosifs, des armes et des caches qui contenaient des bombes prêtes à l'emploi. Depuis plusieurs jours, des informateurs avaient averti que l'IRA allait de nouveau frapper. Plusieurs suspects ont été arrêtés et l'un d'entre eux abattu au cours d'une fusillade. En dépit de l'optimisme affiché par le gouvernement, le passé montre que l'Armée républicaine irlandaise s'est toujours relevée de ces coups durs.

Traité sur les essais nucléaires inachevé

New York, mardi 24
Le traité sur l'élimination des essais nucléaires est enfin signé au siège de l'ONU en grande pompe. Les cinq puissances atomiques et membres permanents du Conseil de sécurité sont les premières à parapher un texte adopté par 158 pays au début du mois après l'échec cuisant des négociations de Genève. L'Inde a décidé de maintenir son opposition qui a valeur de veto. Suivis en cela par le Pakistan, les dirigeants de New Delhi disent, non sans raison, qu'ils ne signeront pas le traité tant que les cinq puissances nucléaires officielles n'auront pas commencé à détruire leurs propres arsenaux.

Réveil de l'Intifada à cause d'un tunnel réouvert à Jérusalem

Israël, jeudi 26
L'annonce de l'ouverture prochaine d'un tunnel destiné aux touristes et qui longe l'esplanade des mosquées dans la vieille ville de Jérusalem a enflammé toute la population des territoires palestiniens, occupés ou autonomes. Il est encore difficile de dire s'il s'agit d'une maladresse ou d'une provocation de la part des autorités israéliennes. Il n'empêche que cela provoque les affrontements les plus violents depuis la fin de l'Intifada. Essayant dans un premier temps de contenir les manifestants, la police palestinienne a fini par se ranger à leurs côtés. Les Israéliens ont perdu onze hommes. (→ 2.10)

La violence des combats avec Tsahal a fait au moins 40 morts côté palestinien.

Lebed inquiet du vide du pouvoir en Russie

Moscou, jeudi 26
Célébrant en fanfare les cent jours de sa nomination à la tête du conseil de sécurité russe, Alexandre Lebed s'est publiquement inquiété du vide du pouvoir à la tête de l'exécutif. Toujours légaliste, le général s'est posé en rempart contre les dérives et les dangers qui guettaient le pays. De fait, la maladie de Boris Elstine l'oblige à reporter toute les décisions importantes. Lebed plaide pour plus de volonté et plus de transparence dans la gestion étatique. De son propre aveu, il dit ne pas savoir qui prend les décisions. (→ 17.10)

Les taliban dans Kaboul

La loi islamique règne sur la ville.

Afghanistan, vendredi 27
L'ordre islamique le plus strict règne dans la capitale. Kaboul est en effet tombé aux mains des taliban après plusieurs jours de siège et après la retraite vers le nord du pays des troupes gouvernementales. L'ancien président Mohammed Najibullah a été exécuté. La charia est entrée en vigueur et a pris les femmes comme première cible. Mais, derrière ces guerriers venus d'un autre âge, se profilent l'ombre non seulement du Pakistan mais aussi des Etats-Unis et de l'Arabie Saoudite. « Pacifiant » le pays, ils rendent possibles de vastes projets de gazoducs. (→ 4.10)

Rebondissements de l'affaire Dutroux

Belgique, dimanche 29
A Anvers, un millier de manifestants se réunissent pour soutenir le juge Jean-Marc Connerotte. Il pourrait être dessaisi du dossier Dutroux pour avoir participé au dîner donné au profit des parties civiles. Selon la RTBF, le dossier Othello, du nom de l'opération de surveillance de Marc Dutroux, est un échec. La gendarmerie n'aurait pas vérifié des informations capitales concernant l'enlèvement de Julie et Mélissa. Jeanine Lauwens, la mère de Marc Dutroux, aurait envoyé une lettre aux autorités judiciaires. Une lettre égarée qui dénonçait les agissements suspects de son fils. (→ 1.10)

Des présidentielles douteuses en Arménie

Erevan, dimanche 29
Une semaine après le scrutin, la commission électorale se résoud à désigner Levon Ter-Petrossian, le président sortant, comme vainqueur des élections présidentielles avec 51,75 % des voix. Depuis sept jours, la situation était devenue explosive dans la capitale arménienne. Tous les courants de l'opposition se sont réunis pour manifester et dénoncer une fraude électorale massive, selon eux. Ces manifestations, d'abord pacifiques, ont dégénéré après que des militants eurent pris d'assaut et occupé le Parlement. Ter-Petrossian a déployé les chars et les troupes anti-émeutes. Le leader nationaliste Vazguen Manoukian est tenu pour responsable des troubles.

Erevan est quadrillé par l'armée.

Bataille avec les Tigres : 1 000 morts

Sri Lanka, dimanche 29
Dans le nord-est de l'île, le dernier bastion des Tigres de Libération de l'Eelam tamoul, Kilinochchi, a fini par tomber aux mains des troupes gouvernementales. La bataille qui durait depuis jeudi a fait plus d'un millier de morts. Durant plusieurs jours, attaques et contre-attaques se sont succédé, très meurtrières. Les Tigres combattent pour la création d'un Etat indépendant pour les deux millions de personnes de la minorité tamoule. Ce conflit, qui se joue aussi à coups d'attentats contre le pouvoir sri-lankais, a fait 50 000 morts en quinze ans. Les Tigres ne sont pas près de déposer leurs armes.

Réunion des membres de la présidence tricéphale en Bosnie

Sarajevo, lundi 30
La présidence collégiale est l'une des institutions communes aux deux entités politiques qui composent la Bosnie : la « Republika Srpska », qui couvre 49 % du territoire au profit des Serbes, et la Fédération croato-musulmane, qui en occupe 51 %. Pour cette première réunion, les trois présidents, Momcilo Krajisnik, Alija Izetbegovic et enfin Kresimir Zubak, sont accompagnés de Carl Bildt, le haut représentant civil en Bosnie. Purement symbolique, cette rencontre va permettre *a posteriori* de légitimer les élections. Les trois hommes sont obligés de s'entendre pour ne pas tout gâcher. (→ 3.10)

M. Krajisnik (Serbe), A. Izetbegovic (Musulman) et K. Zubak (Croate).

Essor des voitures électriques en ville

Strasbourg, lundi 30
La capitale alsacienne a, durant une année, expérimenté les scooters à propulsion électrique. Les résultats sont si concluants que la ville décide d'adopter ce mode de transport. Les véhicules électriques sont en train de gagner du terrain. Grâce aux aides gouvernementales et grâce à la volonté de plusieurs mairies, la flotte ne cesse de s'étoffer : scooters, véhicules utilitaires et de transports en commun, voitures particulières. Les grands constructeurs s'y sont mis : silence, économie et pollution moindre. De beaux atouts !

Le 28 à Tirana, Claire Harrison, une Britannique de 23 ans, Miss Angleterre (1,78 m), devient Miss Europe et reçoit 5 000 $ en prix.

Le 28 à Anapa (Russie), des spécialistes du vol en chute libre battent un record mondial : ils sont 350 à se réunir en plein ciel, à 2 000 m d'altitude.

Pour une nouvelle qualité de vie.

Octobre

1996						
Lu	Ma	Me	Je	Ve	Sa	Di
	1	2	3	4	5	6
7	8	9	10	11	12	13
14	15	16	17	18	19	20
21	22	23	24	25	26	27
28	29	30	31			

Belgique, mardi 1er
L'avocat de Michel Nihoul dépose une requête en suspicion légitime contre le juge d'instruction de Neufchâteau, Jean-Marc Connerotte. (→ 6)

Paris, mardi 1er
Au terme de sept mois de négociations très ardues, Eurotunnel est sauvé *in extremis* du dépôt de bilan, grâce à l'accord trouvé entre les banques et l'exploitant du tunnel. (→ 18.11)

Bruxelles, mardi 1er
Le roi et la reine inaugurent l'exposition Victor Horta, présentée dans le cadre d'Europalia.

Paris, jeudi 3
Le président bosniaque Alija Izetbegovic rencontre son homologue serbe, Slobodan Milosevic. Les deux hommes décident d'établir des relations diplomatiques entre la Bosnie et la République fédérale de Yougoslavie, qui englobe la Serbie et le Monténégro. (→ 15)

Kazakhstan, vendredi 4
A Alma-Ata, les représentants de la Russie et des républiques de la CEI d'Asie centrale font le point sur la situation en Afghanistan. Les cinq pays présents mettent les taliban en garde contre tout débordement frontalier et toute agitation islamiste. (→ 11)

Rio de Janeiro, dimanche 6
Le pilote Olivier Jacque remporte le premier Grand Prix moto de sa carrière en 250 cm^3.

Belgique, dimanche 6
Les recherches et les fouilles reprennent à Jumet, dans une galerie souterraine en brique que Dutroux a lui-même qualifiée d'« intéressante » aux enquêteurs. (→ 9)

Etats-Unis, dimanche 6
Un premier grand débat télévisé oppose Bill Clinton à Bob Dole. Le candidat démocrate conserve une importante avance. (→ 16)

DECES

Tokyo, vendredi 4
Masaki Kobayashi, cinéaste (*4.2.1916).

Los Angeles, samedi 5
Seymour Cray, le père des super-calculateurs (*28.9.1925).

Sept juges européens lancent un appel

Genève, mardi 1er
Ces sept magistrats, parmi lesquels le Français Renaud Van Ruymbeke et le Belge Benoît Dejemeppe, sont en colère. En même temps qu'un livre, ils lancent un appel à leurs gouvernements et aux plus hautes instances européennes pour que soit créé un espace judiciaire européen. Ils se plaignent en effet des entraves et des blocages politiques rencontrés dans leur lutte contre la corruption. Ils se disent écœurés et excédés par les impunités, les affaires étouffées et par l'inefficacité, entretenue, de l'entraide judiciaire.

Nouveau télescope géant à Hawaï

Hawaï, mardi 1er
Un moment éclipsés par *Hubble*, les télescopes terrestres reviennent en force dans la course à la découverte. Au sommet du volcan Mauna Kea, où se trouvent déjà douze stations internationales d'observation de l'univers, l'université technologique de Californie, le Caltech, inaugure Keck II. Avec son miroir de 10 m de diamètre, composé en fait de trente-six petits miroirs hexagonaux et orientables, il s'agit du plus grand télescope jamais mis en service. A côté, le CFH franco-canadien ne fait que 3,5 m de diamètre.

Contamination dans le Golfe confirmée

Washington, mardi 1er
Après cinq années de démentis et de tergiversations, le département de la défense américain, le Pentagone, a enfin reconnu qu'au moins 15 000 soldats américains pourraient avoir été contaminés. Le 10 mars 1991, c'est-à-dire après les combats, les Américains détruisent un bunker irakien. Il s'est avéré ensuite qu'il contenait des armes chimiques. Le vent a rabattu les substances et les émanations chimiques vers les lignes américaines. De nombreux soldats sont malades et certains ont même eu des enfants malformés.

Echec du sommet voulu par Clinton sur la paix au Proche-Orient

Washington, mercredi 2
Les seuls résultats tangibles de ce sommet sont la nouvelle poignée de mains entre Benyamin Netanyahou et Yasser Arafat et la promesse que les négociations vont reprendre dès dimanche. Convoquée à la hâte par Bill Clinton après les événements et l'explosion de violence de la semaine dernière, cette réunion n'a pu régler aucun des sujets de discorde, et ce en dépit des pressions américaines. Arafat n'a rien obtenu concernant le tunnel de Jérusalem qui avait mis le feu aux poudres. Autre grave motif de déception pour les Palestiniens, Hébron, sur lequel les Israéliens ont refusé toute concession. (→ 8)

Face au président américain, Hussein de Jordanie ; face à Arafat, Netanyahou.

Le 2 à Paris, Jane Birkin, 49 ans, fait sa rentrée à l'Olympia pour trois semaines avec un spectacle dédié à Serge Gainsbourg.

Au plus bas, Juppé obtient la confiance

Paris, mercredi 2
La majorité a massivement voté la confiance au Premier ministre, par 464 voix contre 100. Si personne n'a pu douter un instant qu'Alain Juppé obtiendrait ce vote, la grogne et la mauvaise humeur sont manifestes dans les rangs des députés UDF et RPR. Le chef du gouvernement a tenté de convaincre que sa politique était la seule possible et la meilleure qui soit, même si le chômage avait atteint un niveau « inacceptable ». Il a rendu hommage aux Français et à leur « réalisme courageux ». Ils le lui rendent bien mal. Juppé bat en effet des records d'impopularité : sa cote de confiance est tombée à 27 % pour 71 % d'opinons négatives, selon un dernier sondage. (→ 17)

A l'émission « 7 sur 7 », dimanche 6.

Nobel de littérature attribué à une femme

La Polonaise Wyslawa Szymborska.

Stockholm, jeudi 3
Pour la neuvième fois depuis 1901, le jury suédois décerne le prix Nobel de littérature à une femme, Wyslawa Szymborska. Agée de 73 ans, cette poétesse polonaise est pratiquement inconnue en France alors qu'elle est adorée du grand public en Pologne et dans plusieurs pays européens. Sa poésie, d'une facture très classique, s'est toujours tenue à l'écart des modes et des avant-gardes. Son style est d'une limpidité trompeuse. S'y mêlent lyrisme, ironie et réflexions morales et philosophiques. Ce prix, seize ans après celui attribué à Czeslaw Milosz, est un hommage mérité à la poésie. (→ 10)

Mairie de Bordeaux... attentat à la bombe

Le type d'explosif utilisé désignerait une action des Corses du FLNC.

Bordeaux, samedi 5
L'engin a explosé vers 23 h 40, au rez-de-chaussée côté jardin, juste sous les fenêtres du bureau du maire de la capitale aquitaine. Il se trouve que celui-ci s'appelle Alain Juppé. C'est bien sûr le Premier ministre qui était directement visé dans cette action terroriste. Les dégâts sont très importants pour ce magnifique bâtiment du XVIIIe siècle. L'absence de revendication n'empêche pas les enquêteurs de penser très fortement aux nationalistes corses, désireux d'envoyer un « avertissement » au chef du gouvernement. Sa politique de fermeté gêne ceux qui misaient sur des négociations et attendaient en retour des gratifications. Alain Juppé est très isolé. (→ 18)

Situation déplorable de la culture en Russie

Moscou, vendredi 4
Place Maïakovski, des artistes et des intellectuels forment un cortège pour enterrer symboliquement la culture russe, sur fond de *Marche funèbre* de Chopin. Ils entendent protester contre la baisse de 65 % des budgets de la Culture et de la Recherche. La situation est en effet catastrophique. De manifestations en grèves de la faim, les savants et les artistes crient à la ruine de leurs institutions. Et cela provoque une inquiétante fuite des cerveaux.

Cinq géants de la peinture belge à Ostende

Ostende, samedi 5
Le Musée provincial de l'ancienne « reine des plages » du royaume fête ses dix ans par une rétrospective magnifique consacrée à cinq grands noms de la peinture belge moderne. D'abord l'enfant du pays, James Ensor (1860-1949), ensuite Léon Spilliaert (1881-1946), admirateur des symbolistes, Constant Permeke (1886-1952), s'inspirant de la mer et du terroir, et, enfin, les deux grands surréalistes, René Magritte (1898-1967) et Paul Delvaux (1897-1994).

Grand Prix de l'Arc de Triomphe à Peslier

Le jeune jockey Olivier Peslier sur Helissio, un grand bai qui s'envole...

Paris, dimanche 6
Sur son pur-sang français Helissio, Olivier Peslier gagne son premier Arc de Triomphe à Longchamp. Présenté comme le favori de cette 75e édition, Helissio a obtenu sa victoire le plus logiquement du monde. En tête dès le départ, Peslier s'est installé aux commandes pour ne plus les quitter jusqu'au poteau d'arrivée. Malgré leurs efforts, les autres chevaux tels Pilsudski, Zagreb, Classic Cliche ou Darazari n'ont jamais pu menacer Helissio. C'est à l'entrée de la ligne droite que Peslier et Helissio ont porté leur effort. Helissio s'imposait facilement devant Pilsudski monté par W.R. Swinbur et devant Oscar Schindler avec Cash Asmussen.

Guerre entre bandes de motards danois

Les Hell's regroupent 787 membres.

Danemark, samedi 5
Organisée par les Hell's Angels, la fête des Vikings bat son plein. Ils ont même invité tout le voisinage pour améliorer leur mauvaise image de marque. Soudain, vers 3 h du matin, une roquette tirée de l'immeuble en face explose au milieu des convives. Deux personnes sont tuées et dix-neuf autres blessées. C'est un nouvel épisode de la guerre qui, depuis trois ans, oppose deux bandes de motards rivales, les Bandidos et les Hell's. Les affrontements, les bagarres et les attentats ont déjà fait huit morts et soixante blessés. L'enjeu est la suprématie en Scandinavie. Mais, pour la police, il s'agit aussi pour les bandes de contrôler les trafics de drogue et d'armes.

Octobre

1996

Lu	Ma	Me	Je	Ve	Sa	Di
	1	2	3	4	5	6
7	8	9	10	11	12	13
14	15	16	17	18	19	20
21	22	23	24	25	26	27
28	29	30	31			

Israël, mardi 8
Le président Eizer Weizman reçoit Yasser Arafat et appuie la reprise des négociations en exhortant Netanyahou à plus de souplesse. (→ 23)

Belgique, mercredi 9
Eliane Liekendael, procureur général près la Cour de cassation, se dit obligée de proposer le dessaisissement du juge Jean-Marc Connerotte, au motif qu'il avait dîné avec les familles des victimes de Dutroux. (→ 17)

France, jeudi 10
Le dernier album d'Astérix, *la Galère d'Obélix*, est tiré à 2,8 millions d'exmplaires.

Suède, jeudi 10
Le Canadien William Vickrey, qui avait reçu, mardi 8, le prix Nobel d'économie avec le Britannique James Mirrlees, est mort. Le prix Nobel de physique est revenu hier à trois Américains, David M. Lee, Robert C. Richardson et Douglas D. Osheroff. Celui de chimie pour deux autres Américains, Robert F. Curl Jr et Robert Smalley, et un Britannique, Harold W. Kroto. Lundi 7, le prix Nobel de médecine était attribué à l'Australien Peter Doherty et au Suisse Rolf Zinkernagel. (→ 11)

Afghanistan, vendredi 11
Au nord de Kaboul, les taliban doivent faire face à la contre-offensive du commandant Ahmed Shah Massoud et de son allié, le chef ouzbek Abdul Rachid Dostom. Longtemps neutre, celui-ci s'est rallié aux forces gouvernementales après l'attaque des taliban contre ses troupes. (→ 14)

Zaïre, vendredi 11
Le Haut Commissariat aux réfugiés (HCR) évacue son personnel de l'est du Zaïre, où la situation est jugée « très, très dangereuse ». (→ 27)

DECES

Pessac, vendredi 11
Roger Lapébie, vainqueur du Tour de France et grand coureur cycliste des années trente (*6.1.1911).

Saint-Jean-de-Luz, samedi 12
René Lacoste, tennisman, vainqueur de la Coupe Davis (*2.7.1904).

Expérience de vente en euro chez Leclerc

Clichy-sur-Seine, lundi 7
Cinq ans avant l'arrivée prévue de la monnaie unique, les hypermarchés Leclerc se sont mis à l'euro. Lancée en région parisienne, l'expérience doit durer quinze jours et s'étendre aux 509 centres Leclerc du pays. Les prix de deux cents articles tests sont affichés en monnaie européenne et en francs; 1,5 million de pièces ont été frappées. D'une valeur de 1,5 euro, elles sont échangées à l'entrée des magasins contre 10 francs. Les clients qui se prêtent au jeu peuvent régler leurs achats avec. Même si ce n'est pas la première du genre, cette expérience, parrainée par Bruxelles, est inégalée par son ampleur. Coup de publicité selon les grincheux, elle va permettre d'informer le public et de le préparer à l'inéluctable.

Un euro vaut environ 6,50 francs.

Scandale de l'ARC... énorme escroquerie

France, jeudi 10
Le Monde publie les conclusions des enquêteurs de la brigade financière sur l'affaire de l'Association pour la recherche sur le cancer, l'ARC. Les chiffres sont accablants : plusieurs centaines de millions de francs, qui furent offerts par des centaines de milliers de donateurs, ont été versés à des sociétés écrans, sous-traitantes de l'ARC et tenues par des amis de Jacques Crozemarie, Michel Simon et Pascal Sarda. C'est certainement l'une des plus grosses escroqueries de ces dernières années. Les trois hommes se seraient octroyés, sans aucun contrôle et en toute illégalité, des commissions sur des travaux et des expositions itinérantes.

Le marché des portables explose en France

France, mardi 8
Le géant du bâtiment, Bouygues, a clairement affiché ses ambitions : il veut rapidement devenir le troisième grand pôle français du téléphone aux côtés de France Télécom et de la Générale des Eaux. C'est l'arrivée de Bouygues, au printemps dernier, qui a enfin fait décoller le marché du téléphone portable. La France est néanmoins toujours lanterne rouge en Europe occidentale, simplement parce que les portables étaient chers et les investissements insuffisants. Le taux de pénétration est de 3,06 abonnés pour 100 habitants, moins qu'au Portugal et en Grèce. (→ 18)

Il envahit le quotidien des Français.

Fin des six mois de procès de l'apartheid

Afrique du Sud, vendredi 11
Quelques heures après l'énoncé du verdict de la Cour suprême, Nelson Mandela a demandé à ceux de ses concitoyens qui se sentaient « lésés » de l'accepter. Le premier procès de hauts responsables de l'apartheid, au premier rang desquels figurait le général Magnus Malan, un ancien ministre de la Défense, s'est en effet fini sur l'acquittement de tous les prévenus. Malan et neuf généraux étaient accusés d'avoir ordonné la « neutralisation » d'un opposant qui avait tourné au massacre. (→ 30)

Prix Nobel de la paix à deux leaders de la résistance à Timor

Le diplomate José Ramos-Horta.

Oslo, vendredi 11
Les membres du comité Nobel ont encore créé la surprise et sorti une cause de l'oubli. Ils ont décidé en effet d'attribuer le prix Nobel de la paix à deux figures prestigieuses de la lutte du Timor-Oriental contre l'occupation indonésienne. Il s'agit de Mgr Carlos Filipe Ximenes Belo et de José Ramos-Horta. Le premier est évêque de Dili et le second est ambassadeur itinérant, plaidant dans le monde entier la cause de l'indépendance de ce territoire qui fut portugais avant d'être occupé militairement et annexé en 1976 par l'Indonésie. Hommes de dialogue, leur lutte a toujours été pacifique.

L'évêque Carlos Filipe Ximenes Belo.

Morosité au Mondial de l'automobile

La Ka de Ford (moins de 60 000 francs), une rivale de la Twingo Renault.

De Plage ou la Berlingo de Citroën déclinée en coupé (85 000 francs).

Paris, dimanche 13
Il est 22 heures et les immenses halls du Parc des expositions résonnent des centaines de klaxons actionnés sur les stands des constructeurs. Cette cacophonie est une tradition pour marquer la fin du Salon. Le Mondial de l'auto ferme ses portes sur un succès mitigé. Si les visiteurs sont venus en masse – hier, ils ont été 160 000 et tout le sud de Paris s'est retrouvé bloqué –, les carnets de commande n'en sont pas remplis pour autant. Le public est toujours curieux vis-à-vis de l'automobile mais, morosité oblige, il hésite à s'engager sur un coup de tête. De plus, les firmes françaises ont jugé bon de présenter des modèles qui sont loin d'être commercialisés.

Museeuw, champion du monde sur route

A l'arrivée, le Belge Johan Museeuw (à gauche) et le Suisse Mauro Gianetti.

Lugano, dimanche 13
Certains sont inconsolables, comme le Suisse Mauro Gianetti qui avait dessiné le parcours. D'autres encore avaient bombé le torse un peu tôt, comme l'équipe de France. Un seul est heureux. Il a joué au modeste, a caché son jeu et n'a rien dévoilé de ses ambitions. Il s'appelle Johan Museeuw et revêt le maillot arc-en-ciel le jour de ses 31 ans. Au départ, à 10 heures du matin, deux équipes accaparent toutes les attentions : la Squadra Azzurra italienne et des Français qui ont décidé de mettre leurs rivalités en veilleuse pour cette occasion. Le circuit fait 16,8 km de long dans les douces collines du Tessin autour de Lugano. Ce sont 252 km que les coureurs vont devoir parcourir. Museeuw colle à la roue de Gianetti. Vers le 160e km, les deux hommes s'accrochent à une nouvelle échappée, la bonne, celle qui ne sera rejointe par tous ses poursuivants que dans le dernier tour. De ses douze compagnons, le champion belge se sait le meilleur sprinter mais préfère ne pas courir de risque. A dix kilomètres de la fin, dans la montée de Comano, Johan Museeuw porte son attaque et se détache du peloton de tête. Seul Mauro Gianetti parvient à le suivre sans réussir, pourtant, à s'opposer à son accélération finale. Michele Bartoli prend la troisième place en devancant Axel Merckx, fils d'Eddy, quatrième, et le Français Richard Virenque qui termine cinquième.

Le 12 à Paris, les Fugees, trio de rappeurs américains, donnent un concert au Zénith. Ci-dessus, la chanteuse du groupe, Lauryn.

Premier titre de champion du monde des conducteurs pour Hill

Suzuka, dimanche 13
C'est fait : Damon Hill est devenu champion du monde de Formule 1. Un succès mérité pour ce gentleman des circuits. Au palmarès, le pilote anglais succède bien sûr à Michael Schumacher, mais surtout à son père, Graham, champion en 1962 et 1968. Le coureur de chez Williams-Renault aura dû attendre l'ultime épreuve pour connaître le bonheur du titre mondial. Au Japon, alors qu'il était encore sous la menace de son coéquipier Jacques Villeneuve, Hill a gagné le même jour la course et le titre. A 36 ans, Damon Hill, venu tard en Formule 1, voit son courage et son talent récompensés.

Départ du GP du Japon, dans lequel Villeneuve perd une roue en pleine course.

Octobre

1996

Lu	Ma	Me	Je	Ve	Sa	Di
	1	2	3	4	5	6
7	8	9	10	11	12	13
14	15	16	17	18	19	20
21	22	23	24	25	26	27
28	29	30	31			

Etats-Unis, mercredi 16
Le second duel télévisé entre Bill Clinton et Bob Dole tourne à l'avantage du premier. Celui-ci a encore accru son avance et il a su, au cours du débat, glisser sur les questions les plus embarrassantes. (→ 5.11)

Aurillac, mercredi 16
L'ancien maire de Lyon, Michel Noir, monte sur les planches. Avec des acteurs professionnels, il joue dans la pièce de Tchékov *Oncle Vania*.

Guatemala Ciudad, mercredi 16
Les secours relèvent 82 morts et 150 blessés dans un stade de football, dus à une gigantesque bousculade avant le match opposant le Guatemala au Costa Rica.

Grande-Bretagne, mercredi 16
A Worcester, Stuart Morgan est reconnu coupable du meurtre de Céline Figard et condamné à la prison à perpétuité.

Paris, mercredi 16
Le gouvernement dévoile la procédure de privatisation-cession de Thomson. Déjouant tous les pronostics, ce n'est pas Alcatel mais Matra, associé au géant coréen Daewoo, qui doit obtenir la société publique, dont les activités vont du militaire à l'électronique grand public. Daewoo doit obtenir pour 1 franc symbolique la branche multimédia (avec ses brevets mais aussi ses énormes dettes). (→ 4.12)

Bruxelles, jeudi 17
A la demande de la Fondation Edgar P. Jacobs, le tribunal des référés interdit la diffusion en Belgique de *l'Affaire Francis Blake*, publiée chez Dargaud par Jean Van Hamme et Ted Benoît.

Trieste, samedi 19
Le *Carnival Destiny* est mis à l'eau. C'est le plus gros paquebot de croisière jamais construit. Avec ses 102 000 tonneaux, ses 272 m de long et 70 m de large, il transportera 3 400 passagers.

DECES

Londres, jeudi 17
Berthold Goldschmidt, compositeur britannique d'origine allemande (*18.1.1903).

Une affaire de caisse noire touche le PCF

Paris, lundi 14
A la différence du PS et des partis de l'actuelle majorité, le PCF est resté longtemps épargné par les affaires de financement occulte. Ce n'est plus le cas avec la mise en examen de Robert Hue et Georges Marchais. Une juge d'instruction les accuse d'avoir couvert le versement par la Générale des Eaux de 15 millions de francs à un bureau d'études, connu pour être notoirement lié au Parti communiste. Ce « recel de trafic d'influence », au travers d'officines de financement, avait déjà fait la une de plusieurs quotidiens.

Alliance de trois ennemis en Afghanistan

Un autodafé de films par les taliban.

Afghanistan, lundi 14
Appuyée par tous les pays voisins à l'exception du Pakistan, une alliance contre nature réunit désormais trois anciens ennemis pour tenter de faire face aux taliban et à leur irrésistible avancée. Le commandant Ahmed Shah Massoud (tadjik), l'Ouzbek Abdul Rachid Dostom et l'un des chefs chiites, Karim Khalili, tentent de taire leurs profondes divergences pour faire reculer les taliban. Ces derniers soumettent les habitants de Kaboul à des règles très strictes. Les femmes sont les premières visées et doivent porter un voile intégral. Les télévisions et les pellicules de cinéma sont détruites... (→ 10.11)

Pékin fait la chasse aux voix dissidentes

Chine, lundi 14
Il ne fait pas bon être dissident en ce moment en Chine, ou simplement penser hors de la ligne édictée par le parti. Les organisations de défense des droits de l'homme annoncent que Wang Dan, 26 ans, leader du Printemps de Pékin, risque la peine de mort ou dix ans de prison. Wei Jingsheng, le plus célèbre de tous les prisonniers politiques chinois, est en train de mourir en prison. D'autres, tel Wang Xizhe, ont été contraints de fuir à l'étranger. En l'absence de pressions occidentales, la répression bat son plein. (→ 30)

Des témoignages... par satellite au TPI

La Haye, mardi 15
Pour la première fois, des témoins déposent par vidéosatellite devant une juridiction internationale. C'est à Banja Luka, ville sous contrôle de l'ONU, qu'a été installé un « studio de témoignage ». Il a été difficile de remettre en cause le principe de droit selon lequel tout témoin doit être physiquement présent devant la Cour. C'est la défense qui a réussi à imposer cette méthode, arguant que bon nombre de témoins à décharge, serbes pour la plupart, craignaient d'être arrêtés s'ils se rendaient au tribunal de La Haye. (→ 12.11)

Tabagisme passif, un procès en France

Paris, mercredi 16
La chose serait banale aux Etats-Unis mais c'est une première en France. Une femme était morte en 1995 d'un cancer du poumon. Elle ne fumait pas. Appuyée par deux associations anti-tabac, sa sœur a décidé d'attaquer au civil son ancien employeur pour cause de « fumées intempestives sur le lieu de travail ». Il s'agit donc du premier procès pour tabagisme passif. Le fait est que la loi Evin n'est guère appliquée dans les sociétés privées. C'est ce que la plaignante reproche à ceux qui employaient sa sœur.

Le 17 à Paris, Jean Tiberi, maire de la ville, décide de faire passer les pistes cyclables de 30 à 100 km fin 1997, à la suite de leur succès malgré les aléas du stationnement.

Limogeage du général Lebed par Eltsine

Moscou, jeudi 17
Boris Eltsine est sorti de son silence pour annoncer, au cours de sa brève allocution télévisée, qu'il « libérait le général Alexandre Lebed de son poste de conseiller présidentiel et de secrétaire du conseil de sécurité ». Il s'est donc décidé à trancher dans la guerre qui fait rage au sommet de l'Etat entre le populaire et ambitieux Lebed et Anatoli Koulikov, ministre de l'Intérieur. Ce dernier l'avait en effet accusé de fomenter un « coup d'Etat rampant » et avait dénoncé sa « fringale de pouvoir ». Mais il n'est pas dit qu'Anatoli Koulikov ait eu le dernier mot auprès d'un Eltsine très malade. Dégagé de toute obligation, Lebed occupe une place de choix sur l'échiquier politique. (→ 5.11)

Lebed au musée des Missiliers, le 12.

Le juge Connerotte dessaisi en Belgique

Bruxelles, jeudi 17
La Commission de la justice de la Chambre se réunit pour étudier les lacunes relevées lors de l'enquête sur Marc Dutroux. La création d'une commission d'enquête sur l'enquête y est évoquée. Des manifestations ont éclaté mardi dans tout le pays. Elles font suite à l'arrêt rendu par la Cour de cassation qui dessaisit Jean-Marc Connerotte, juge d'instruction des dossiers Dutroux. Des dossiers qui sont transférés à son successeur, à Neufchâteau, Jacques Langlois. Les familles des victimes renoncent à faire appel de cette décision. (→ 20)

Information judiciaire sur la réunion nocturne du FLNC à Tralonca

Dans la nuit du 11 au 12 janvier, la réunion du FLNC - Canal historique.

Corse, vendredi 18
Face au durcissement du pouvoir, le FLNC, dans un communiqué très violent, parle de logique de guerre et menace de tout « déballer » sur des années de tractations secrètes et souvent louches. Hier, plus de dix mois après les faits, la chancellerie s'est finalement décidée à ouvrir une information judiciaire sur le grand rassemblement nocturne de près de 600 militants du FLNC, cagoulés et surarmés, à Tralonca. Les plaques de certaines des voitures avaient été relevées par la police mais aucune interpellation n'avait suivi. Quant à François Santoni, il est condamné à quatre mois ferme par défaut. (→ 28)

Grogne des Français et grève du public

France, jeudi 17
La grève de vingt-quatre heures du secteur public a été bien suivie. Les syndicats de fonctionnaires ont pu mobiliser les troupes sur la défense de l'emploi, des salaires et sur le maintien d'un service public « à la française ». Soutenu avec sympathie par une partie de l'opinion publique, ce mouvement permet aux Français d'exprimer leur mécontentement par procuration. Mais, derrière les mots d'ordre unitaires, les divisions sont toujours présentes. A Paris, la présidente de la CFDT, N. Notat, a été conspuée et bousculée. (→ 22)

« Picasso et le portrait », au Grand Palais

Paris, vendredi 18
Cent quarante-quatre portraits et autoportraits représentant 75 ans de face-à-face avec lui-même ou ses modèles : Picasso était fasciné par la représentation. La sienne, jusqu'au seuil de la mort à 91 ans, comme celle de ses innombrables modèles, très majoritairement féminins. Cette obsédante rétrospective est, faute de crédits, la version réduite d'un bon tiers d'une exposition new-yorkaise qui, en cinq mois, avait déplacé 500 000 amateurs. Le Grand Palais en attend près de 600 000 en trois mois. Plus que dans d'autres genres où il fut fécond, le peintre andalou affirme ici son génie.

Pas moins de 144 portraits exposés.

Le téléphone passe à 10 chiffres en France

France, vendredi 18
Ce soir, les Français disent adieu au 16, deux chiffres qui permettaient d'appeler les cousins de province. Pour répondre à la forte hausse des abonnés, la numérotation passe à dix chiffres. La France est divisée en cinq zones. Chacun devra seulement rajouter les deux chiffres de sa zone (01, 02, 03, 04 ou 05) devant son numéro actuel. L'international se met à la norme mondiale du 00. Avec cette marge, France Télécom espère « tenir » au moins jusqu'en 2040 avec un stock de 470 millions de numéros utilisables en réserve.

Le 20 à Moscou, la jeune Victoria Tsapitsina (17 ans et 1,75 m) est élue Miss Russie 1996.

Les Belges rassemblés par la colère

Bruxelles, dimanche 20
La « Marche blanche » dédiée aux enfants disparus regroupe quelque 300 000 personnes. C'est la plus grande manifestation organisée dans le pays depuis l'après-guerre. Elle a eu lieu dans la dignité. Le Premier ministre Jean-Luc Dehaene a ensuite reçu les parents des enfants disparus. Il leur a soumis plusieurs mesures concrètes afin de lutter contre la pédophilie. Vendredi, le roi Albert II s'était exprimé lors d'une table ronde en présence des parents des victimes et d'experts. Il désire qu'à l'avenir le contact avec les familles reste une priorité. Le discours du roi est couvert par le ministre de la Justice. (→ 29)

300 000 manifestants à Bruxelles, écœurés par le fonctionnement de la justice.

Octobre

1996

Lu	Ma	Me	Je	Ve	Sa	Di
	1	2	3	4	5	6
7	8	9	10	11	12	13
14	15	16	17	18	19	20
21	22	23	24	25	26	27
28	29	30	31			

Iran, lundi 21
Pour contrer l'invasion des poupées Barbie et autres jeux venus d'Occident, le régime de Téhéran décide de lancer ses propres poupées. Elles seront « islamiquement correctes », brunes, vêtues de tchadors et de vêtements respectueux des préceptes religieux.

Oslo, mercredi 23
Gro Harlem Brundtland, la très populaire Premier ministre norvégienne, surprend le pays en annonçant sa démission. Celle-ci met fin à dix ans de pouvoir.

Equateur, mercredi 23
Un avion cargo américain explose en vol peu après son décollage et s'écrase sur un quartier de la ville côtière de Manta : au moins 36 morts, des dizaines de blessés. (→ 12.11)

Paris, jeudi 24
L'écrivain franco-camerounais Calixthe Belaya reçoit le Grand Prix de l'Académie française pour son roman *les Honneurs perdus*, publié chez Albin Michel.

Paris, vendredi 25
Jean Tiberi demande l'ouverture d'une enquête après les révélations d'un livre à paraître, selon lesquelles la municipalité détiendrait des biens juifs saisis sous l'Occupation.

Chine, samedi 26
Les autorités chinoises reconnaissent qu'un produit sanguin qu'elles avaient mis en vente avait été contaminé par le virus du sida. Le ministre chinois de la Santé affirme que les stocks ont été détruits et aussitôt retirés du marché. Mais le secret demeure sur l'étendue de la contamination.

Israël, samedi 26
Des milliers d'Israéliens forment une chaîne humaine de 10 km en mémoire d'Yitzhak Rabin, assassiné il y a tout juste un an par un extrémiste juif se réclamant des ultra-religieux sionistes.

DECES

Paris, dimanche 27
Madame Soleil (Germaine Soleil), la première des voyantes radiophoniques (*18.7.1913).

Sanctions contre le directeur de la PJ

Paris, lundi 21
La chambre d'accusation a frappé fort et fait preuve d'indépendance à l'égard des pressions du pouvoir. Elle a privé pour six mois Olivier Foll, directeur de la police judiciaire parisienne, de son habilitation. Ce très haut fonctionnaire de police avait, le 27 juin, refusé d'assister le juge d'instruction Eric Halphen au cours de la perquisition qu'il menait au domicile de Jean Tiberi. Cette attitude sans précédent, dictée et défendue par Jean-Louis Debré, le ministre de l'Intérieur, a scandalisé les milieux judiciaires. (→ 6.11)

Les retraités dans la rue pour leurs droits

France, mardi 22
Ils sont 15 000 à Paris et plusieurs dizaines de milliers dans toute la France à défiler. Pour certains de ces retraités, c'est même la première manifestation. Ils sont descendus dans les rues pour défendre leur pouvoir d'achat et le principe d'une véritable prestation d'autonomie. Accordée aux personnes âgées les plus dépendantes, elle permettrait à ces personnes de se payer une aide à domicile. Ils demandent que cette prestation soit gérée par la Sécurité sociale à l'échelon national et non par les départements.

Carnet de santé pour 45 millions d'assurés

France, mardi 22
Le ministre des Affaires sociales, Jacques Barrot, et Hervé Gaymard, le secrétaire d'Etat à la Santé, ont présenté le carnet de santé. Il fait partie du plan global de maîtrise des dépenses. Calqué sur celui qui est attribué à chaque enfant, il est aussi un outil de santé publique et, selon les mots du ministre, cela pourrait bien changer le paysage sanitaire du pays. Distribué à partir de la fin du mois d'octobre, il assurera le suivi de chaque assuré social. Tous les actes et tous les diagnostics y seront inscrits par les médecins consultés.

Incident diplomatique à Jérusalem

Ramallah, mercredi 23
Jacques Chirac est le premier chef d'Etat occidental à effectuer, avec tout le protocole requis, une visite officielle dans l'Etat, encore virtuel, de Palestine. Accueilli avec ferveur par la foule, il prononce un discours devant le Parlement palestinien et réitère son soutien à Yasser Arafat et à l'Autorité palestinienne. Voilà qui contraste singulièrement avec sa visite en Israël. Arrivé lundi après une étape en Syrie, il s'est d'abord heurté au refus des Israéliens de voir l'Europe coparrainer le processus de paix. La tension a été croissante. Elle a culminé hier à Jérusalem où Chirac a très violemment protesté contre les manières brutales de la police israélienne. (→ 26.11)

Chirac n'a pas accepté qu'on l'empêche d'être en contact avec la foule arabe.

ESB transmissible à l'homme : la preuve

Grande-Bretagne, mercredi 23
Publiée dans *Nature*, le prestigieux hebdomadaire scientifique, l'étude d'une équipe de chercheurs anglais apporte les premières preuves d'une transmission de l'encéphalopathie spongiforme bovine de la vache à l'homme. Les savants ont retrouvé la signature biochimique du prion type 4, c'est-à-dire l'agent infectieux responsable de l'ESB, dans quinze cas de maladie de Creutzfeldt-Jakob en France et en Grande-Bretagne. Si les modes de contamination restent encore flous, le lien entre les deux maladies est une certitude à partir de maintenant. (→ 26.11)

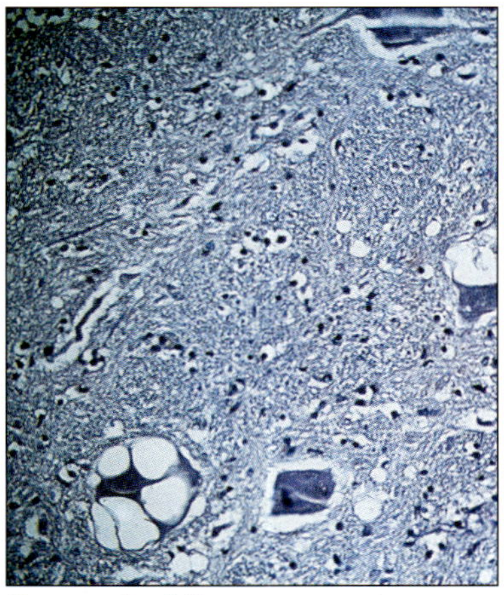

La « vache folle » vue au microscope.

Le pape réhabilite les théories de Darwin

Vatican, mercredi 23
Jusqu'à Pie XII, l'Eglise catholique rejetait catégoriquement la théorie de l'évolution de Charles Darwin. Jean-Paul II, dans un message à l'académie pontificale des Sciences, admet désormais que celle-ci était « plus qu'une hypothèse ». Mais il rappelle que, « si le corps humain tient bien son origine de la matière vivante qui lui préexiste, l'âme est immédiatement créée par Dieu ». Une reconnaissance ambiguë, car la condamnation du matérialisme reste sans appel.

BA seule en lice pour reprendre Air Liberté

Paris, mercredi 23
British Airways devrait sous peu contrôler 20 % du marché aérien français. Le président et fondateur de Nouvelles Frontières, Jacques Maillot, jette l'éponge. Il retire son offre de reprise d'Air Liberté, mise en règlement judiciaire depuis le 26 septembre. Il représentait l'ultime possibilité d'une solution purement française. C'est ce que souhaitait le gouvernement mais il n'en sera pas ainsi. Confortant sa suprématie, BA, associée avec la banque Rivaud, a prévu la fusion des compagnies Air Liberté et TAT. (→ 28)

Signalétique anti-violence sur les chaînes de télévision françaises

Restrictions du CSA	Catégorie 1	Catégorie 2	Catégorie 3	Catégorie 4	Catégorie 5
Système Canal Plus	Tous publics.	Certaines scènes peuvent heurter le jeune public.	Œuvres interdites aux mineurs de moins de12 ans et susceptibles de troubler le jeune public.	Films interdits aux mineurs de moins de 16 ans et films érotiques susceptibles de nuire aux mineurs. Le logo reste affiché toute la durée du programme.	Films pornos ou d'extrême violence. Le logo reste affiché toute la durée du programme.
Système TF1, France Télévision, M6	Ne signalent pas les œuvres tous publics.	Accord des parents souhaité. N'apparaît qu'en début de programme.	Accord des parents indispensable ou programmes interdits au moins de 12 ans. Le logo reste affiché toute la durée du programme.	Public adulte ou programmes interdits aux moins de 16 ans. Le logo reste affiché toute la durée du programme.	Ne signalent pas les œuvres pornos ou d'extrême violence, interdites de diffusion sur les chaînes hertziennes.

France, mercredi 23
C'est en présence des présidents des chaînes hertziennes, à l'exception de Canal + que le CSA a officiellement présenté la nouvelle « signalétique pour la protection de l'enfance et de l'adolescence à la télévision ». Ce nouveau code de classification des émissions sera en place à partir du 18 novembre. De son côté, Canal + a développé ses propres logos. Pour les catégories d'émission 3 et 4, les diffusions sont interdites avant 22 h et 22 h 30. Ce système, qui suppose la présence des parents (ou bien le verrouillage du récepteur) pour être efficace, pourrait donner à l'interdit l'attrait du fruit défendu. (→ 15.11)

Record de l'heure battu par Jeannie Longo

Mexico, samedi 26
Agée de 38 ans, Jeannie Longo s'amuse à défier le temps. Déjà championne olympique à Atlanta de l'épreuve sur route, la Grenobloise a signé un exploit en s'emparant du record féminin de l'heure. Sur la même piste où elle avait remporté le record en 1989, elle a parfaitement tiré profit de l'altitude, un élément capital pour ce type d'exercice. Les sommets inspirent Jeannie Longo. L'année dernière, elle était devenue championne du monde en Colombie et avait battu (à plus de 2 000 m) deux records de l'heure. A Mexico, Longo a amélioré la distance de pas moins de 748 m. En reprenant le record à Yvonne Mc Gregor, établi le 17 juin 1995, Longo termine sa saison en beauté.

Elle l'établit à 48,159 kilomètres.

Des maires franciliens interdisent les pitbulls

Ile-de-France, jeudi 24
Les pitbulls et autres chiens dressés pour l'attaque deviennent de plus en plus des animaux *non grata*. Avec la multiplication des agressions, entre bandes rivales, contre de simples passants ou contre des chauffeurs de bus, les autorités et les élus décident de réagir. Plusieurs maires ont déjà interdit la possession ou la présence sur la voie publique de ces bêtes, de même que des offices HLM. Le gouvernement et les préfectures se disent prêts à légiférer.

Guerre confuse entre Zaïre et Rwanda

Zaïre, dimanche 27
Au nord de Goma, les camps de Kibumba et de Katale sont à leur tour attaqués. Ces localités abritent des réfugiés hutus qui ont fui le Rwanda après le génocide de 1994. Une semaine après les premiers raids contre le vaste camp d'Uvira, à 300 km au sud, près de la frontière du Burundi, la guerre larvée entre le Zaïre, les milices hutues qui dirigent les camps et les Banyamulenge (des Tutsis du Zaïre), appuyés par des troupes rwandaises, a jeté sur les routes près de 500 000 réfugiés. Pris en tenaille par les soldats venus de l'Est, ils n'ont d'autre choix que le retour forcé au Rwanda ou la fuite à l'intérieur du Zaïre. Kigali nie toute implication malgré l'évidence. (→ 31)

Le 26 à Berlin, en pleine reconstruction, le chef d'orchestre israélien Daniel Barenboïm dirige un ballet de grues sur *l'Hymne à la joie*, de Beethoven.

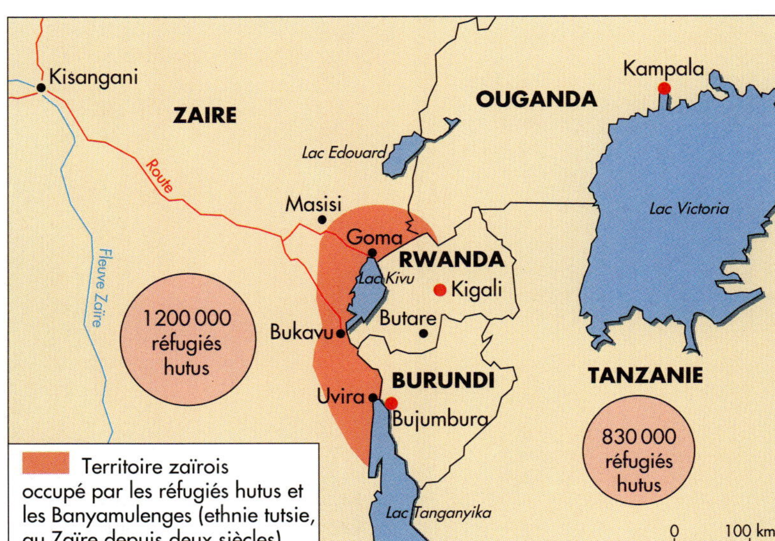

Octobre

1996

Lu	Ma	Me	Je	Ve	Sa	Di
	1	2	3	4	5	6
7	8	9	10	11	12	13
14	15	16	17	18	19	20
21	22	23	24	25	26	27
28	29	30	31			

Paris, lundi 28
Les services du Premier ministre démentent vigoureusement les déclarations de François Santoni, à la tête d'A Cuncolta. Il a révélé à *l'Est républicain* que la réunion armée de janvier à Tralonca, en Corse, avait été négociée avec des émissaires spéciaux du gouvernement. (→ 3.11)

Alsace, lundi 28
Depuis un mois, sept communes se sont associées pour subventionner les taxis : il en coûte dix francs aux personnes âgées ou isolées pour circuler quel que soit l'objet de la course. L'expérience rencontre un beau succès.

Belgique, mardi 29
Julien Pierre, l'avocat de Marc Dutroux, se défend dans *le Soir*. Déjà qualifié d'« ennemi public nº1 » parce qu'il a obtenu le dessaisissement du juge Jean-Marc Connerotte, il affirme que les rumeurs insinuant l'implication de personnalités publiques dans l'affaire sont, en l'état actuel du dossier, de « purs fantasmes ». (→ 7.11)

France, mercredi 30
Selon des révélations de *l'Express*, Charles Hernu, ancien ministre socialiste de la Défense, disparu en 1990, aurait été, durant au moins dix ans, une « taupe » des services secrets de l'ex-bloc de l'Est. Mises au courant, les plus hautes autorités de l'Etat auraient décidé de ne pas ébruiter cette affaire.

Pékin, mercredi 30
Wang Dan, ancien leader du Printemps de Pékin en 1989, est condamné à onze ans de camp pour « conspiration visant à renverser le gouvernement chinois ».

Bruxelles, jeudi 31
La cour d'appel condamne le baron de Bonvoisin, trublion de la scène politico-médiatique belge, à cinq ans de prison pour escroquerie, détournement et extorsion de fonds, faux et usage de faux.

France, jeudi 31
Nouvelle aggravation du chômage en septembre avec 27 700 demandeurs d'emploi supplémentaires. Ils sont 3 436 000, soit 12,6 % de la population active. (→ 7.11)

Air France Europe mise sur les navettes

France, lundi 28
Pour faire face à la concurrence des compagnies privées, telles que TAT, AOM ou Air Liberté, Air France Europe lance un système de navettes sur les lignes les plus lucratives du marché aérien français. Sur ces trois destinations, qui sont les seules à comptabiliser plus d'un million de passagers par an, Marseille, Nice et Toulouse, un départ a lieu toutes les demi-heures ou toutes les 60 minutes aux heures creuses de la journée. C'est une initiative heureuse et une belle opération de marketing pour la clientèle des hommes d'affaires. Mais cela a obligé à revoir de fond en comble l'organisation des vols et les prestations offertes à bord.

Marcel Carné ne tournera plus de film

En 1990, la remise du prix Lumière.

Paris, jeudi 31
« Atmosphère ? Atmosphère ? Est-ce que j'ai une gueule d'atmosphère ? », « Moi, j'ai dit bizarre... bizarre... comme c'est étrange... », « T'as de beaux yeux, tu sais... », et « C'est tellement simple l'amour ! » : *Hôtel du Nord*, *Drôle de drame*, *Quai des brumes* et *les Enfants du paradis*... Jamais cinéaste plus que Marcel Carné n'aura laissé à travers tant de chefs-d'œuvre du cinéma autant de répliques qui font désormais partie de notre patrimoine oral. Ce fils d'ébéniste, né le 18 août 1906, qui fut l'un des auteurs majeurs du 7e art, ne laisse pourtant que 23 films dont plusieurs en collaboration avec son ami Jacques Prévert. En 1992, il connaîtra un échec cuisant avec le tournage inachevé de *Mouche*.

Escalade guerrière dans l'Est zaïrois

Goma, jeudi 31
Les affrontements atteignent la ville de Goma, après la prise des villes de Bukavu et Uvira par les rebelles. Le drame qui se joue actuellement dans cette région de l'est du Zaïre met aux prises les milices hutues qui ont été chassées du Rwanda en 1994 et les Banyamulenge, des populations tutsies établies au Zaïre depuis des décennies. Au milieu, les soldats zaïrois, mal payés, sans directives et privés de tout contact avec Kinshasa ont renoncé à arbitrer le conflit et rançonnent les réfugiés quand ils ne pillent pas les magasins. Kigali a enfin reconnu son engagement. Les ONG tirent la sonnette d'alarme : tout cela pourrait déboucher sur une catastrophe humanitaire. (→ 10.11)

Le camp de Mugumga, surchargé par l'arrivée des réfugiés de Kibumba.

Le 29 en France, lancement du nouveau billet de 200 francs à l'effigie de Gustave Eiffel, finalement choisie plutôt que celle des frères Lumière.

La perpétuité et 212 années de prison...

Afrique du Sud, mercredi 30
La Cour suprême de Pretoria rend son verdict à l'encontre d'Eugene De Kock. L'ancien chef des escadrons de la mort des services secrets, chargé des basses œuvres du régime du temps de l'apartheid, est reconnu coupable de six meurtres et quatre-vingt-trois autres crimes. Ce tueur impitoyable, qui s'était lui-même qualifié d'« assassin d'Etat », écope de 212 années de prison.

Novembre

1996

Lu	Ma	Me	Je	Ve	Sa	Di
				1	2	3
4	5	6	7	8	9	10
11	12	13	14	15	16	17
18	19	20	21	22	23	24
25	26	27	28	29	30	

Corse, dimanche 3
Le coût des attentats pour la seule année 1995 est évalué à 600 millions de francs. (→ 11.12)

Moscou, mardi 5
Boris Eltsine est opéré dans la matinée. Il subit avec succès un quintuple pontage coronarien. Il a transmis tous ses pouvoirs à son Premier ministre, Viktor Tchernomyrdine. (→ 26)

Pakistan, mardi 5
Benazir Bhutto, le Premier ministre, est démise de ses fonctions par le président Farouk Ahmed Leghari, qui invoque des faits de « corruption ».

Paris, mercredi 6
La troisième salle de la Comédie-Française, le Studio-Théâtre consacré aux pièces contemporaines et aux pièces brèves, est inaugurée au Carrousel du Louvre.

Algérie, mercredi 6
Près de Blida, 32 villageois sont égorgés durant la nuit. Trois jours plus tôt, un commando d'une vingtaine d'hommes avait tué 13 personnes, 10 femmes et 3 enfants, à Douaouda, à 30 km d'Alger. (→ 19)

Allemagne, jeudi 7
Pour la première fois, en octobre, le chômage a dépassé la barre des 4 millions avec 4,04 millions de sans-emploi.

Las Vegas, samedi 9
Le boxeur américain poids lourd Evander Holyfield crée la surprise en battant à la 11ᵉ reprise, sur arrêt de l'arbitre, le favori Myke Tyson.

Italie, samedi 9
Plus de 500 000 personnes manifestent à l'appel de Silvio Berlusconi et du Pôle des libertés contre la « dictature fiscale » de Romano Prodi.

Moscou, dimanche 10
Un attentat meurtrier dans un cimetière fait 13 morts. Il visait la Fondation des invalides d'Afghanistan.

DECES

Paris, samedi 2
Pierre Grimal, un des plus fameux latinistes de son temps (*21.11.1912).

Paris, samedi 9
Michel Mitrani, cinéaste et téléaste (*12.4.1930).

Augmentation des suicides de policiers

France, vendredi 1er
Un motard de police lillois, âgé de 40 ans, a mis fin à ses jours. Depuis le début de l'année, il s'agit du 63e suicide chez les policiers. Jusqu'en 1995, ceux-ci se suicidaient moins que le reste de la population, mais 1996 a renversé la tendance. Selon Pierre-Henri Ceccaldi, le médecin chef de la police nationale, il faut considérer que les policiers, comme tous les êtres humains, ont leur lot de problèmes personnels, d'ordre conjugal ou financier par exemple. Mais ils sont soumis à des stress (plan Vigipirate, horaires, dangers) propices aux dépressions et à une éventuelle épidémie de suicides.

Départ de la 3e édition du Vendée Globe

Seize navigateurs se lancent dans le tour du monde en solitaire sans escale.

Les Sables-d'Olonne, dimanche 3
Ils sont seuls au monde pour au moins cent jours. Mais, au moment du départ, à 13 h, les seize marins (dont un non-classé) étaient suivis du regard depuis la côte par des milliers de personnes. Des centaines d'embarcations les ont également accompagnés pour le coup d'envoi de cette édition du Vendée Globe Challenge. Deux femmes courent dans ce tour du monde en solitaire et sans escale : Isabelle Autissier et Catherine Chabaud. Yves Parlier a viré en tête sur *Aquitaine Innovation*, suivi par un autre favori, Bertrand de Broc. Les navigateurs – dont onze Français – devront parcourir 50 000 km en passant par le terrible cap Horn. (→ 6.12)

Décès de l'ancien dictateur Bokassa

Bangui, dimanche 3
Jean Bedel Bokassa (*22.2.1921) est mort, victime d'une crise cardiaque. Celui qui fut l'empereur Bokassa Ier de Centrafrique de 1977 à 1979 finit sa vie dans la misère, victime de l'« ingratitude » de la France et de « son » peuple. Ancien des Forces françaises libres, il ne quitte l'armée française qu'après 22 ans de carrière avec le grade de capitaine. Il prit le pouvoir en 1965, en renversant le président David Dacko. Quatorze ans durant, ses frasques, sa brutalité sanguinaire envers ses opposants et surtout sa mégalomanie, avec son sacre hallucinant, ont ruiné son pays, autrefois florissant.

Le capitaine sacré empereur en 1977.

Créations d'emplois massives aux Etats-Unis

Etats-Unis, vendredi 1er
En octobre, l'économie américaine a créé 210 000 emplois nouveaux. Et depuis 1993, ce sont 10,5 millions de postes de travail qui sont nés. Le taux de chômage a atteint un niveau qualifié d'incompressible : 5,2 %. Autant dire qu'il s'agit presque de plein emploi. La réforme fiscale, la politique monétaire en faveur de l'investissement et la dérégulation du marché du travail, engagées au début des années 90, ont vraiment eu des effets spectaculaires. Tous ces nouveaux jobs ne sont pas que précaires. Ce sont de plus en plus des emplois qualifiés dans la santé, le juridique et l'informatique.

Thomas Enqvist remporte l'Open de Paris

Paris, dimanche 3
En battant Evgueni Kafelnikov (6-2, 6-4, 7-5), Thomas Enqvist a enfin remporté une victoire à Paris. Le jeune Suédois, classé parmi les dix meilleurs joueurs du monde, n'avait jamais gagné aucun match dans la capitale. Il a corrigé ses adversaires, y compris son compatriote Stefan Edberg, avec une très déconcertante facilité. En finale, Enqvist a disposé du Russe Kafelnikov, vainqueur de Roland-Garros, en réussissant vingt aces ! A un mois de la finale de la Coupe Davis Suède-France, Enqvist est en grande forme. (→ 1.12)

Le Suédois sort Kafelnikov en 3 sets.

Deux pays de l'Est attirés par l'Europe

Sofia, dimanche 3
Petar Stoïanov, candidat de la droite libérale, remporte triomphalement le second tour de la présidentielle bulgare avec 60 % des suffrages. Son voisin du nord, la Roumanie, voit aussi la Coalition démocrate d'Emil Constantinescu (centre droit) sortir victorieuse des législatives. Pour ces deux pays, il s'agit d'une sanction sans appel. Les ex-communistes ont mis la Bulgarie en banqueroute en refusant, comme en Roumanie, le passage à une véritable économie de marché. Pour l'opinion publique, le salut ne peut venir que de l'Union européenne et de ses aides. (→ 17)

Première « fournée » des prix littéraires

Le Fémina pour Geneviève Brisac.

Paris, lundi 4
Sans hésiter, ces dames du Fémina ont couronné, au premier tour de scrutin, *Week-end de chasse à la mère*, de Geneviève Brisac. Cette normalienne, agrégée de lettres, signe là son quatrième roman. C'est la lutte en noir d'une jeune mère qui vit seule avec son fils et se raccroche à lui afin de ne pas sombrer. On ne quitte pas le thème de la possession avec le Médicis. La psychanalyste belge Jacqueline Harpman, pour *Orlanda*, le partage avec Jean Rolin pour *l'Organisation*. D'un côté une jeune femme s'approprie un jeune homme corps et âme, de l'autre un militant maoïste se laisse happer par une idéologie. (→ 12)

Nuits d'émeutes et d'incendies à Tours

Tours, mardi 5
Cette nuit encore, pour la sixième fois d'affilée, des véhicules ont été incendiés dans la banlieue de l'agglomération tourangelle. Tout a commencé mercredi dernier, quand un jeune homme a été découvert au pied d'un immeuble, inanimé, blessé d'une balle dans la tête, dans la cité de la Rabaterie. Personne ne sait ce qui s'est passé mais les rumeurs ont suffi à enflammer ces quartiers. En dépit du déploiement de la police, le calme n'est pas revenu. Chaque soir, des bandes, les unes après les autres, narguent les forces de l'ordre. Une cinquantaine de voitures ont brûlé.

La sonde Galileo s'approche de Jupiter

Vers Callisto, satellite de la planète.

Espace, lundi 4
Bien que privée d'une partie de son appareillage à la suite d'une série de pannes, la petite sonde Galileo est en passe de révolutionner toutes les certitudes des astronomes sur la planète Jupiter et ses satellites. Elle survole Callisto, l'un d'entre eux, à 1 100 km d'altitude. La palme de la précision reviendra à Europe que la sonde doit survoler trois fois d'ici au 19 décembre, dont une à 600 km d'altitude. D'ores et déjà, la moisson d'informations sur Io, Ganymède, Europe et Callisto, et leur planète « mère », Jupiter, est prodigieuse. La Nasa a donc décidé de prolonger la mission.

Un glacier islandais qui fond sous le feu

La crue des eaux de la fonte du Vatnajökull après une éruption volcanique.

Islande, mardi 5
Le plus grand glacier de l'île, le Vatnajökull, a une particularité des plus redoutables : il s'est formé sur un volcan, le Grimsvötn, entré en éruption il y a un mois. Et ce que les experts craignaient est arrivé. La montée de la lave a fait fondre les glaces. Une immense poche d'eau, un lac de 9 milliards de m³, s'est formée sous le glacier. L'eau n'a cessé de cheminer en repoussant les moraines pour déborder enfin et provoquer une crue sans précédent. Le flot de boue et de blocs de glace, qui atteint le débit de 40 000 m³/s, emporte tout sur son passage dans une zone heureusement inhabitée.

Le 3, l'Italien Giacomo Leone gagne le 27e marathon de New York devant 30 000 participants venus de 103 nations.

Le 5 à Paris, la chanteuse Sapho s'installe au Trianon. Elle célèbre la rencontre du violon arabe et de la guitare flamenca.

Autoroute à péage en Ile-de-France, l'A14

Ile-de-France, mercredi 6
Le ministère des Transports n'a pas souhaité de cérémonie pour cette voie rapide, tant elle a suscité de controverses. Longue de 16 km, elle relie la Défense à Orgeval dans les Yvelines. Destinée à désengorger l'A13, l'autoroute de Normandie, l'A14 a coûté 4,5 milliards de francs dont 55 % ont servi à améliorer son intégration dans le paysage. Près de la moitié du parcours est en tunnel ou en tranchée couverte. Qualifiée d'« autoroute pour riches » par ses adversaires, le prix du passage est de 30 francs. Mais c'est gratuit pour les voitures transportant au moins deux passagers en covoiturage.

Clinton réélu avec 50 % d'abstention

Etats-Unis, mardi 5
L'avance de Clinton était telle que sa victoire n'est pas vraiment une surprise. Il remporte 31 Etats sur 50 et obtient plus de 50 % des suffrages alors que Bob Dole n'arrive qu'à 42 %. Les républicains conservent la majorité dans les deux chambres du Congrès. L'exécutif et le législatif devront donc continuer à composer pour éviter un possible blocage des institutions. Le fait marquant et très inquiétant de ces élections, qui ont comporté plusieurs référendums et des consultations d'intérêt local, c'est l'abstention, la plus forte de toute l'histoire américaine : 50 % des électeurs ont boudé le vote. (→ 5.12)

Bill Clinton, sa fille Chelsea, Hillary et le vice-président Al Gore à Little Rock.

Information ouverte sur Xavière Tiberi

Paris, mercredi 6
Le parquet d'Evry décide d'ouvrir une information judiciaire contre l'épouse du maire de Paris, Xavière Tiberi. C'est le dossier découvert par le juge Eric Halphen lors de sa perquisition qui a tout déclenché. Cette étude de trente-six pages sur la coopération et la francophonie, dont la justice et les médias mettent en doute l'intérêt, à juste titre, lui avait été commandée par Xavier Dugoin, président RPR du conseil général de l'Essonne. D'une vacuité manifeste, ce document a tout d'un rapport fictif, payé 200 000 francs sur fonds publics. (→ 6.12)

USAir commande... 400 avions à Airbus

Etats-Unis, mercredi 6
Grâce à cette commande géante, Airbus Industrie se fait des « ailes en or », comme le titre *Libération*. La compagnie USAir a annoncé une commande ferme de 120 avions, des A319, A320, A321. Il faut ajouter à cela 120 appareils à reconfirmer et une option sur 160 autres avions. Le montant de la vente n'est pas révélé mais devrait avoisiner 27 milliards de francs. C'est le plus gros contrat de l'histoire de l'aéronautique civile et une magnifique revanche pour le consortium européen sur son rival de Seattle, Boeing. (→ 15.12)

Magistrats liégeois, de nouvelles affaires

Belgique, jeudi 7
La justice liégeoise est de nouveau sur la sellette, après avoir été très sévèrement critiquée pour sa gestion des affaires André Cools et Marc Dutroux. La Cour de cassation a ouvert une enquête sur Marc de la Brassinne, avocat général, accusé d'avoir couvert des pédophiles et de captation d'héritage, et sur Joseph Schmitz, avocat général de la cour d'appel, pour corruption. C'est le nouveau procureur de Liège, Anne Thily, qui a transmis les dossiers. Celle-ci semble déterminée à faire le ménage. (→ 21)

Première judiciaire contre la SDBO

Paris, jeudi 7
Ancienne filiale du Crédit Lyonnais, la Société de banque occidentale (SDBO) est condamnée à verser 600 millions de francs de provisions à Bernard Tapie Finance (BTF), le holding qui est désormais entre les mains des liquidateurs de l'homme d'affaires. Alors que le cas n'a pas encore été jugé au pénal, les juges du tribunal de commerce de Paris ont estimé que les agissements de la SDBO à l'égard de BTF avaient été « inconsidérés et exorbitants », en particulier en récupérant ses actifs. Tapie l'avait toujours clamé.

Manifestation anti islamiste en Turquie

Ankara, dimanche 10
A l'occasion du 58ᵉ anniversaire de la mort du fondateur de la Turquie moderne, Mustafa Kemal Atatürk, 30 000 partisans de la laïcité sont descendus dans la rue. C'est aux cris de « Les mollahs en Iran, non à la charia », qu'ils entendent protester contre la montée de l'islamisme et l'action de Necmettin Erbakan, le Premier ministre. Hier à Istanbul, des mères se sont rassemblées pour demander des nouvelles de proches, enlevés par la police dont Amnesty International ne cesse de dénoncer les agissements.

L'ONU se retient d'intervenir au Zaïre...

Zaïre, dimanche 10
Appuyée par l'Espagne et l'Italie, la France presse l'Union européenne et le Conseil de sécurité de l'ONU d'organiser une intervention dans l'est du Zaïre. En vain. Toutes ces instances se sont concertées pour décider... d'attendre et de prolonger leurs consultations. Sur place, le cri d'alarme des ONG garde toute son acuité : plus d'un million de réfugiés, chassés de leurs camps dans cette immense région autour du lac Kivu. La vacance du pouvoir à Kinshasa a été propice à l'avancée des mutins zaïrois. Goma est entre leurs mains et Bukavu est encerclé. Quant à Mobutu, il est en convalescence sur la Côte d'Azur. (→ 15)

Plus d'un million de réfugiés hutus.

Le taux d'usure de retour avec la crise

Ile-de-France, dimanche 10
Le ministère des Finances n'a pas tardé à réagir à l'ouverture d'un magasin Crazy George's dans un centre commercial de Bobigny. Sur l'injonction de la Direction de la concurrence, l'enseigne ferme une semaine pour modifier l'affichage de ses prix. Le principe de cette chaîne de magasins, originaires de Grande-Bretagne et implantés aux Etats-Unis, est très simple : vendre aux victimes de la crise. Sous forme de location avec option d'achat, elle propose un crédit qui lui permet de vendre une salle à manger au prix final de 13 884 francs pour un prix comptant de 7 716 francs. Aucune garantie n'est demandée !

Dans le magasin Crazy George's.

Novembre

1996

Lu	Ma	Me	Je	Ve	Sa	Di
				1	2	3
4	5	6	7	8	9	10
11	12	13	14	15	16	17
18	19	20	21	22	23	24
25	26	27	28	29	30	

Italie, jeudi 14
Antonio Di Pietro, le magistrat vedette de l'opération « Mains propres », démissionne de son poste de ministre des Travaux publics dans le gouvernement Prodi. Il entend protester contre sa nouvelle mise en accusation décidée par le parquet de Brescia. Les précédentes avaient débouché sur des non-lieux. (→ 6.12)

Paris, jeudi 14
Pierre Rosenberg, à la tête du musée du Louvre, est reçu à l'Académie française au fauteuil d'Henri Gouhier. Le même jour, Julien Green, 96 ans, annonce qu'il quitte la vénérable institution.

France, vendredi 15
Lancement sur le câble et le satellite de la chaîne Spectacle, consacrée au téléachat de biens culturels tels que des livres ou des places de théâtre et de cinéma.

Daguestan, samedi 16
Dans cette petite république autonome du Caucase, un attentat à la bombe contre un immeuble abritant des officiers russes fait 50 morts.

Washington, samedi 16
La police arrête Harold Nicholson, super-agent de la CIA. Cette dernière explique qu'il s'agit peut-être de la plus grave affaire de trahison dans ses rangs. Nicholson a vendu ses secrets aux Russes.

Russie, dimanche 17
Les centres de contrôle confirment la perte irrémédiable de la sonde Mars 96, lancée la veille de Baïkonour. Pour les vingt pays, dont la France, qui avaient participé au programme, c'est une catastrophe scientifique. (→ 3.12)

Roumanie, dimanche 17
Emil Constantinescu, le candidat de l'opposition sociale-démocrate (centre droit) remporte le second tour de l'élection présidentielle en battant Ion Iliescu.

DECES

Chicago, jeudi 14
Joseph Bernardin, cardinal catholique, archevêque de la ville et grande autorité morale (*2.4.1928).

Fin de la guerre civile au Guatemala

Guatemala, lundi 11
L'Union révolutionnaire nationale guatémaltèque (URNG), qui réunit les mouvements de guérilla, et le gouvernement annoncent qu'ils se sont entendus sur un accord de paix qui doit mettre fin à un conflit de 36 ans et plus de 100 000 morts. C'est Alvaro Arzu Irigoyen, le chef de l'Etat, qui a relancé l'an dernier le processus de paix enlisé depuis 1991. D'ici à fin décembre, plusieurs accords concernant, par exemple, la situation agraire ou la réinsertion des guérilleros doivent être signés. Il faut désormais lutter contre la pauvreté et la corruption.

Un premier roman décroche le Goncourt

Pascale Roze et « le Chasseur Zéro ».

Paris, mardi 12
François Nourissier, président de l'académie Goncourt, a eu recours à sa double voix, au troisième tour de scrutin, pour départager Pascale Roze et son *Chasseur Zéro* de la *Rhapsodie cubaine*, signée Eduardo Manet. La comédienne savoure doublement cette récompense, très rarement attribuée à une femme, et encore plus à un premier roman ! Plus classiquement, le Renaudot consacre un auteur que Gide avait en son temps salué comme prodige : Boris Schreiber. Et c'est seulement aujourd'hui, à l'âge de 73 ans, qu'il connaît la notoriété pour *Un silence d'environ une demi-heure*, troisième volet de son autobiographie. (→ 19)

L'une des plus importantes catastrophes de l'aviation civile

Inde, mardi 12
A 90 km à l'ouest de New Delhi, une collision en plein ciel a fait en fin d'après-midi 350 morts. L'avion de ligne saoudien, un Boeing 747, avait tout juste décollé de l'aéroport de la capitale indienne. Il n'a pu éviter un avion qui s'apprêtait à se poser en provenance du Kazakhstan. Trois personnes retrouvées en vie sont mortes avant leur arrivée à l'hôpital. Les boîtes noires ont été récupérées. Les autorités indiennes évoquent l'erreur humaine : les pilotes kazakhs parlent mal anglais et calculent leur altitude en mètres au lieu de pieds. De plus, l'aéroport de New Delhi est connu pour sa désorganisation et l'obsolescence de ses équipements.

La collision en plein vol s'est produite entre un Boeing 747 et un Iliouchine 76.

Graves incidents entre policiers serbes et réfugiés musulmans

Bosnie, mardi 12
C'est le plus grave incident depuis la signature des accords de Dayton. Plusieurs centaines de Musulmans qui tentaient de réoccuper un village déserté mais situé en zone serbe se sont heurtés à un cordon de police de la Republika Srpska. L'armée serbe est venue en renfort. Ils ont alors ouvert le feu sur les anciens réfugiés, faisant un mort et plusieurs blessés côté musulman. La réunion de la présidence collégiale a évoqué cet accrochage. Alija Izetbegovic a insisté sur le droit au retour des Musulmans, et le président serbe, Momcilo Krajisnik, a parlé d'une agression « injustifiée ». (→ 1.12)

Un soldat de la Force multinationale de paix (Ifor) essayant de s'interposer.

Méga-fusion dans l'assurance, AXA-UAP

Paris, mardi 12
AXA et l'UAP, respectivement les numéros un et deux de l'assurance en France, annoncent leur fusion. Les deux présidents, Claude Bébéar et Jacques Friedmann, ont précisé qu'il s'agissait d'une OPE, une offre publique d'échange de titres, sur la base de dix actions UAP contre quatre actions AXA. C'est la plus grosse opération de ce genre réalisée sur le marché financier français. La nouvelle entité doit être le deuxième assureur mondial et le premier en Europe. Ce groupe est bien placé pour profiter à plein de l'éventuelle réforme du système de retraite.

Deux chanteurs condamnés pour outrage

Toulon, jeudi 14
Il faut remonter au XIXe siècle pour trouver la trace d'un verdict aussi sévère à l'encontre de chanteurs. Deux membres du groupe de rap NTM (« Nique ta mère ») ont été condamnés à six mois de prison dont trois fermes et frappés d'une interdiction de chanter de six mois et d'une amende de 50 000 francs. Tout cela parce qu'ils avaient tenu des propos outrageants à l'encontre de la police lors d'un concert en juillet 1995. Leurs paroles peuvent ne pas plaire et même choquer mais, comme ils s'en expliquent, elles ne sont que le reflet du désarroi et du désespoir de la jeunesse des cités. Toulon est une municipalité FN.

NTM en concert à Nice en juin 1995.

Statu quo après les émeutes en Guyane

Cayenne, vendredi 15
Après quatre nuits d'affrontements et au terme d'une semaine agitée, la ville retrouve un semblant de calme. Les forces de l'ordre, près de 600 gendarmes, patrouillent dans les rues. Tout a commencé par une grève des lycéens, mécontents du peu d'attention que l'administration accordait à des revendications pour le moins légitimes. Au fil des nuits, ils ont été remplacés par des bandes de désœuvrés, nombreux dans un département miné par le chômage. Les indépendantistes, trop vite mis en cause, expliquent cette flambée de violence par la pauvreté. (→ 20)

Des milliers de Hutus réfugiés au Zaïre retournent au Rwanda

Les colonnes de réfugiés en route vers l'Est (ici ceux du camp de Mugunga) remettent en cause la force d'interposition.

Zaïre, vendredi 15
Les réfugiés ont décidé de ne plus attendre une hypothétique décision de la communauté internationale. Pour fuir les combats qui font rage entre les anciennes milices hutues et les rebelles du Kivu, appuyés par le régime de Kigali, près de 700 000 réfugiés se dirigent en bloc vers l'Est, c'est-à-dire vers la frontière du Rwanda. Les observateurs présents sur le terrain parlent d'une colonne ininterrompue de 20 km de long. Ils préfèrent retourner dans un pays qu'ils avaient fui et supposé être aux mains de leurs ennemis que de rester dans les camps zaïrois, otages des extrémistes hutus. (→ 24)

Le 13 en Angleterre, une toile de Adolf Hitler mise aux enchères à 5 000 livres (42 100 F) ne trouve pas preneur à 2 600 livres.

Fidel Castro critique le sommet de la FAO

Rome, dimanche 17
Prenant la parole pour la clôture du sommet de la FAO, le leader cubain a violemment critiqué les objectifs affichés par la déclaration finale. L'Organisation des Nations unies pour l'alimentation et l'agriculture, qui fête ses cinquante ans, s'est en effet donné pour but de réduire de moitié (de 800 à 400 millions) d'ici à 2015 le nombre de personnes qui souffrent de malnutrition. Fidel Castro a qualifié de « honteuse » la modestie du programme. Les ONG jugent illusoire de laisser la loi du marché régler seule le problème de l'insécurité alimentaire. (→ 19)

L'opposition emporte la mairie de Belgrade

Serbie, dimanche 17
Slobodan Milosevic et sa formation, le Parti socialiste de Serbie (SPS), qui dominent la vie politique du pays depuis cinq ans, ont subi leur premier revers électoral important. La commission électorale confirme la victoire hautement symbolique de Zajedno (Ensemble), une coalition regroupant les grandes formations de l'opposition. Aujourd'hui, pour le second tour des municipales, cette coalition remporte 60 des 110 sièges du conseil municipal de Belgrade. Le SPS a déjà déposé des recours en annulation de scrutins. (→ 30)

Il s'en prend aux objectifs adoptés.

Novembre

1996

Lu	Ma	Me	Je	Ve	Sa	Di
				1	2	3
4	5	6	7	8	9	10
11	12	13	14	15	16	17
18	19	20	21	22	23	24
25	26	27	28	29	30	

Paris, mardi 19
Le prix Interallié 1996 est décerné à Eduardo Manet pour *Rhapsodie cubaine*, publié chez Grasset.

New York, mardi 19
Les Etats-Unis opposent leur veto à la réélection de Boutros Boutros Ghali à la tête de l'ONU. Celui-ci, soutenu par Paris, maintient sa candidature. (→ 17.12)

Vatican, mardi 19
Fidel Castro est reçu en audience privée par le pape. Le leader cubain lui demande son soutien contre l'embargo américain.

Paris, mardi 19
Les députés votent l'abolition des privilèges fiscaux (abattements, déductions) liés à 72 professions. Ils adoptent le principe d'un fonds spécial d'aide aux journalistes.

Guyane, mercredi 20
François Bayrou, accompagné du ministre de l'Outre-Mer, Jean-Jacques de Peretti, accède à la principale revendication des lycéens en annonçant la création d'un rectorat en Guyane. La jeunesse exulte d'avoir été entendue.

France, mercredi 20
Dans un article publié par *l'Express*, Valéry Giscard d'Estaing affirme bousculer un tabou en s'en prenant au dogme du franc fort. (→ 14.12)

Belgique, vendredi 22
Dans l'affaire Cools, Alain Van der Biest obtient un non-lieu.

Océan Indien, samedi 23
Le détournement d'un Boeing 737 d'Ethiopian Airlines tourne mal. L'avion s'écrase au large de la Grande Comore : 120 morts sur les 175 personnes à bord.

Las Vegas, dimanche 24
Une énorme opération promotionnelle permet à 5 000 fans d'assister au concert donné par Johnny Hallyday.

DECES

Auxerre, mardi 19
Etienne Wolff, biologiste, spécialiste d'embryologie (*12.2.1904).

Paris, dimanche 24
Edison Vassilievitch Denisov, compositeur russe (*6.4.1929).

Une privatisation géante en Allemagne

Francfort, lundi 18
Pour saluer l'événement, la Bourse a décidé de prolonger sa séance. C'est la plus grosse introduction en Bourse jamais réalisée en Europe. La privatisation et la mise en vente de 713 millions d'actions (au prix de 28,5 DM) de Deutsche Telekom rapporteront près de 20 milliards de marks au gouvernement. Celui-ci conserve 73 % du capital. Partout en Europe, les télécommunications sont en voie de privatisation. Mais, à la différence de la France ou de la Grande-Bretagne, l'actionnariat n'a jusqu'ici guère séduit la masse des épargnants allemands.

Incendie dans le tunnel sous la Manche

La navette était partie de France.

Calais, lundi 18
En dépit de ses déboires financiers, Eurotunnel se targuait d'avoir mis en place un système de sécurité à toute épreuve. Il a fallu un incendie pour prouver que ce n'était pas le cas. Le feu a pris vers 21 h 45 à bord d'une navette du Shuttle chargée de camions. L'incendie serait parti d'un poids lourd et s'est propagé à tout le convoi. Une épaisse fumée a envahi les wagons. Alors qu'il est censé sortir le plus vite possible du tunnel, le train s'est arrêté à 16 km des côtes françaises dans le tunnel sud à quelques mètres d'une issue de secours. Sur trente-quatre personnes embarquées, huit sont intoxiquées. Le trafic est interrompu. (→ 26)

Rapport alarmant d'Amnesty sur l'Algérie

Algérie, mardi 19
Amnesty International, qui est la dernière organisation de défense des droits de l'homme à se rendre sur le terrain, publie un terrifiant état des lieux intitulé *le Silence de la peur*. C'est le tableau, fondé sur des faits et des témoignages, d'un pays en train de s'enfoncer dans le chaos. Fidèle à sa neutralité idéologique, le rapport renvoie dos à dos les forces gouvernementales et les islamistes. En cinq ans de guerre civile, le bilan approche les 50 000 morts. L'usage de la terreur n'est l'apanage d'aucun camp. Les groupes de maquisards, les milices et l'armée emploient les mêmes méthodes d'intimidation. La confusion des objectifs et des enjeux est devenue totale. (→ 29)

Microcosmos, film-événement… français

Les insectes réhabilités auprès du grand public (photo non extraite du film).

France, mercredi 20
Microcosmos, le peuple de l'herbe, péplum tourné à ras les pâquerettes, a déroulé ses 80 km de pellicule pour un budget de 25 millions de francs. Cette terre de l'infiniment petit, grouillante et proliférante sous nos pieds, nous est révélée par la passion de Claude Nuridsany et de Marie Pérennou. Ils ont mis au point un robot de prise de vues unique au monde, qui, avec toutes les images réalisées en tournage, ont été acquis par le département de l'Aveyron. Ils constitueront le fonds du futur centre international de découverte des insectes vivants, Micropolis, prévu à Saint-Léons, village natal de Jean-Henri Fabre qui observa le premier les insectes dans leur milieu.

Elio Di Rupo accusé de pédophilie…

Le vice-Premier ministre de Belgique.

Bruxelles, jeudi 21
Le Parlement, qui doit se prononcer sur une possible levée de l'immunité parlementaire d'Elio Di Rupo, le vice-Premier ministre francophone socialiste, et son renvoi devant la justice, demande un complément d'enquête. De son côté, Jean-Luc Dehaene déclare que celui-ci garde toute sa confiance en « l'état actuel de la procédure ». Cette véritable bombe politique a éclaté lundi. Le procureur général du pays a proposé le renvoi d'Elio Di Rupo et de Jean-Pierre Grafé, un autre ministre francophone, devant la Cour de cassation, pour pédophilie, en se basant sur des « témoignages » de jeunes prostitués. (→ 9.12)

Chirac au Japon en président et VRP

Tokyo, jeudi 21
Sa visite officielle achevée dans la capitale nippone, Jacques Chirac s'est envolé pour le sud de l'archipel où il doit assister au dernier tournoi de sumo de l'année. Tout au long de ces quatre jours, le chef de l'Etat a mis sa connaissance et son respect pour la culture japonaise au service de son grand dessein : redonner une politique asiatique à la France tant du point de vue économique que politique. Suivant en cela l'exemple du chancelier Kohl et du président Clinton, il n'a cessé de vanter auprès de ses interlocuteurs la crédibilité du produit « France ».

Maria Casarès était une actrice d'exception

La Vergne, jeudi 21
Maria Casarès s'est éteinte dans les derniers feux d'une voix rougie par la passion, atavisme d'une terre de tragédie qui la vit naître en Galice, le 21 novembre 1922. Cette fille d'un ministre antifranquiste savait parfaitement incarner ce mythe de la comédienne totalement possédée par ses rôles : « J'ai beaucoup joué. Toujours, sans cesse. Par passion. Par besoin, par nécessité. » Tout en elle faisait cri, prière, fierté, combat : son corps, son regard, ce timbre de voix inimitable dans sa théâtralité exacerbée. Camus fut son grand amour, les planches sa passion sans partage. La mort même ne peut en ravir le souvenir.

Elle est morte le jour de ses 74 ans.

Condamnation de quinze scientologues

Lyon, vendredi 22
L'ancien président de l'Eglise de scientologie de Lyon est condamné à dix-huit mois de prison ferme. Il a été reconnu coupable d'homicide involontaire et d'escroquerie. Les quatorze autres scientologues qui ont été aussi condamnés le sont avec sursis et à des amendes. Le tribunal a bien reconnu « un lien de causalité directe » entre le suicide d'un adepte en 1988, en détresse psychologique, et le « comportement fautif » de cet ancien président. Il avait pressé la victime d'emprunter 30 000 francs afin de suivre ce que lui proposait la secte, une cure de « purification ».

Les cendres d'André Malraux sont transférées au Panthéon

Paris, samedi 23
André Malraux incarne un certain consensus national, seule figure de l'histoire contemporaine française à recevoir les louanges du *Figaro* aussi bien que de *l'Humanité* : écrivain, combattant antifranquiste, résistant puis ministre gaulliste. Le transfert de ses cendres au Panthéon donne lieu à une grande cérémonie. C'est Jacques Chirac qui lit l'hommage, de même que Malraux avait lu celui à Jean Moulin. Ce déploiement de fastes mortuaires pourrait sembler désuet à l'orée du XXIe siècle, à une époque, la nôtre, où le culte des morts a été réduit à sa plus simple expression. Cet esthète passionné méritait bien le sanctuaire que la Patrie reconnaissante a dédié à ses grands hommes.

Urgence... de ne pas intervenir au Zaïre

Stuttgart, dimanche 24
L'intervention humanitaire n'est pas pour demain. Les représentants des 23 pays susceptibles d'y participer n'ont réussi, après deux jours de discussion, qu'à s'entendre sur une série « d'options » qui devront être ensuite soumises à tous les Etats concernés. Les Etats-Unis ont fait savoir que leur assistance ne devrait être que purement logistique. Quant à l'insistance de la France, elle n'a servi à rien. Sur le terrain, les ONG ne s'entendent pas sur le nombre de réfugiés errant entre le Rwanda et les profondeurs du Zaïre. Quant aux rebelles tutsis, ils ont les preuves que les milices hutues préparaient bien une reconquête du Rwanda. (→29)

Le 23 à Bangalore (Inde), la Grecque Irène Skliva (18 ans, étudiante en psychologie) est élue Miss Monde, et gagne 80 000 dollars, dans une ville protégée par 1 600 policiers, par crainte d'un attentat des nationalistes.

Les routiers en grève paralysent la France

France, dimanche 24
Depuis lundi dernier, les routiers salariés ont lancé un mouvement qui paralyse de larges parties du réseau français. Les revendications portent sur les conditions de travail et le respect de la législation sociale par leurs employeurs. Face au blocage des négociations entre les syndicats et le patronat des transporteurs, le ministère des Transports, qui s'était refusé à intervenir, s'est résolu hier à nommer un médiateur. La situation n'a pas avancé sauf sur la question de la retraite. La pénurie d'essence menace certaines villes. (→29)

Barrage sur une autoroute à Caen.

Novembre

1996

Lu	Ma	Me	Je	Ve	Sa	Di
				1	2	3
4	5	6	7	8	9	10
11	12	13	14	15	16	17
18	19	20	21	22	23	24
25	26	27	28	29	30	

Londres, mardi 26
La presse britannique révèle la teneur d'une nouvelle étude scientifique concernant l'ESB. D'après ces travaux, plusieurs centaines de personnes mourront de cette maladie dans les quinze ans à venir.

Paris, mardi 26
Le Premier ministre russe, Viktor Tchernomyrdine, signe un accord avec Alain Juppé qui prévoit notamment le remboursement des emprunts russes du début du siècle sur la base de 300 francs par titre.

Afrique du Sud, mercredi 27
Le président Nelson Mandela annonce que son pays ne reconnaîtra plus Taïwan en 1997 et rompra ses relations diplomatiques avec ce pays. C'est le préalable pour pouvoir ouvrir des relations diplomatiques « normales » avec la Chine populaire.

Evry, mercredi 27
Une vingtaine de syndics d'immeubles parisiens et franciliens sont mis en examen par un juge qui enquête sur la pratique des malversations et des dessous de table.

Espace, jeudi 28
Le blocage d'une poignée empêche les astronautes américains, Thomas Jones et Tamara Jernigan, de sortir pour tester des appareils dans la soute de la navette *Columbia*. (→ 7.12)

Bordeaux, jeudi 28
Le groupe Louis-Vuitton-Moët-Hennessy (LVMH) se porte acquéreur de l'un des joyaux du vignoble bordelais, le sauternes Château d'Yquem.

Rome, samedi 30
Un Cambodgien est arrêté à l'aéroport de Fiumicino. En possession d'un faux passeport belge, il était accompagné de quatre enfants hagards et apeurés qui ne sont pas les siens. Les enquêteurs ignorent s'ils ont mis au jour un réseau international de pédophilie, une filière d'adoption clandestine ou de trafic d'organes.

DECES

Sainte-Foy-la-Grande, lundi 25
Roger Lanzac, animateur de radio et de télévision (*11.4.1920).

Procès hors norme pour une escroquerie

Grasse, lundi 25
La justice a enregistré exactement 15 534 plaintes contre le dirigeant de la société France Direct Service, dont l'ancien directeur, Bernard Graeff, se retrouve dans le box des accusés. Le tribunal s'est déplacé au palais des congrès pour accueillir les plaignants. Mais seuls une centaine d'entre eux ont fait le déplacement. Le tort de FDS ? Avoir organisé des loteries sans véritables lots dans le seul but d'appâter les clients trop naïfs. Les objets gagnés, mais jamais livrés, allaient du timbre « miracle » antigraisse à la machine à coudre « de poche », sans oublier le fameux « bermuda thermo-amincissant ».

Gros dégâts dans le tunnel sous la Manche

Le béton des voussoirs a fondu...

Calais, mardi 26
La presse et les photographes ont enfin pu se rendre sur les lieux du sinistre. Ils ont pu constater que cet incendie avait été beaucoup plus grave qu'annoncé initialement. La chaleur a été telle (plus de 1 100°) que la voûte de béton a fondu en mettant à nu l'armature métallique des voussoirs. Sur un tronçon de plus de 300 m, ils sont à remplacer. Les plates-formes du Shuttle ne sont plus qu'une pâte noirâtre. Les rails se sont agglomérés au béton de la voie. Selon Eurotunnel, les travaux de remise en état pourraient durer cinq mois et coûter de 300 à 500 millions de francs. Seuls quelques trains de marchandises empruntent pour l'instant le tunnel nord.

Vive tension entre Cubains et Espagnols

La Havane, mardi 26
Le régime castriste a provoqué la colère de Madrid en retirant son agrément au nouvel ambassadeur espagnol. Récemment nommé par José Maria Aznar, José Cordech avait lui-même fortement irrité les Cubains en déclarant le mois dernier que son ambassade aurait ses portes « grandes ouvertes » aux opposants anticastristes. Aussitôt la nouvelle de sa révocation annoncée, de très vifs incidents ont éclaté autour de la représentation espagnole : plusieurs centaines de Cubains ont tenté de s'y réfugier mais ils se sont heurtés à un cordon policier. Le bâtiment est quasiment en état de siège.

Netanyahou défie les Palestiniens

Cisjordanie, mardi 26
Il est toujours difficile d'y voir clair dans les intentions israéliennes à l'égard de l'Autorité palestinienne. Benyamin Netanyahou, qui rendait visite aux colons d'Ariel, principale localité juive des territoires occupés, a déclaré : « Nous sommes ici à tout jamais », et s'est également engagé à poursuivre le développement de la colonisation. Des phrases qui ont le mérite de la franchise mais qui ne vont guère détendre la situation. Or Yasser Arafat a créé la surprise ce même jour en recevant à Bethléem une délégation de colons, agissant « à titre personnel », pour évoquer des projets de coopération. (→ 13.12)

Défaite judiciaire des commandos anti-IVG

Paris, mercredi 27
Les commandos anti-IVG et leurs défenseurs viennent de subir une déroute judiciaire. Dans un arrêt appelé à faire jurisprudence, la Cour de cassation détruit un à un tous les arguments qui leur avaient permis d'être très souvent relaxés. Oui, les actions des commandos sont bien des atteintes aux droits et à la dignité de la femme et des troubles patents de l'ordre public. Non, l'IVG n'est pas assimilable à un génocide, l'IVG n'est pas une entrave aux droits de l'enfant. Non, la loi Veil de 1975 ne contredit en rien les Conventions internationales et européennes. Le Planning familial retrouve le moral.

Référendum sur la révision de la Constitution en Algérie : « oui »

Algérie, vendredi 29
Elu président en novembre 1995, le général Liamine Zeroual s'est assuré une confortable victoire, hier, avec le référendum constitutionnel. En dépit de l'appel au boycott de tous les partis d'opposition, le « oui » l'a largement emporté. La propagande et le désenchantement des électeurs ont seuls permis ce résultat. Zeroual voit ses pouvoirs renforcés. Ceux du Parlement sont neutralisés. Le texte entérine la mainmise de l'armée sur la vie politique et l'interdiction des partis religieux. Le président règne jusqu'aux législatives. (→ 6.12)

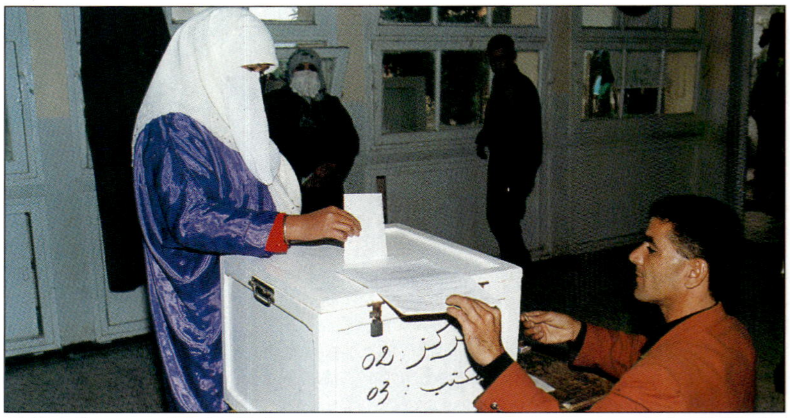
Officiellement : 85,81 % de « oui » avec une participation record de 79,80 %.

Déblocage des routiers

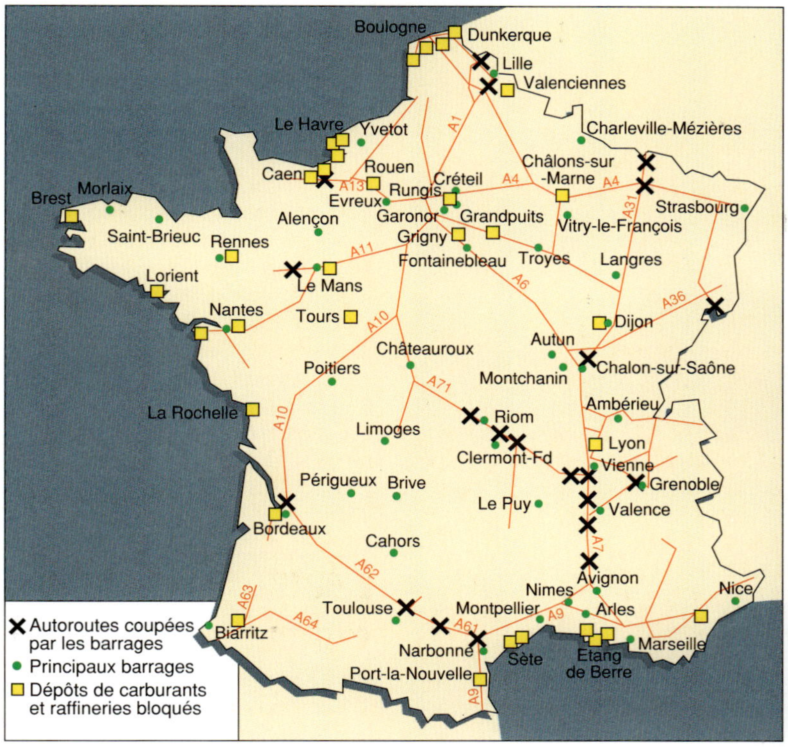

France, vendredi 29

Dans tout le pays, les routiers en grève lèvent un à un les barrages qui bloquaient les autoroutes, les dépôts de carburant et certains postes frontières. Il faudra trois à cinq jours pour que la situation redevienne normale et pour que les stations-service à court de carburant aient de quoi remplir leurs cuves de cette précieuse essence dont le début de pénurie commençait à inquiéter les Français. Malgré les déclarations triomphalistes de Bernard Pons, le ministre des Transports, jeudi soir, il aura fallu une dernière journée de négociations pour aboutir et pour que les représentants des grévistes et le patronat signent le protocole d'accord. Celui-ci prévoit une prime de 3 000 francs (c'est mieux que le 1 % d'augmentation proposé), la retraite à 55 ans, le paiement de toutes les heures travaillées, dont celles d'attente, la reconnaissance syndicale, l'interdiction de travailler le dimanche et un meilleur respect des législations déjà en vigueur. Comprise et acceptée par l'opinion publique, la grève a duré 12 jours.

Errance des réfugiés dans les forêts du Zaïre

Zaïre, vendredi 29

Le général canadien Maurice Baril, supposé commander l'intervention humanitaire internationale, si elle est enfin décidée, déclare que les vingt pays concernés sont tombés d'accord sur ses modalités. Mais auparavant doivent avoir lieu des parachutages de vivres pour venir au secours des 50 000 réfugiés hutus que les équipes du HCR ont répérés errant à l'ouest du lac Kivu, en pleine forêt équatoriale. Ballottés entre rebelles tutsis, hutus, armée rwandaise et soldats zaïrois, ils ont tourné en rond dans les collines, confrontés à des belligérants qui, eux-mêmes, ne semblaient pas très bien savoir, d'après leurs récits, ce qu'ils voulaient. (→ 8.12)

Milosevic fortement contesté dans la rue

Le 27, neuvième journée d'affilée de manifestations de l'opposition serbe.

Belgrade, samedi 30

L'opposition, rassemblée sous la bannière de la coalition Zajedno (Ensemble), continue à manifester pacifiquement dans les rues de la capitale serbe. Les trois leaders du vaste mouvement, qui en est à son onzième défilé, sont Zoran Djindjic, Vesna Pesic et Vuk Draskovic. Ce dernier est connu pour s'être très tôt opposé aux visées expansionnistes de Slobodan Milósevic. Après avoir annulé la victoire de l'opposition à Belgrade, le pouvoir a organisé un troisième tour mercredi dernier. Ce scrutin, boycotté par la coalition, a été bien sûr remporté par le SPS de Milosevic. Quant aux médias, ils n'ont encore montré aucune image de la vague de protestation. (→ 8.12)

Le 30 à Edimbourg, le prince Andrew restitue aux Ecossais « The Stone of Scone » (la pierre de la destinée) sur laquelle étaient couronnés leurs rois.

Le 30, pour la première fois à Paris, Yehudi Menuhin dirige un concert exceptionnel au Théâtre des Champs-Elysées, pour son 80e anniversaire.

Décembre

1996

Lu	Ma	Me	Je	Ve	Sa	Di
						1
2	3	4	5	6	7	8
9	10	11	12	13	14	15
16	17	18	19	20	21	22
23	24	25	26	27	28	29
30	31					

Paris, dimanche 1er
Le RPR célèbre les 20 ans de sa fondation, le 5 décembre 1976, par Jacques Chirac. Pour l'occasion, les barons gaullistes taisent leurs critiques à l'égard d'Alain Juppé. (→ 6)

Belgique, mercredi 4
Le dessinateur Franquin sort un nouvel album de son héros, Gaston Lagaffe, après quatorze ans de silence. Il s'agit de *Gare à Lagaffe*.

Mexique, jeudi 5
Réunie à Merida, la commission de l'Unesco décide d'inscrire le dôme d'Hiroshima sur la liste du patrimoine mondial de l'humanité, et ce malgré l'opposition des Etats-Unis. Le canal du Midi, en France, est lui aussi inscrit sur cet inventaire de 469 sites.

Russie, vendredi 6
Sur 189 puits de charbon en activité, 161 sont en grève depuis quatre jours. Les 400 000 mineurs réclament le paiement de leurs arriérés de salaires, qui s'élèvent à 72,7 millions de dollars.

Algérie, vendredi 6
Un nouveau massacre de villageois dans la plaine de la Mitidja fait 19 morts. La veille, 10 habitants d'un village de la même région avaient été également assassinés. (→ 17)

Italie, vendredi 6
Deux ans après sa démission, la justice lance une cinquantaine de perquisitions contre l'ancien juge Antonio Di Pietro; 300 agents de la garde des Finances sont mobilisés.

Floride, samedi 7
Après plusieurs reports, la navette *Columbia* peut enfin atterrir. Sa mission a été marquée par plusieurs incidents mineurs mais révélateurs du vieillissement des navettes. A son bord, Story Musgrave a battu le record de durée de vol dans une navette : il est resté 17 jours dans l'espace.

DECES

Aix-en-Provence, mardi 3
Georges Duby, historien du Moyen Age (*7.10.1919).

Roumanie, dimanche 8
Marin Sorescu, écrivain, poète, dissident et ministre (*18.2.1936).

Coupe Davis aux Français face aux Suédois

Malmö, dimanche 1er
Noah et sa bande ont réussi l'exploit de ramener la Coupe Davis. Arnaud Boestch, Cédric Pioline, Guillaume Raoux et Guy Forget ont battu la Suède par trois victoires à deux. Boestch a apporté le point décisif au terme d'un combat en cinq manches contre Niklas Kulti. Cinq ans après le triomphe de Lyon, les Français ont reconquis le saladier d'argent. Et de quelle manière ! A égalité (1-1) à l'issue de la première journée, Forget et Raoux gagnaient le double et donnaient ainsi l'avantage à leurs couleurs. Pioline s'inclinait devant Thomas Enqvist après 4 h 30 de match ! Mais Boestch allait le venger quelques heures plus tard.

« Fair play », Yannick Noah porte le Suédois Stefan Edberg en triomphe.

Un Premier ministre « hebdomadaire »...

Bosnie, dimanche 1er
La constitution d'un gouvernement central et commun était l'une des exigences des parrains des accords de Dayton. C'est chose faite après dix réunions et deux mois et demi de négociations. Le gouvernement de Bosnie sera donc coprésidé par un Musulman et un Serbe, assistés d'un adjoint croate. Chaque semaine, les deux présidents du Conseil devront alterner leur charge. Cette structure est complexe. Les trois ministres (Affaires civiles, Affaires étrangères et Commerce extérieur) sont assistés de deux vice-ministres, représentant les deux autres communautés. (→ 21)

De l'eau sur la face cachée de la Lune

Washington, lundi 2
Il y a sur la face cachée de la Lune quelque chose qui ressemble à une mare (ou un petit lac) gelée, d'une « profondeur probable de dizaines de pieds », c'est-à-dire de quelques mètres. C'est la sonde *Clementine*, lancée en 1994, qui l'a détectée. Le Pentagone l'a annoncé seulement maintenant, deux ans après l'avoir appris. Le secret a été bien gardé, le temps d'effectuer les vérifications requises. La question que se posent tous les astronomes est de savoir d'où vient cette eau gelée. Date-t-elle de la formation de la Lune ou a-t-elle été apportée par des comètes ?

Mission américaine vers la planète Mars

Cap Canaveral, mercredi 4
La sonde *Pathfinder*, embarquée à bord d'une fusée Delta II, s'est envolée pour Mars à 1 h 58, heure locale. La Nasa renoue ainsi avec l'exploration martienne, vingt ans après Viking-1 et 2, derniers robots à avoir exploré la planète rouge. En juillet 1997, si tout va bien, la sonde amorcera sa descente vers le sol, freinée par un parachute. Formant une sorte de tétraèdre conique, elle est composée de deux éléments : une station fixe et un véhicule robot sur roues, doté de trois caméras et de divers instruments complexes pour les analyses du sol.

Le 2 à Paris, Kiss, groupe mythique de hard rock reformé plus de quinze ans après, donne un concert unique au Zénith durant sa tournée mondiale.

La privatisation de Thomson suspendue

Paris, mercredi 4
Triomphant il y a encore quelques semaines, Jean-Luc Lagardère vient d'essuyer un échec. Et, avec lui, le gouvernement. La Commission de privatisation s'est en effet déclarée dans l'impossibilité d'émettre un avis favorable sur la procédure de privatisation de Thomson, en tout cas telle qu'elle a été décidée par Jacques Chirac. En particulier, ce sont les modalités de cession de Thomson Multimédia au coréen Daewoo qui n'ont pas convaincu les membres de la Commission. Tout est à reprendre. Alcatel, évincée une première fois, attend son heure.

Le secrétariat d'Etat US pour une femme

Washington, jeudi 5
C'est la première fois qu'une femme devient secrétaire d'Etat. Madeleine Albright, une immigrante tchèque naturalisée, prend la succession de Warren Christopher à la tête de la diplomatie américaine. Très proche de Bill Clinton, âgée de 59 ans, elle était jusqu'alors ambassadrice des Etats-Unis à l'ONU. Passionnée de politique étrangère, elle s'est fait connaître pour son franc-parler. Le département de la Défense revient à l'ex-sénateur républicain modéré William Cohen. Bill Clinton a fait le choix de l'ouverture.

Un nouvel attentat au cœur de Paris

Paris, mercredi 4
Au lendemain du terrible attentat à la bombe de la station Port-Royal, tous les regards se tournent vers l'Algérie et les groupes terroristes islamistes. L'engin, composé d'une bonbonne de gaz remplie de clous, a explosé alors que la rame, venant du nord, était à l'arrêt. Si l'explosion avait eu lieu dans un tunnel entre deux stations, le bilan aurait pu être beaucoup plus lourd. Les secours ont relevé deux morts, deux blessés dans un état très critique, et plus de quatre-vingts personnes plus ou moins grièvement touchées. Le plan Vigipirate était immédiatement mis de nouveau en place sur tout le pays.

La bonbonne de gaz a explosé dans une rame du RER à la station Port-Royal.

Affaires... vendredi noir pour le RPR

Ile-de-France, vendredi 6
Trois personnages importants du parti gaulliste sont mis en examen le même jour. Il s'agit tout d'abord de Louise-Yvonne Casetta, ancienne trésorière officieuse du RPR, qui est accusée par un entrepreneur d'avoir récolté des commissions occultes. C'est ensuite Xavière Tiberi, épouse du maire de Paris, pour recel d'abus de confiance et détournement de fonds publics à cause d'un rapport banal payé 200 000 francs. Et enfin son « employeur », Xavier Dugoin, qui avait commandité ce rapport pour le département de l'Essonne. Les juges ne lâchent pas prise.

Déjà trois abandons dans le Vendée Globe

Atlantique Sud, vendredi 6
La malchance frappe décidément Isabelle Autissier. Une avarie de gouvernail, la rupture d'un safran, a contraint la navigatrice de *PRB* à faire route vers Le Cap pour essayer de repartir « hors classement ». Ce coup dur, survenu le 1er décembre, a relancé la course qu'elle dominait depuis le départ. A bord de *Geodis*, Christophe Auguin a ainsi pris le commandement de la transat. Mais aujourd'hui, Yves Parlier (*Equinoxe Innovations*) et Thierry Dubois (*Pour Amnesty International*) sont victimes, eux aussi, de la défaillance de leurs safrans. Les deux skippers ont décidé d'arrêter la course et de faire escale pour réparer.

L'un des deux safrans de « PRB », d'Autissier, a cassé dimanche 1er.

L'opposition réclame la tête de Milosevic

Belgrade, dimanche 8
La coalition Zajedno radicalise ses revendications. Elle demande que Slobodan Milosevic démissionne. Il est clair que ce dernier veut faire pourrir la situation et se prépare à une lutte de longue haleine. La Cour suprême maintient l'invalidation des élections et donc celle de la victoire de l'opposition. Celle-ci avait déposé près de 45 plaintes devant la plus haute juridiction du pays. Certains avaient pourtant estimé, un peu vite, que le pouvoir aurait pu user de cette carte pour négocier une sortie de crise. Milosevic a beau répéter que les juges ne sont pas à la solde du régime, les 200 000 manifestants de la veille n'en croient rien. (→ 15)

Jeudi, 150 000 Serbes dans la rue.

Désaccords en France à propos du Zaïre

France, dimanche 8
Interrogé sur l'urgence d'intervenir au Zaïre, Jacques Godfrain répond qu'il n'est plus nécessaire d'y aller. Le ministre de la Coopération, ce faisant, contredit la déclaration faite il y a 48 heures par Jacques Chirac à la clôture du sommet franco-africain de Ouagadougou. Au nombre de 47, tous les pays présents demandaient l'envoi d'une force multinationale. Il y a sept jours, Kinshasa a dénoncé les incursions ougandaises sur son territoire. Autour du lac Kivu, les ONG sont sans nouvelles de 50 000 réfugiés. (→ 13)

Le Téléthon de 1996 bat son propre record

France, dimanche 8
Pour son dixième anniversaire, le Téléthon bat un nouveau record. Cette édition, qui s'est achevée dans la nuit de samedi à dimanche, aura donc enregistré pour plus de 388 millions de francs de promesses de dons. Ce marathon de la solidarité a vu s'enchaîner, comme tous les ans, ses performances, ses mobilisations de bénévoles (4 millions) au service de la lutte contre la myopathie. Avec les Restos du cœur, cette cause est la seule à ne pas souffrir de la baisse générale et inquiétante des dons en faveur des associations caritatives. L'ARC et le Sidaction, pour leur part, en ont déjà pâti.

Gérard Holtz et Thierry Lhermitte, Claude Sérillon et Michel Drucker.

Trêve de la mutinerie en Centrafrique

Bangui, dimanche 8
Quatre présidents africains, dans le cadre d'une « mission fraternelle », obtiennent enfin une trêve dans la capitale centrafricaine. Le Tchadien Idriss Déby, le Burkinabé Blaise Compaoré, le Malien Alpha Oumar Konaré et le Gabonais Omar Bongo ont fait en sorte qu'un cessez-le-feu immédiat soit appliqué et que les deux parties acceptent un « comité de suivi international » qui devra superviser le retour à la normale et à la paix civile. Les rebelles ont gardé leurs armes et le calme semble à la merci du moindre incident.

Décembre

1996

Lu	Ma	Me	Je	Ve	Sa	Di
						1
2	3	4	5	6	7	8
9	10	11	12	13	14	15
16	17	18	19	20	21	22
23	24	25	26	27	28	29
30	31					

Bruxelles, lundi 9
Le vice-Premier ministre, Elio Di Rupo, accusé de pédophilie par un homosexuel, semble tiré d'affaire. Majorité contre opposition, les députés ont estimé qu'il n'y avait pas lieu de renvoyer son dossier à la Cour de cassation. (→ 19)

France, mardi 10
A Toulouse, le mouvement des traminots prend fin sur un accord qui répond à leurs revendications. Mais les conducteurs d'autobus poursuivent leur grève à Rouen.

Corse, mercredi 11
Le FLNC se lance dans la surenchère. Dans un communiqué, il prévient les gendarmes déployés sur l'île qu'il pourrait s'en prendre à leurs familles. Il menace aussi de frapper de nouvelles cibles sur le continent. (→ 17)

Chine, mercredi 11
Les autorités de Pékin nomment l'armateur Tung Chee-hwa prochain chef de l'exécutif de Hong Kong après la rétrocession par la Grande-Bretagne à la Chine en 1997.

Londres, vendredi 13
Chez Christie's, un dessin de Raphaël est vendu 5,3 millions de livres (environ 44 millions de francs français) : c'est un record d'enchères pour une œuvre de cet artiste.

Israël, vendredi 13
Le gouvernement de Benyamin Netanyahou accorde le statut de « priorité nationale » aux 144 implantations juives en Cisjordanie. Elle peuvent ainsi bénéficier du régime fiscal privilégié. →

Saint-Pétersbourg, samedi 14
Libération d'Alexandre Nikitine, le premier prisonnier d'opinion écologiste, envoyé en prison pour avoir dénoncé la pollution nucléaire de la presqu'île de Kola.

DECES

Nairobi, lundi 9
Mary Leakey, anthropologue, grande spécialiste des origines de l'homme (*6.2.1913).

Paris, mercredi 11
Marie-Claude Vaillant-Couturier, résistante, ancienne déportée et dirigeante du PCF (*3.11.1912).

Allemagne-Tchéquie: excuses mutuelles

Prague, lundi 9
Après de difficiles négociations, la République tchèque et l'Allemagne sont enfin tombées d'accord sur un projet de réconciliation officielle et d'excuses mutuelles. Le contentieux était lourd entre les deux pays. Il découle des annexions hitlériennes en 1939, suivies, six ans plus tard, de l'expulsion par le gouvernement tchécoslovaque de trois millions d'Allemands. Bonn reconnaît « sa responsabilité historique » alors que Prague admet les « souffrances et les injustices » qui ont durement frappé les expulsés allemands.

Le président du Sénat a battu les records

Poher est resté 24 ans au perchoir.

Paris, lundi 9
Alain Poher (*17.4.1909), qui vient de mourir, avait fait deux séjours à l'Elysée. Il y avait passé 108 jours sans y avoir été élu. Président du Sénat sans interruption de 1968 à 1992, il avait assuré (article 7 de la Constitution) l'intérim du président de la République en 1969, après la démission de général de Gaulle, et en 1974, après la mort de Georges Pompidou. Ce dernier l'avait battu en 1969 au second tour de l'élection présidentielle. Ce centriste, qui était aussi un Européen convaincu, a occupé durant vingt-quatre ans le perchoir du Sénat, un record, avant de laisser la place à René Monory.

Un tableau de Van Gogh sans acheteur

Paris, mardi 10
L'un des plus prestigieux palaces de la capitale, le George V, a accueilli ce soir une vente aux enchères de très haut niveau. La collection d'art du banquier Jean-Marc Vernes, qui est mort en avril dernier, devait être dispersée sous le marteau d'un très flamboyant commissaire-priseur, Me Jacques Tajan. La vedette de la vente était un tableau de Van Gogh, intitulé *Jardin à Auvers*. La mise à prix était de 20 millions de francs et l'enchère a atteint 32 millions. Mais les interventions répétées de l'expert qui est à l'origine de la polémique sur l'authenticité du tableau ont malheureusement poussé Me Tajan à interrompre la vente. (→ 13)

Me Tajan et le « Jardin à Auvers ».

Exportations reprises du pétrole irakien

Irak, mardi 10
C'est le secrétaire général de l'ONU en personne, Boutros-Ghali, qui a donné le feu vert. A partir de ce jour, l'Irak peut revendre du pétrole sur le marché mondial. Ses recettes sont plafonnées à deux milliards de dollars tous les six mois. Elles sont placées sur un compte spécial des Nations unies. Leur utilisation est très étroitement surveillée par des experts onusiens. Cet argent doit alimenter un fonds de compensation pour les victimes de la guerre du Golfe. Il va surtout servir à acheter les vivres et les médicaments qui manquent cruellement aux Irakiens.

Colère des intermittents du spectacle pour le statut du chômage

France, mardi 10
Dans tout le pays, les intermittents ont organisé une journée d'action pour faire parler d'eux et défendre leur statut. Celui-ci n'a rien d'un privilège. Déjà réformé pour cause d'abus dans le passé, il permet aux comédiens, chanteurs, danseurs et techniciens du spectacle d'obtenir une assurance chômage. Il leur faut justifier de 507 heures de travail dans les douze derniers mois et les indemnités sont plafonnées. Il est déjà très difficile de bénéficier de ce régime qui permet à près de 40 000 professionnels de survivre. Avec les projets de réformes en cours, c'est l'existence de leurs métiers qui est remise en cause.

A Paris, les manifestants ont occupé l'Opéra avant d'être évacués par la police.

L'attaque du train postal... en Suisse

Suisse, mercredi 11
S'inspirant de la fameuse attaque du train postal Glasgow-Londres de 1963, une équipe de gangsters très bien organisée a réédité l'« exploit » en s'en prenant à l'Intercity 744 qui relie Saint-Gall à Genève. Ils ont opéré de nuit, en rase campagne et par un épais brouillard. Ils forcent le train à s'arrêter : le wagon postal est juste sur un petit pont, sous lequel trois voitures attendent. Il est pillé et 24 sacs contenant, selon certaines informations, des valeurs et surtout des bijoux changent de mains. Le hold-up a duré quinze minutes.

Séparation de l'Etat suédois avec l'Eglise

Stockholm, jeudi 12
Mgr Karl Gustaf Hammar, évêque de Lund, sera le dernier archevêque de l'Eglise luthérienne nommé par le gouvernement. Siégeant à Uppsala, le siège du protestantisme suédois, il est chargé de mener à son terme la séparation de l'Eglise et de l'Etat. Proposée par le gouvernement et la majorité sociale-démocrate, cette loi de séparation historique, au regard du passé de la Suède, a été acceptée et votée par le synode de l'Eglise. Le processus – transferts de propriété et changement de statuts pour les pasteurs – s'achèvera en l'an 2000.

Arafat utilise le Hamas face à Israël

Gaza, vendredi 13
Le leader palestinien a autorisé un meeting du Hamas qui rassemble près de 15 000 personnes. Pour fêter son neuvième anniversaire, le parti islamiste a organisé une véritable démonstration de force dans une discipline de fer : slogans guerriers et violemment anti-israéliens, et défilé des jeunes recrues. La foule, où les hommes sont séparés des femmes, n'applaudit qu'au signal. C'est pour Arafat une menace à peine déguisée en direction d'Israël : « Voilà à qui vous aurez à faire si vous continuez à paralyser l'autonomie ». (→ 24)

L'Occident renonce à intervenir au Zaïre

New York, vendredi 13
C'est officiel. Les pays qui, depuis des semaines, prennent part aux discussions interminables sur l'envoi d'une force d'interposition au Zaïre la jugent désormais inutile et ont donc renoncé à son principe. Tous les embryons de structure déjà mis en place vont être dissous, dans la région des grands lacs et au siège des Nations unies. C'est la fin d'un faux suspense, entretenu par la mauvaise volonté américaine. Ce au moment où la Tanzanie décide de chasser les centaines de milliers de Rwandais réfugiés sur son territoire. (→ 17)

Accord de l'Union européenne sur le pacte de stabilité budgétaire

Dublin, samedi 14
De ce sommet européen, le grand public retiendra en premier lieu la présentation des futurs billets en euro. Des coupures de 5, 10, 20, 50, 100, 200 et 500 euros, conçues et dessinées par un pool de graphistes des banques centrales européennes. Ce sont les chefs d'Etat qui ont eu le dernier mot pour le choix final. Ces billets seront mis en circulation entre octobre 2001 et le 1er janvier 2002, date butoir pour leur entrée en vigueur. Mais ce sommet restera dans les mémoires des économistes et des financiers comme celui où fut adopté le pacte de stabilité, qui va parachever la mise en place de la monnaie unique. Discuté par les ministres des Finances des Quinze et paraphé par les chefs d'Etat, il établit une discipline monétaire et un système strict de surveillance des déficits. Ils ne pourront dépasser 3 % du PIB, sauf cas prévus par le pacte. Un dépassement entraînera des sanctions monétaires.

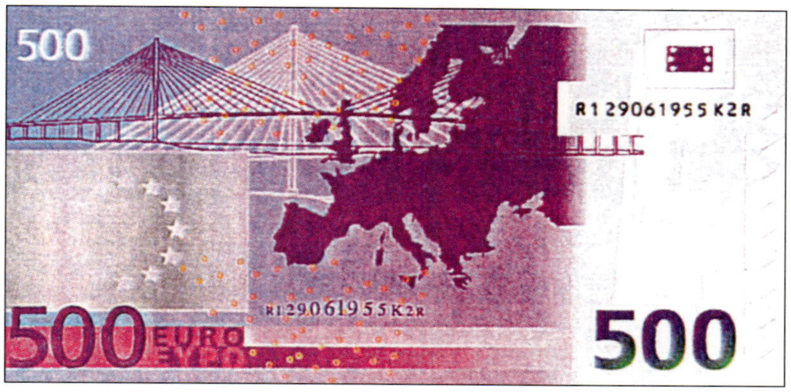

Razzia de l'Autriche en descente de ski

Val-d'Isère, dimanche 15
Fritz Strobl a causé la surprise en gagnant la première descente de la saison. A 24 ans, l'Autrichien s'est imposé en 1 min 51 s 61/100 devant trois de ses compatriotes : Werner Franz (à 2/100), Patrick Ortlib et Joseph Strobl ! Ce dernier n'a aucun lien de parenté avec le vainqueur. Ce tir groupé n'est pas le premier sur cette piste. En 1984 déjà, quatre skieurs autrichiens avaient pris les quatre premières places. Pour les Français, Luc Alphand termine à la sixième place. Numéro un mondial de la spécialité, le Savoyard finit à 29 centièmes du vainqueur.

Le 13 au Futuroscope de Poitiers, Patricia Spéhar (21 ans, étudiante) est élue Miss France 97. Ses dauphines : Miss Midi-Pyrénées et Miss Anjou.

Milosevic lâche un peu de lest en Serbie

Belgrade, dimanche 15
Emanant de l'Union européenne, de l'Otan et des Etats-Unis, il semble que les pressions internationales commencent à faire leur effet. Dans la deuxième ville de Serbie, à Nis, un tribunal annule la victoire du Parti socialiste de Serbie au profit des formations de l'opposition. Celle-ci réunit la deuxième plus importante manifestation depuis le début du mouvement : 250 000 personnes sont rassemblées dans la capitale. Alors qu'il jouait sur le pourrissement de la situation, Milosevic lâche du lest et autorise une délégation de l'UE à venir vérifier les résultats. (→ 22)

Fusion des géants de l'aéronautique

Etats-Unis, dimanche 15
Boeing et McDonnell Douglas ont annoncé leur fusion. Il faudrait en fait parler de l'absorption du second par le premier. Cette opération, dont le coût est pour l'instant évalué à 13,3 milliards de dollars (soit près de 67 milliards de francs), donne naissance à un géant de l'industrie mondiale, tous secteurs confondus, mais surtout laisse loin derrière leur principal concurrent aéronautique, le consortium européen Airbus. La nouvelle entité, au chiffre d'affaires de 48 milliards de dollars, forte de 200 000 salariés, occupe 59,8 % du marché aéronautique planétaire.

Décembre

1996

Lu	Ma	Me	Je	Ve	Sa	Di
						1
2	3	4	5	6	7	8
9	10	11	12	13	14	15
16	17	18	19	20	21	22
23	24	25	26	27	28	29
30	31					

France, lundi 16
Les Restos du cœur ouvrent pour leur douzième hiver.

Paris, lundi 16
L'Observatoire français des drogues et des toxicomanies note dans son rapport annuel une baisse légère de la consommation d'héroïne, des surdoses et des transmissions du sida par voie intraveineuse, due à la progression des programmes de substitution.

Tchétchénie, mardi 17
Six employés du CICR sont assassinés dans une petite ville au sud de Grozny. Ce crime, destiné à terroriser et à faire monter la tension, est à rapprocher de la prochaine échéance électorale prévue pour le 27 janvier.

Montpellier, mercredi 18
La cour d'assises condamne trois anciens de l'OAS et nostalgiques de l'Algérie française, meurtriers de Jacques Roseau, à 20 ans et 15 ans de réclusion. Roseau avait le projet de regrouper les pieds-noirs en une seule association.

Paris, jeudi 19
Le biologiste François Jacob, prix Nobel de médecine en 1965, est élu à l'Académie française au fauteuil de l'écrivain Jean-Louis Curtis.

Buenos Aires, vendredi 20
Le casse du siècle pour l'Argentine : six hommes déguisés en policiers dérobent 12 millions de pesos (autant en dollars) dans une entreprise de transport de fonds.

Paris, vendredi 20
Jacques Crozemarie est libéré et quitte la prison de la Santé. L'ARC, qu'il avait fondée et présidée, lui réclame toujours 65 millions de francs de dommages et intérêts.

Amiens, dimanche 22
Aux championnats de France de patinage artistique, Surya Bonaly et Philippe Candeloro conservent chacun leur titre national, malgré leur baisse de forme actuelle.

DECES

Seattle, vendredi 20
Carl Sagan, astronome et vulgarisateur scientifique (*9.11.1934).

Un nouveau bouquet satellite avec TPS

France, lundi 16
TPS (Télévision par satellite), qui est soutenue et financée par TF1 et son P-dg, Patrick Le Lay, a un objectif très clair : concurrencer Canal +. La chaîne cryptée, avec son propre bouquet, Canalsatellite, était jusqu'à ce jour hégémonique sur ce marché émergeant et plein de promesses. Les deux concurrents se sont battus pour acquérir des catalogues de films et de programmes. Les autres chaînes en clair, France Télévision et M6, sont de la partie sur TPS. L'accès à ce bouquet numérique, proposant des chaînes thématiques et du cinéma, nécessite une parabole et un décodeur Viaccess.

Kofi Annan élu à la tête des Nations unies

Il dirigeait jusqu'alors le département des opérations de maintien de la paix.

New York, mardi 17
Désigné par acclamation devant l'Assemblée générale des Nations unies, Kofi Annan prête serment et devient le 7e secrétaire général de l'organisation. Ce Ghanéen a été choisi par le Conseil de sécurité après un long bras de fer entre les Etats-Unis et la France. Celle-ci soutenait Boutros Boutros-Ghali. Or Washington opposait un veto définitif à la réélection du secrétaire sortant, tant pour des raisons de géopolitique que pour des questions de simples inimitiés personnelles. Kofi Annan lui a rendu hommage et a rappelé que la mauvaise gestion qui lui était imputée tenait d'abord aux arriérés de paiement de certains grands pays, surtout les Etats-Unis.

La « loi du silence » est rompue en Corse

Paris, mardi 17
François Santoni, Marie-Hélène Mattei et sept autres personnes sont transférés dans la capitale et sont inculpés de tentative d'extorsion de fonds ainsi que d'association de malfaiteurs. Le chef présumé du FLNC-Canal historique et leader de la Cuncolta, sa vitrine légale, s'est livré la veille aux gendarmes après l'interpellation de sa compagne. Les arrestations découlent du récit très détaillé de Jacques Dewez. Celui-ci, propriétaire du golf de Sperone, a expliqué qu'il avait été la cible d'une tentative de racket. Il a refusé et la maison des gardiens a été plastiquée peu de temps après. Il s'est décidé à parler malgré les menaces.

François Santoni s'est rendu hier.

Retour du maréchal Mobutu au Zaïre

Kinshasa, mardi 17
Après plusieurs mois d'absence, le maréchal-président Mobutu Sese Seko est accueilli par une foule en liesse à sa descente d'avion. Les cadres de son parti, le Mouvement populaire de la révolution (MPR), ont déployé les grands moyens pour donner à ce retour tout le faste et la pompe requis. Tous les taxis de la capitale ont été réquisitionnés pour amener ses supporters à l'aéroport. Mobutu s'est engagé à « redorer le blason terni de la République du Zaïre » et il a fustigé les ennemis qui ont profité de sa longue maladie pour attaquer le pays.

Arabisation forcée en Algérie par la langue

Alger, mardi 17
Comme le président Zeroual l'avait promis, le CNT (Conseil national de transition) vote à l'unanimité la loi de « généralisation de l'usage de la langue arabe ». Tous les documents, les communications, les messages et les déclarations officiels ne doivent se faire désormais qu'en arabe. Les partis, les associations, les médias audiovisuels et l'enseignement sont concernés. C'est une concession faite aux islamistes. L'arabisation vise bien sûr le français mais aussi le tamazight, la langue berbère.

Marcello Mastroianni rejoint Fellini... Ciao

Il a tourné dans plus de 160 films.

Paris, jeudi 19
Le plus célèbre, le plus aimable et peut-être le plus doué de tous les comédiens italiens est mort, à son domicile parisien de la rue de Seine. Marcello Mastroianni (*28.9.1923) était l'acteur fétiche de Federico Fellini (*la Dolce Vita*, *Huit et demi* ou bien encore *la Cité des femmes*) et d'Ettore Scola. Mais ce serait mal rendre compte de sa foisonnante carrière que de ne citer que ces deux réalisateurs italiens. Incarnation du *latin lover*, fragile et sensible, il a tourné sous la direction des plus grands. Il avait eu une fille, Chiara, avec Catherine Deneuve.

Première : un fumeur attaque la Seita

Paris, mercredi 18
Richard Gourlain et sa famille ont assigné la Seita devant les tribunaux pour lui demander réparation. Ils sont défendus par Maître Francis Caballero, l'avocat du CNT (Comité national contre le tabagisme). R. Gourlain, âgé de 47 ans et fumeur invétéré de Gauloises brunes depuis l'âge de 13 ans, est atteint de cancer en phase terminale. Les plaignants demandent 2,7 millions de francs en dommages et intérêts. Se fondant sur des études de l'OMS, assimilant la nicotine à une drogue, leur avocat accuse la Seita de vendre un produit structurellement dangereux et de mal en avertir les consommateurs.

Spectaculaire prise d'otages à Lima

Un commando retient près de 500 personnes dans l'ambassade du Japon.

Lima, jeudi 19
Depuis mardi soir, la résidence de l'ambassadeur du Japon est le siège d'une gigantesque prise d'otages. Un commando d'une trentaine de guérilleros a profité de la réception que donnait l'ambassadeur pour s'infiltrer au milieu des invités et déclencher l'opération. Ces hommes sont du Mouvement révolutionnaire Tupac Amaru, le MRTA. Guérilla urbaine d'inspiration guévariste et anti-libérale, le MRTA est considéré comme moins sanguinaire que le Sentier lumineux. Après avoir libéré 150 femmes et enfants, ils retiennent toujours 460 personnes et réclament au président Fujimori la libération de 500 de leurs compagnons.

Affaire Dutroux : « Quelqu'un ment »

Bruxelles, jeudi 19
Réputé pour sa modération, c'est en tout cas ce que s'est exclamé Marc Verwilghen, qui préside les travaux de la commission d'enquête mise en place par le Parlement. Elle doit faire la lumière sur la manière dont a été (mal) menée l'enquête sur les enlèvements et les meurtres de Julie Lejeune et Melissa Russo par Marc Dutroux. Malgré l'heure tardive, près de 315 000 Belges suivent la scène en direct. La confrontation oppose les magistrats instructeurs à certains services de la gendarmerie. Les uns comme les autres s'accusent d'avoir négligé des informations.

Ouverture des salles grand public à la BNF

Paris, vendredi 20
Ce qui fut l'ultime grand chantier du précédent septennat, mais aussi le plus controversé, porte désormais le nom officiel de BNF (Bibliothèque nationale de France) François-Mitterrand. Le président Chirac l'a inaugurée mardi. Mais, pour cause de restrictions budgétaires, n'ouvre ce jour que le haut-de-jardin, espace dévolu au grand public. En bord de Seine, cette magnifique institution, conçue par Dominique Perrault et qui a coûté 8,5 milliards de francs, propose plus de 180 000 livres et un système de consultation numérique unique au monde. L'entrée est de 20 francs, réservée aux titulaires du bac ou aux plus de 18 ans.

Dans la salle dite de l'audiovisuel.

En Bosnie, l'Ifor est transformée en Sfor

Bosnie, samedi 21
Le mandat de l'Ifor est terminé. La Force de stabilisation, la Sfor, prend la relève dès ce matin. L'Otan a en effet décidé de prolonger sa mission de dix-huit mois. Ses soldats doivent désormais stabiliser la paix et veiller à la stricte application des accords de Dayton. Ils ne s'interposent plus entre les belligérants. Sur les 60 000 hommes déployés, 20 000 ont déjà quitté la Bosnie. Le contingent final sera de 31 000 soldats, opérationnels dès février. Les termes du mandat sont les mêmes et il est clair que ces troupes ne feront toujours pas la chasse aux criminels de guerre.

Départ des anciens à la direction du PCF

La Défense, dimanche 22
C'est sans surprise que Robert Hue a été réélu secrétaire national du Parti communiste à l'issue de son XXIXe Congrès. La page Georges Marchais, absent des débats pour raisons de santé, est définitivement tournée. Deux défections de poids sont venues mettre un bémol à cet enthousiasme, avec les départs de Roland Leroy, ancien directeur de *l'Humanité*, et de Henri Krasucki, ex-secrétaire général de la CGT, qui quittent le comité national du parti. Malgré la vieille garde, Robert Hue a rajeuni et féminisé la direction et a imposé un projet de gouvernement.

Robert Hue, réélu à la tête du parti.

L'OSCE a constaté les fraudes en Serbie

Belgrade, dimanche 22
Au trente-quatrième jour de leur mouvement, les manifestants étaient encore plus de 30 000 à défiler à la lumière des bougies autour d'un mannequin représentant Slobodan Milosevic en habit de bagnard. En quittant la capitale le même jour, la délégation de l'Organisation pour la sécurité et la coopération en Europe (OSCE) n'a pas mâché ses mots à l'encontre du pouvoir. Selon Felipe Gonzalez, l'ancien Premier ministre espagnol, la manipulation du scrutin s'apparenterait à une « machination légale » et les preuves de la fraude sont « impressionnantes ».

Draskovic, un leader de l'opposition.

Décembre

1996

Lu	Ma	Me	Je	Ve	Sa	Di
						1
2	3	4	5	6	7	8
9	10	11	12	13	14	15
16	17	18	19	20	21	22
23	24	25	26	27	28	29
30	31					

Allemagne, lundi 23
Désigné par un jury de journalistes européens, c'est le défenseur allemand Matthias Sammer qui se voit décerner le Ballon d'or 1996 de football.

Irlande, lundi 23
Un promeneur découvre le corps de Sophie Toscan du Plantier, l'épouse du célèbre producteur de cinéma et de musique. Elle a été assassinée à proximité de son *cottage*.

Paris, lundi 23
L'ex-président d'Elf, Loïk Le Floch-Prigent, est libéré sous caution et quitte la prison de la Santé.

Grasse, lundi 23
Pierre Botton a tenté de se suicider dans la nuit de vendredi à samedi. Il a avalé une surdose de médicaments après avoir appris le rejet de sa demande de mise en liberté.

France, vendredi 27
En dépit de la morosité ambiante, la consommation des ménages a augmenté de 2,7 % en novembre et de 2,4 % sur l'ensemble de l'année.

Guatemala, dimanche 29
Signature des accords de paix entre la guérilla et le pouvoir. La capitale est en liesse. Pour la première fois, des droits sont reconnus aux Indiens.

Erythrée, lundi 30
Cinq touristes belges et un Ethiopien sont retrouvés morts dans le Nord du pays.

Brest, mardi 31
Olivier de Kersauson et ses six équipiers lancent leur trimaran *Sport-Elec* à l'assaut du trophée Jules-Verne. Ils tentent de battre le record de Peter Blake dans la course autour du monde, sans assistance et sans escale.

DECES

Cannes, lundi 23
Rina Ketty, chanteuse populaire d'origine italienne (*1911).

Orsay, dimanche 29
Daniel Mayer, ancien président de la Ligue des droits de l'homme et du Conseil Constitutionnel (*29.4.1909).

France, dimanche 29
Edouard Bled, grammairien (*1899).

Eltsine retrouve son bureau au Kremlin

Moscou, lundi 23
Le retour aux affaires du président russe a une double signification. En direction des hommes politiques de tous bords qui se disputent avec un terrible acharnement les dépouilles de la présidence, le message se veut explicite : la vacance du pouvoir est terminée. Boris Eltsine a repris les commandes en main. Les images de son arrivée au Kremlin, où il n'est resté que quelques heures, doivent aussi rassurer l'opinion publique. Mais est-il en mesure de régler trois dossiers brûlants : les impayés en matière de retraites, d'impôts et de salaires ?

Hébron, enjeu entre Netanyahou et Arafat

Rencontre au poste-frontière d'Erez.

Erez, mardi 24
A l'entrée de la bande de Gaza, le sommet entre le chef de l'Autorité palestinienne et le Premier ministre israélien se solde par un demi-échec. Certes, aucun accord définitif n'a pu être trouvé sur le redéploiement de Tsahal à Hébron, mais de l'avis des deux parties de substantiels progrès ont néanmoins été réalisés. L'action de l'émissaire spécial du président Clinton, Dennis Ross, a vraiment été déterminante. Il fallait montrer aux Palestiniens qu'en dépit du fait que les Israéliens soufflent le chaud et le froid depuis plusieurs semaines un compromis restait envisageable. Les autres points en suspens ont été évoqués sans être réglés.

Excédent record du commerce extérieur

France, mardi 24
En octobre, le commerce extérieur français a dégagé un excédent de 16,9 milliards de francs. Sur les dix premiers mois de l'année, le solde est déjà de 103 milliards, proche de ce qu'avait atteint 1995 en douze mois : 104,5 milliards. L'alimentaire et les biens d'équipement ont le plus progressé et le solde s'est amélioré avec les pays de l'UE. Cependant, il convient de noter que cet excédent s'explique aussi par une forte baisse des importations due à la faiblesse des investissements intérieurs.

Le GIA menace « de détruire la France »

Paris, mardi 24
L'Elysée fait savoir que le GIA (le Groupe islamique armé) a envoyé une lettre à Jacques Chirac. Ecrite en arabe et authentifiée, elle exige du gouvernement français de cesser tout soutien au pouvoir en place à Alger et d'œuvrer à la libération des détenus islamistes en Algérie. Le texte ne contient aucune allusion à l'attentat de Port-Royal. Pourtant, en affirmant qu'il est dans la voie « des massacres et des tueries », le GIA se dit en mesure de « détruire la France ».

Alphand renoue avec la victoire à Bormio

Italie, dimanche 29
« J'ai fait une belle course », déclare sobrement le double détenteur de la Coupe du monde de descente. Le fait est que Luc Alphand a raison. Sur la neige verglacée de la plus longue descente du circuit, le skieur des Hautes-Alpes a prouvé que l'âge et l'expérience n'avaient rien ôté à son agressivité. Il conforte sa place en tête du classement de la Coupe du monde, devant l'Italien Kristian Ghedina. Patricia Chauvet termine le même jour deuxième du slalom spécial de Semmering en Autriche.

Dans les 40es rugissants, Dinelli est localisé et sauvé de justesse

Ocean Indien, dimanche 29
Jour après jour, le Vendée Globe se révèle bien l'une des courses les plus éprouvantes du monde. C'est au tour du Belge Patrick de Radigues d'abandonner l'épreuve en solitaire, à bout de forces. Une décision qui survient deux jours après l'héroïque sauvetage de Raphaël Dinelli. Le plus jeune concurrent de la course (28 ans) avait lancé trois messages de détresse avec ses balises Argos. Le 26, un avion australien le repère, debout sur la cabine de son voilier aux trois quarts immergé. Un canot et des équipements de survie lui sont largués. Après 36 heures d'angoisse, il est récupéré par Pete Goss qui réussit le sauvetage. En tête de la course : Christophe Auguin.

L'Anglais Pete Goss s'est dérouté pour porter secours au marin en perdition.

Mireille s'endort avec le ciel pour témoin

Paris, dimanche 29
C'est cette chanson, *Couchés dans le foin*, qu'elle avait écrite avec Jean Nohain et chantée en duo avec Jean Sablon qui fit connaître sa petite voix acidulée dans la France entière. De sa collaboration avec le premier sont nés près de 600 titres. Mireille Hartuch (*30.9.1906) triomphe à la fin des années trente sur la scène de l'ABC, écrit pour les chansonniers et anime des émissions de radio. Elle épouse une figure de l'intelligentsia parisienne, Emmanuel Berl. Après guerre, elle renoue avec le succès. Elle crée le Petit Conservatoire en 1955. Diffusé à la télévision, il lance des jeunes chanteurs tels Françoise Hardy ou Michel Berger.

Elle laisse près de 600 chansons.

Reprise des fouilles dans l'affaire Dutroux

Belgique, lundi 30
Les fouilles ont repris ce matin à Jumet, sur le carreau de mine du puits Saint-Louis. Depuis samedi, les enquêteurs s'intéressent à une ouverture de galerie, récemment murée, qui pourrait receler une nouvelle « cache de l'horreur ». Les révélations au compte-goutte de Marc Dutroux, les rumeurs fondées qui l'ont associé à des satanistes, laisseraient penser que la police, qui a demandé l'aide de spéléologues, est proche de nouvelles découvertes. Mais pour l'instant, ils n'ont rien trouvé. Hier soir, Jean-Luc Dehaene a admis à la télévision son regret d'avoir « réagi maladroitement » à l'éclatement de l'affaire.

A l'ancien charbonnage Saint-Louis.

Un froid sibérien s'abat sur l'Europe

Dans les rues de Corte, en Corse.

France, dimanche 29
Depuis une semaine, le froid a tué sept personnes en France et une soixantaine dans toute l'Europe. Ce sont les sans-abri qui souffrent le plus de cet hiver glacial. La rigueur du temps est malheureusement un révélateur implacable des misères humaines et sociales. La Corse n'a pas connu de pareilles chutes de neige depuis plus de dix ans. En Grande-Bretagne, en Italie et en Europe de l'Est, les records de froid ont été battus. Le thermomètre est descendu à -37° en Pologne, à -27° en Vénétie et à -16° dans le Nord-Est de la France. Ces intempéries ont heureusement provoqué un sursaut de mobilisation des autorités et des associations caritatives.

Quatre-vingt-un otages réveillonnent avec les ravisseurs à Lima

Lima, mardi 31
Un communiqué des guérilleros du Mouvement révolutionnaire Tupac Amaru a fait croire un moment que le dénouement était proche. Après avoir libéré, samedi, vingt otages et deux encore aujourd'hui après-midi, un fait semble acquis. Les preneurs d'otages et les autorités ont noué des contacts et un véritable dialogue. Le ministre péruvien de l'Education, Domingo Palermo, a pu s'entretenir à l'intérieur de la résidence avec le chef du commando, Nestor Cerpa. Il était accompagné du délégué du CICR, Michel Minnig, qui est sur place depuis le 17 décembre. En fin de journée, des journalistes ont été invité à pénétrer dans la villa pour rencontrer Nestor Cerpa.

Samedi, le commando du MRTA a libéré 20 otages, 81 sont toujours retenus.

Sévère mise en garde de l'armée serbe au président Milosevic

Mardi 24, la police « s'interpose » entre opposants et partisans du régime.

Belgrade, mardi 31
Slobodan Milosevic accepte enfin les recommandations de l'OSCE, alors que les manifestations entrent dans leur sixième semaine. Et les soutiens traditionnels du régime ont commencé à prendre leurs distances car le malaise est flagrant au sein de l'armée. L'Eglise, habituellement proche du pouvoir, a exprimé ses craintes de voir la répression faire de nouvelles victimes. Mardi dernier en effet, une contre-manifestation des partisans de Milosevic, venus des campagnes, a dégénéré. Il y a eu un mort, frappé par la police, dans les rangs de l'opposition.

8 janv., François MITTERRAND
Voir page 6

13 janvier, Denise GREY
Denise Grey (*17.9.1896), qui était la doyenne des comédiens français, avait pris sa retraite de la scène en 1991. Elle avait débuté au cinéma muet, avant de devenir l'un des piliers du théâtre parisien. Son rôle dans le film *la Boum* l'avait fait connaître de tous (voir page 9).

18 janvier, Leonor FINI
Voir page 10

20 janvier, Gerry MULLIGAN
Compositeur et saxophoniste américain, il incarnait d'abord l'élégance du jazz. Mulligan (*6.4.1927) avait commencé sa carrière en 1945, juste après sa démobilisation. Ouvert à toutes les influences, il a joué avec Miles Davis, Chet Baker et Stan Getz, parmi d'autres.

21 janvier, Roman CIESLEWICZ
Arrivé de Pologne en France en 1963, cet affichiste s'était intéressé à tous les domaines du graphisme : presse, édition, art, photomontage. Roman Cieslewicz (*30.1.1930) avait un style reconnaissable entre tous, acide, percutant et très souvent pessimiste.

21 janvier, Jef MERMANS
Voir page 11

28 janvier, Joseph BRODSKY
Chassé d'URSS en 1972, prix Nobel de littérature en 1987, le romancier et poète américain Joseph Brodsky (*24.5.1940) était un autodidacte génial des lettres. Mélancolique, lyrique, son œuvre est le témoignage de la douleur du déracinement et de l'absurdité de l'exil.

2 février, Gene KELLY

Acteur, danseur, chorégraphe et chanteur américain, Gene Kelly (*23.8.1912) était le plus tourbillonnant symbole de la comédie musicale au cinéma. La joie de vivre et la légèreté étaient ce qui le caractérisait le mieux, dans des films tels que *Chantons sous la pluie* et *Un Américain à Paris*.

17 février, Hervé BAZIN
Voir page 19

27 févr., François CHAUMETTE
Ce grand comédien n'a jamais eu à choisir entre la scène et la télévision. La silhouette et la voix de François Chaumette (*8.9.1923) ont habité toutes les plus grandes scènes de théâtre et les plus belles heures des dramatiques télévisées de l'école des Buttes-Chaumont.

3 mars, Marguerite DURAS
Voir page 24

3 mars, Léo MALET

Anarchiste, acariâtre, proche un temps des surréalistes, Léo Malet (*7.3.1909) est surtout connu pour être le créateur du détective Nestor Burma. Cet autodidacte avait pratiqué bien des métiers avant de se lancer dans l'écriture. Il connaissait Paris, cadre de ses intrigues policières, comme personne.

13 mars, Krzysztof KIESLOWSKI
Voir page 26

17 mars, René CLÉMENT
Ce réalisateur (*18.3.1913) est l'auteur de grands classiques du cinéma français. Considéré comme un « maître artisan » de l'image, René Clément a réalisé *la Bataille du rail* (1945), *Jeux interdits* (1951), avec Brigitte Fossey, parmi d'autres chefs-d'œuvre.

18 mars, Odysseus ELITIS
Prix Nobel de littérature en 1979, Elitis (*2.11.1911) est l'un des plus grands poètes grecs. Comme de nombreux écrivains de sa génération, il a sorti les lettres grecques de leur sclérose en réinventant la langue et en faisant de la mer sa source d'inspiration.

23 mars, Jacques TOJA
Premier prix du Conservatoire en 1953 et grand interprète du répertoire classique, Jacques Toja (*1.9.1929) mena la plus grande partie de sa carrière dans la maison de Molière, la Comédie-Française. Il en sera l'administrateur de 1979 à 1983, succédant à Pierre Dux.

3 avril, Jo PRIVAT
Surnommé l'« Empereur de la rue de Lappe », Jo Privat, né le 15 avril 1919, était un musicien et un accordéoniste d'une rare élégance. Il avait réussi à mêler les influences du musette et celles du jazz et avait fait de la salle du Balajo un temple de cette musique (voir page 32).

11 avril, BLEUSTEIN-BLANCHET

La publicité française a perdu son pionnier en la personne de Marcel Bleustein-Blanchet (*21.8.1906). Fondateur de Publicis, cet homme fit entrer la réclame dans l'ère moderne. Devenue publicité, elle s'est ouverte aux médias, d'abord à la radio puis à la télévision. Le premier, il a conçu des slogans drôles et faciles à retenir, tels que les célèbres « Du beau, du bon, Dubonnet » et « Du pain, du vin, du Boursin ».

16 avr. François-Régis BASTIDE
Ecrivain, amoureux du style et des femmes, François-Régis Bastide (*1.7.1926) avait érigé la finesse et la discrétion en art de vivre, d'une élégance d'un autre âge. Il fut pendant près de vingt ans le producteur et l'animateur de l'émission radio « le Masque et la Plume », avant de s'engager plus avant dans la politique et la carrière diplomatique. Il fut tour à tour ambassadeur à Copenhague, à Vienne et auprès de l'Unesco à Paris.

21 avril, Robert HERSANT
Voir page 37

28 avril, Gilles GRANGIER
Cinéaste français (*5.5.1911), Grangier était le réalisateur préféré de Jean Gabin. Guide pour touristes, tanneur, ensuite figurant, cascadeur, avant de passer à la réalisation, il disait qu'il ne travaillait pas « pour la Cinémathèque ». Adepte d'un cinéma populaire, il a réalisé une remarquable adaptation de Simenon, *le Sang à la tête* (1956) et *les Vieux de la vieille* (1960), avec Jean Gabin, Noël-Noël et Pierre Fresnay.

1er mai, François CHALAIS

Chroniqueur du cinéma, fidèle du Festival de Cannes depuis ses débuts, François Chalais (*5.11.1919) était un véritable journaliste de terrain. Pour la radio, pour les magazines de télévision, tels « les Coulisses de l'exploit », « Panorama » et « Cinq Colonnes à la une », il multiplie les interviews et les scoops. Mais ce sont surtout ses portraits de stars du grand écran qui rendront célèbre cet homme, auteur également de nombreux livres.

6 mai, Léon-Joseph SUENENS
Le cardinal belge Léon-Joseph Suenens (*16.7.1904), ancien archevêque de Malines, a été l'un des grands artisans du concile Vatican II. Modéré, il n'eut de cesse de concilier les différents courants de l'Eglise, de favoriser l'œcuménisme et le renouveau charismatique. Il cultiva de longues relations de confiance avec Baudouin.

8 mai, Luis Miguel DOMINGUÍN
Voir page 43

10 mai, maréchale LECLERC
Veuve depuis 1947 du grand héros de la Seconde Guerre mondiale, libérateur de Paris et élevé en 1952 à la dignité de maréchal à titre posthume, Thérèse (*18.7.1903) Leclerc de Hauteclocque incarna la France combattante durant cinquante ans.

17 mai, J. « Guitar » WATSON
Ce guitariste et chanteur noir américain, Johnny Watson, a un jour expliqué qu'il avait choisi le surnom de « Guitar » en ayant vu le film de Nicholas Ray, *Johnny Guitar*. Il était né le 3 février 1935 au Texas. Très fortement influencé par le son du blues, il fut l'une des figures marquantes du rythm'n'blues. Très tôt, il mit au point des techniques pour transformer et distordre les sons de sa guitare et imiter la voix humaine avec son instrument. Doué d'un sens inné du spectacle, il était apprécié dans le monde entier.

25 mai, Barney WILEN
Né le 4 mars 1937 de parents franco-américains, Wilen était certainement l'un des meilleurs saxophonistes français, adepte des styles « cool » et « free ». Il a joué avec Miles Davis pour la bande-son légendaire du film de Louis Malle *Ascenseur pour l'échafaud*, en 1957. Après un long passage à vide, il retrouve ses fans à la fin des années quatre-vingt.

30 mai, Léon-Etienne DUVAL
Mgr Duval (*9.11.1903) était devenu archevêque d'Alger au moment le plus difficile de la guerre d'Algérie. Ce cardinal a passionnément aimé le pays où il avait décidé de rester après l'indépendance. Rejeté par les ultras de l'Algérie française, qui l'avaient alors surnommé « Mohamed Duval », il avait sans cesse prôné l'entente et la compréhension entre chrétiens et musulmans. Il avait toujours refusé de se faire rapatrier.

31 mai, Timothy LEARY

Considéré comme le pape du mouvement psychédélique, dans les années soixante et soixante-dix, Timothy Leary (*22.10.1920), psychologue de formation, avait essayé le LSD à titre expérimental. Ces essais le mèneront très loin car il va se transformer en prosélyte des drogues. Fuyant la police des années durant, il se passionnait pour l'univers cybernétique.

15 juin, Ella FITZGERALD
Voir page 53

18 juin, GLENMOR
Emile Le Scanff, dit Glenmor (*1931), a redonné leurs lettres de noblesse à la langue et à la culture bretonnes. Ecrivain, chanteur et poète, il menait un combat pour la reconnaissance de l'identité celte. Il fut le chantre, disons plutôt le barde, reconnu et encensé partout en Europe, des aspirations et de la culture régionales.

23 juin, Andréas PAPANDRÉOU
Voir page 55

17 juillet, Paul Touvier
Paul Touvier (*3.4.1915) reste le seul Français à avoir été jugé et condamné pour « complicité de crimes contre l'humanité ». Chef du renseignement de la Milice à Lyon, il avait ordonné l'exécution de sept Juifs raflés dans la ville. Il était resté dans la clandestinité durant 45 ans.

24 juillet, Howard Vernon
Cet acteur suisse (*1914) avait été embauché par la télévision allemande dans Paris occupé. Le rôle qui le rendit célèbre fut celui d'un officier allemand dans *le Silence de la mer*, de Jean-Pierre Melville. Il eut une carrière éclectique, de l'avant-garde au fantastique.

30 juillet, Claudette Colbert
Voir page 65

2 août, Michel Debré
Voir page 67

13 août, Antonio de Spinola

Militaire intransigeant et féru d'ordre, Antonio de Spinola (*11.4.1910) se fait connaître en matant des rébellions dans les possessions africaines du pays. Il devient pourtant le premier président du Portugal démocratique après la fameuse Révolution des œillets en 1974. Il démissionnera vite, effrayé par les dérives gauchistes.

15 août, Sergiu Celibidache
D'origine roumaine, le chef d'orchestre allemand Sergiu Celibidache (*28.6.1912) avait commencé sa carrière à la tête de la Philharmonie de Berlin en 1945. Devenu une légende à cause de son exigence et de son refus des enregistrements, il savait professer son art avec passion.

20 août, A.-G. Haudricourt
André-Georges Haudricourt (*17.1.1911) fut certainement l'un des esprits les plus curieux et les plus féconds du monde universitaire français. A la fois linguiste et ethnologue, il n'a pas cessé de bâtir des ponts entre les différents domaines de la science, de la botanique à l'étude des mythes.

31 août, Christine Pascal

Comédienne et réalisatrice, elle avait été révélée en 1973 par Bertrand Tavernier dans le premier film de celui-ci, le très beau *Horloger de Saint-Paul*. Christine Pascal (*29.11.1953) continue à jouer, en passant à l'écriture puis à la réalisation : ce seront *Zanzibar* en 1988 et *Le petit prince a dit* en 1991.

22 sept., Dorothy Lamour
Cette actrice américaine, au charme piquant (*10.12.1914), était un pur produit de l'usine à stars qu'a été Hollywood. Dorothy Lamour n'était pas pour autant dénuée de talents. Habituée aux rôles exotiques, son entrain lui permit de faire plusieurs films avec Bob Hope et Bing Crosby.

29 septembre, Shusaku Endo
Shusaku Endo (*1923) fut l'un des rares écrivains japonais à être catholique et à faire de cette singularité le centre de son œuvre. Les interrogations sur la foi et son intérêt pour les déchirements de la société contemporaine en ont fait un auteur couvert de récompenses au Japon. Bon vivant, il était volontiers sarcastique et, par ailleurs, grand connaisseur de la culture française.

4 octobre, Masaki Kobayashi
Après des études d'art et de philosophie, Kobayashi s'est lancé dans le cinéma en 1941. Il est aussitôt mobilisé. Fervent humaniste et profondément pacifiste, le cinéma japonais doit de grands chefs-d'œuvre à Kobayashi (*4.2.1916), dont *la Condition humaine* (1959-1961) et *Hara-kiri* (1963).

5 octobre, Seymour Cray
Il était considéré comme l'un des pionniers américains de l'informatique. Seymour Cray (*28.10.1925) était adepte de la simplicité dans la conception des machines. A la tête de la société qui porte son nom, il a conçu des super-ordinateurs, les Cray, utilisés aussi bien par les armées que pour la météo.

11 octobre, Roger Lapébie
Surnommé « le Pétardier » à cause de sa vivacité dans les sprints et de son tempérament, Roger Lapébie (*6.1.1911) fut l'un des grands cyclistes des années trente. Vainqueur du Tour de France en 1937, il a tout gagné : les Six Jours de Paris, le Critérium national et Paris-Roubaix. Tempétueux, ce coureur français brillait sur route comme sur piste.

12 octobre, René Lacoste

Avant d'être l'inventeur de la célèbre chemisette, du premier lance-balles automatique, de la première raquette de tennis à cadre de métal, René Lacoste (*2.7.1904) fut le meilleur joueur de tennis du monde de 1925 à 1929. Il faisait partie du quatuor magique des « Quatre Mousquetaires » qui gagna la Coupe Davis en 1927 et 1928.

17 octobre, B. Goldschmidt
Anglais d'origine allemande, Berthold Goldschmidt fut en 1936 l'un de ces musiciens juifs contraints de fuir l'Allemagne nazie. Compositeur fécond (*18.1.1903) mais se tenant à l'écart des avant-gardes et des modes, il fut redécouvert au début des années quatre-vingt et reconnu à sa juste valeur.

27 octobre, Madame Soleil

Avec sa voix chaude et pleine de gouaille, Germaine Soleil (*18.7.1913), plus connue sous son nom de « Madame », fut la première astrologue à passer à la radio. C'était en 1970, sur Europe 1. Georges Pompidou fit beaucoup pour sa célébrité en déclarant à un journaliste trop curieux : « Je ne suis pas Madame Soleil ! »

31 octobre, Marcel Carné
Voir page 96

2 novembre, Pierre Grimal
Membre de l'Institut, reconnu dans le monde entier, Pierre Grimal (*21.11.1912) était l'un des plus féconds et talentueux latinistes français. Professeur, traducteur infatigable, érudit sans être élitiste, il s'est attaché à vulgariser le génie de Rome auprès du grand public.

3 nov., Jean Bedel Bokassa
Voir page 97

9 novembre, Michel Mitrani
Michel Mitrani (*12.4.1930) a toujours été un passionné de l'image. Ce réalisateur français fit plusieurs longs métrages pour le cinéma dont *Un balcon en forêt*, en 1978, tiré de Julien Gracq. Il a surtout travaillé pour la télévision.

19 novembre, Etienne Wolff
Ce chercheur était connu dans le monde entier pour tous ses travaux en embryologie et en tératologie, la science des monstres. Ce qui faisait de cet homme (*12.2.1904) un savant hors pair, c'est son constant enthousiasme pour la science et la recherche. Il ouvrit la voie à la génétique moléculaire.

24 novembre, Maria Casarès
Voir page 103

24 novembre, E. V. Denisov
Edison Vassilievitch Denisov (*6.4.1929) a été le premier compositeur soviétique qui a réussi à échapper au carcan idéologique. Profitant du dégel politique à la fin des années cinquante, il s'est intéressé aux avant-gardes occidentales et a créé une œuvre protéiforme.

25 novembre, Roger Lanzac

C'est Jean Nohain qui avait découvert le prodigieux talent d'animateur de Roger Lanzac (*11.4.1920). Sa voix devient célèbre à partir de 1957 sur Radio Luxembourg. Le public de la télévision le surnomma « le Grand Sympathique ». Il y présenta « la Piste aux étoiles » et « Télé Dimanche ».

3 décembre, Georges Duby

Grand spécialiste du Moyen Age, académicien, Georges Duby (*7.10.1919) était l'un des meilleurs représentants de l'école historique française. En digne héritier des *Annales*, il est l'auteur du célèbre *Temps des cathédrales*, et de dizaines d'autres ouvrages. Il a rendu lumineux cet âge dit obscur.

8 décembre, Marin Sorescu
Avec son humour triste, ses exercices de style, son goût pour la dérision, le poète et dramaturge roumain Marin Sorescu (*18.2.1936) n'avait jamais cessé de narguer et de défier la dictature communiste. Il fut ministre de la Culture en 1993 durant quelques mois.

9 décembre, Alain Poher
Voir page 108

9 décembre, Mary Leakey
Anthropologue et archéologue kenyane d'origine britannique, Mary Leakey (*6.2.1913), avec son mari Louis, découvrit une série de squelettes, permettant ainsi de renouveler la théorie sur les origines de l'homme, ainsi qu'une piste fossile de trois australopithèques.

11 déc., M.-C. Vaillant-C.
Résistante, ancienne député communiste, Marie-Claude Vaillant-Couturier est née le 3 novembre 1912. Travaillant pour *l'Humanité*, en 1937 elle y rencontre son premier mari, Paul Vaillant-Couturier. Elle est arrêtée en 1942. Déportée à Auschwitz et à Ravensbrück, elle témoignera à Nuremberg.

19 décembre, M. Mastroianni
Voir page 110

20 décembre, Carl Sagan
Le renom de cet astronome américain (*9.11.1934) aurait pu rester confiné aux cercles scientifiques. Le génie de Carl Sagan, qui participa à tous les programmes d'exploration de la Nasa, fut d'être un excellent vulgarisateur et de partager sa passion avec le grand public.

Index général

DE

F

Index icono

Malgré toute l'attention qui a été apportée à cet index, certaines erreurs ont pu échapper à notre contrôle. Nous demandons au propriétaire du copyright de bien vouloir nous signaler l'éventuelle erreur aux fins de rectifications. La position des images est donnée par des lettres : h = haut, b = bas, m = milieu, d = droite, g = gauche. Sipa Press a été abrégé en SP.

Couverture

De haut en bas et de gauche à droite : Sipa/Sanchez, Reporters, Isopress/Sipa, Richiardi Fotocronache S.N.C/TempSports, Sipa/Boulat/Boccon-Gibod, Sipa/Witt, Editions Chronique, Sipa/Lemmer, TempSports/Liewig/Prévost, Sipa Press, Granata Press/Sipa.

4 – h : SP/Gunston – b : SP/Trippett
5 – h : SP/Simon – m : SP/Kessler – bd : SP/Singapour Straits – bg : TempSport/Liewig
6 – h : SP/Boccon-Gibod – b : SP/Villard
7 – h : SP/Boulat – bg : SP/Nebinger – bd : SP/Chesnot
8 – h : SP/Tschaen – m : SP/Alfred – b : SP/Job
9 – m : SP/Darras – b : SP – hg : TempSport/Boulanger – hd : TempSport/Iundt
10 – h : SP/Hadj – b : SP/Lido
11 – h : SP/HHA – md : SP/Alfred – mg : TempSport/Liewig – b : TempSport/Prevost
12 – h : SP/Barthelemy – m : SP/Abd Rabbo – b : SP/Gaia Presse
13 – h : SP/Tschaen – m : SP/Colin – bg : SP/Niviere – bd : SP/Aslan
14 – h : SP/Lemmer – bg : SP/Barbazza – bd : SP/Squire – m : TempSport/Tennis Mag
15 – h : SP/Nebinger – bg : SP/Lartige – bd : TempSport/Onze Mondial
16 – h : SP/Sichov – b : SP/Simon
17 – h : SP/Aar – mg : SP/Rex – md : SP/Kostans – bg : SP/McBurney – bd : SP/Bradner
18 – h : SP/Niviere – bg : SP/Levine – bd : SP/Huw
19 – h : SP/Damir – md : SP/Gastaud – bg : SP/Tschaen – mg : TempSport/Prevost – bd : TempSport/Liewig
20 – h : SP/EFE – bg : SP/Tschaen – bd : SP/Simon
21 – hg : SP/Walt Disney Company – hd : SP/Rex – bg : SP/Suimi – bd : TempSport/Prevost
22 – bd : By courtesy of Citroën – h : SP/Durand – bg : SP/Kleinefenn
23 – h, b : DR/Archives Smeets
24 – hg : SP/Niviere – hd : SP/Gastaud – m : SP/EFE – b : SP/Kleinefenn
25 – bg : By courtesy of Jaguar Cars France – h : SP/Daoud/Lemmer – bd : TempSport/Empics
26 – h : Editions Chronique/Jacques Legrand SA – m : SP/Ginies – b : SP/Aslan
27 – h : SP/Simon – mg : SP/Sunshine International – md : TempSport/Joiner – b : TempSport/Labalette
28 – b : Ed. Chronique – h : SP/Boulat
29 – h : SP/Rex – mg : SP/Haley – b : SP/Job – md : TempSport/Ruszniewski
30 – h : SP/Strong – bg : SP/Barthelemy – bd : SP/Job
31 – hd : DR/Archives Smeets – hg : SP/Alfred – bg : SP/Fayolle – bd : SP/South China Morning Post
32 – h : SP/Witt – m : SP/Mac Leod – b : SP/Souloy
33 – h : SP/Beaudenon – m : SP/Argyropoulos – b : TempSport/Domenjoz
34 – h : SP/Cunillere – bg : SP/Equipe Cousteau – bd : SP/Ginies
35 – hg : SP/Nanzer – hd : SP/Haley – bd : SP/Levine – bg : TempSport/Prevost
36 – h : SP/Makaeva – b : SP/Beaudenon
37 – h : SP/Sichov – md : SP/Job – mg : TempSport/Boulanger – bg : TempSport/Gouverneur – bd : TempSport/Liewig
38 – bg : /Christian Nau – h : SP/Sintesi – bd : SP/Starks
39 – h : SP/Bradner – m : SP/Sutcliffe – b : TempSport/Empics
40 – hg : SP – hd : SP/OPP – bg : SP/Riviere – bd : SP/Boulat
41 – h : SP/Sichov – b : SP/NASA – m : TempSport/Liewig
42 – h : SP/Roussier – m : SP/Nabil – b : TempSport/Liewig/Prevost
43 – h : SP/Dalmas – mg : SP/Sichov – b : SP/Roussier – md : TempSport/Thomas
44 – h : Editions Chronique/Jacques Legrand SA – b : SP/Stevens
45 – h : SP/Rex – mg : SP/Marcus – bg : SP/NTB – md : TempSport/Domenjoz – bd : TempSport/Seguin
46 – h : SP/Niviere – m : SP/Sintesi – b : TempSport/Liewig
47 – h : SP/Voix du Nord – m : SP/Facelly – b : SP/Calais/VSD
48 – h : SP/Nicolas – m : SP/Sichov – bd : SP/Fievez – bg : TempSport/Prevost
49 – h : SP/Lemmer – m : SP/Hadj – b : SP/Haley
50 – m : CCAS/Avot – h : SP/Berman – b : TempSport/Empics
51 – hg : Esa/CNES/Arianespace – hd : SP/Haley – bg : SP/Sanchez – m : TempSport/Richiardi – bd : TempSport/Ruszniewski
52 – h : SP/Lemmer – b : SP/Simon – m : TempSport/Liewig
53 – h : SP – b : SP/Itar Tass – m : TempSport/Ruszniewski
54 – h : SP/Facelly – m : SP/Itar Tass – b : SP/Sintesi
55 – hd : SP/Adenis – bg : SP/Brown – bd : SP/Michaels – hg : TempSport/Liewig
56 – h : SP/Aar – m : SP/Haley – b : SP/Gastaud
57 – h : SP/Moctar – m : SP/Witt – bg : TempSport/Prevost – bd : TempSport/Domenjoz
58 – m : Reporters – h : SP/Nice Matin – b : SP/Roussier
59 – h : SP/Sichov – m : SP/Redmond – bg : SP/Roussier – bd : SP/Professional Sport
60 – m : SP/Trippett – b : SP/Barthelemy – h : TempSport/Ruszniewski
61 – h : SP/Itar Tass – mg : SP/Witt – b : SP/Pacemaker – md : TempSport/Empics
62 – h : SP/Sipkin – b : SP/Rex
63 – b : SP/Breton – h, md : TempSport/Iundt – mg : TempSport/Seguin – mm : TempSport/Damanet
64 – h : SP/Manzer – b : TempSport/Domenjoz
65 – h : SP/Gromik/Sichov/Nebinger – m : SP/HHA – bg : SP – bd : SP/Simon
66 – b : SP/Botella – hg : TempSport/Ruszniewski – hd : TempSport/Haslin – md : TempSport/Iundt – md : TempSport/Prevost
67 – h : SP/Baumann – m : SP/Boulat – b : SP/Tschaen
68 – h, b : TempSport/Haslin
69 – bg : SP/ACOG – bd : TempSport/Haslin – h : TempSport/Prevost
72 – h : SP/Photocall – bg : SP/Dakhakhny – bd : SP/Simon
73 – m : Reporters – h, bd : SP/Job – bd : TempSport/Empics
74 – h : SP/Job – m : SP/Behami – b : SP
75 – h : Reporters – b : SP/Diamond
76 – b : SP/Simon – m : TempSport/Boulanger
77 – h : Reporters – mg : SP – md : SP/Atlanta Constitution – b : TempSport/Empics
78 – h : SP/Hadj – b : SP/Nunez
79 – h : SP/Witt – mg : SP/Guner – b : SP/Cinar/Milliyet – md : TempSport/Pichon
80 – b : Reporters – h : SP/Itar Tass – m : SP/Milner
81 – bd : Reporters – hd : SP/Musso – bg : SP/Salomoni – hg, m : TempSport
82 – h : SP/Damir – m : SP/Ginies – b : SP/Hadj/Niv/Job
83 – h : SP/Damir – mg : SP/Ferrari – md : SP/Kessler – b : TempSport/Seguin
84 – h : SP/Pegaso – m : SP/Isopress – b : TempSport/Seguin
85 – h : SP/Sipa Pool – m : SP/Haley – b : SP/Rex
86 – m : SP/Daoud – b : SP/Aral
87 – bd : Ademe/Kronenberger – h : SP/Lardini – m : SP/Damir – bg : SP/Malanca – bm : SP/Dickinson
88 – m : SP/GPO – bg : SP/Nebinger – bd : SP/Hadj
89 – hg : SP/Pressens – hd : SP – bg : SP/Nordfoto – bd : TempSport/Boisson
90 – h : SP/Chamussy – m : SP/Bachmann – bg, bd : SP/NTB
91 – mg : By courtesy of Citroën/Dingo – hg : By courtesy of Ford France – bg : SP/Morris – bd : TempSport/Empics – hd : TempSport/Seguin
92 – h : SP/Facelly – bg : SP/Attias – bd : SP/Itar Tass
93 – h : SP/Sanchez – bg : SP/Sichov – bd : SP/Isopress – m : SP/DR/Ginies
94 – m : SP/Witt – b : SP/CNEVA
95 – bg : By courtesy of Campenon Bernard SGE/Lebar – h, bd : Ed Chronique – m : SP/Nunez
96 – b : DR – h : SP/Ginies – m : SP/Nanzer
97 – bg : SP/Boccon-Gibod – h : TempSport/Prevost – bd : TempSport/Seguin
98 – h : SP/Roussier – mg : SP/NASA – md : SP/Stefansson – bg : SP/Sutcliffe – bm : SP/Simon
99 – h : SP/Strong – bg : SP/Chalasani – bd : SP/Ginies
100 – h : SP/Roussier – m : SP/Ludwig – b : SP/Damir
101 – h : SP/Bony – m : SP/Haley – bg : SP/Newsteam – bd : SP/Sintesi
102 – h : SP/Rex – bg : SP – md : SP/Isopress
103 – h : SP/Luxpress – m : SP/Morris – bg : SP/Gautier – bd : SP/Stevens
104 – h : SP – b : SP/Liban
105 – hg : Ed. Chronique – hd : SP/Mrdja – bg : SP/Edwards – bd : SP/Morris
106 – b : SP/Pica Pressfoto – h : TempSport/Seguin
107 – h : SP/Lartige – md : SP/Mrdja – b : SP/Simon – mg : TempSport/Prevost
108 – h : SP – m : SP/Bony – b : SP/Hadj
109 – m : SP – b : SP/Lartige
110 – h : SP/Maass – m : SP/Sanchez – b : SP/Granata Press
111 – h : SP/Arias – m : SP/Morris – bg : SP/Facelly – bd : SP/Mrdja
112 – hm : Sipa Press/GPO – bd : Sipa Press/Adelaide Advertiser
113 – hg : SP/Simon – hd : SP/Isopress – mg : SP/Nice Matin – md : SP/Arias – bm : SP/BGO
114 – g : SP – mg, mm : SP/Gastaud – md : SP/Dalmas – d : SP/Rex
115 – g : SP/Ginies – mg : SP/Frilet – mmh : SP/Baumann – mmb : SP/Deville – md : SP/Dalmas – d : SP/Delahaye